# कम्प्यूटर सामान्य ज्ञान एवं यूज़र गाइड

# कम्प्यूटर

## सामान्य ज्ञान एवं यूज़र गाइड

राम बंसल विज्ञाचार्य

वाणी प्रकाशन

प्रकाशन के उत्कृष्टतम 61 वर्ष

vaniprakashan.com

सजिल्द पहला संस्करण : 2013
सजिल्द दूसरा संस्करण : 2024

**वाणी प्रकाशन**

*4695, 21-ए, दरियागंज, नयी दिल्ली-110 002*
*फ़ोन : + 91 11 23273167, 23275710*

**शाखाएँ**

*अशोक राजपथ, पटना-800 004, बिहार*
*कॉफ़ी हाउस कैम्पस, महात्मा गांधी मार्ग, प्रयागराज-211 001, उत्तर प्रदेश*
*महात्मा गांधी अन्तरराष्ट्रीय हिन्दी विश्वविद्यालय, वर्धा-442 001, महाराष्ट्र*
sales@vaniprakashan.in
vaniprakashan@gmail.com

Computer : Samanya Gyan Evam User Guide
*by* Ram Bansal Vigyacharya

ISBN : 978-81-8846-962-8
Computer



मूल्य : ₹ 495



*आर. टेक ऑफ़सेट प्रिंटर्स, दिल्ली-110032 में मुद्रित*

*वाणी प्रकाशन का लोगो मक़बूल फ़िदा हुसेन की कूची से*

# विषय सूची

## ३. कम्प्यूटर संरचना - सी.पी.यू. पेटिका



## ४. कम्प्यूटर संरचना - युक्तियाँ



## ५. कम्प्यूटर सैटअप व बूटिंग - प्रवर्तन

## ६. आधारिक प्रोग्राम



## ७. कम्प्यूटर कार्यप्रणाली



## ८. सुरक्षा एवं संरक्षा

## ९. कम्प्यूटर नेटवर्क



## १०. कम्प्यूटर चुनाव एवं उपयोग

# मंगलाचरण

ॐ

**भारतीळे सरस्वति या वः सर्वा उपब्रुवे।**

**ता नश्चोदयत श्रिये।।**

**- ऋग्वेद २४/१८८/८**

अर्थात्, हे भरण–पोषण करने वाली देवी भारती, धर्म–मार्गदर्शक देवी ईळा, एवं विद्यादायिनी देवी सरस्वती ! आप सभी से प्रार्थना है कि हमारी श्री वृद्धि हेतु, हमें सन्मार्ग पर चलने की प्रेरणा प्रदान करें।

इस स्तुति के दृष्टा महर्षि अगस्त्य के वचनों का जो तात्पर्य मैं समझा हूँ वह यह है कि विद्या का सदुपयोग धर्माचरण के साथ जीविकोपार्जन में है। युग परिवर्तन हेतु यह अपेक्षित है कि प्रत्येक को उसका श्रेय प्राप्त हो ताकि कोई प्रेय का अनुगमन न करे।

मेरा श्रेय एवं मात्र श्रेय मेरा अनुगमन करे, यही कामना है।

– विज्ञाचार्य

# प्राक्कथन

विश्व की कोई भी उत्पत्ति अथवा निष्पत्ति शुभ अथवा अशुभ नहीं होती। शुभाशुभ होती है उसकी उपयोगिता, शुभाशुभ होती है उसकी उपादेयता, शुभाशुभ होते हैं उसके प्रति व्यक्ति के भाव। प्रत्येक विष एक औषधि भी है एवं प्रत्येक अमृत देव दानवों के मध्य युद्ध का कारण तथा देवों की पराजय का द्योतक भी है। हमारी कामना सदैव 'यथोचितेव भव' हो, हम जड़ पदार्थों के दास न बनकर उनके स्वामी बनें अर्थात् चैतन्य का अचैतन्य पर आधिपत्य हो, हम वस्तु को मात्र वस्तु जानें, अपनी कामनाओं का प्रतीक नहीं, तब सर्वस्व शुभ ही शुभ होगा।

**'तमसो मा ज्योतिर्गमय'** मात्र एक सुन्दर वाक्य ही नहीं है, यह अज्ञान के तम को नष्ट कर ज्योतिर्मय ज्ञान की लालसा है जो शुभ का आदिचरण है, किन्तु इति नहीं, क्योंकि मात्र ज्ञान अन्त नहीं है। इसके अनन्तर चरण का अनिवार्य सूत्र है **'ज्ञानं भारः कियां विना'** अर्थात व्यवहार में प्रयुक्त किये बिना ज्ञान भार है, एक अति अवांछित दायित्त्व है।

मानवता ने एक अतिसशक्त यंत्र का आविष्कार किया है जो मानव को अभिकलन की अकूत सामर्थ्य प्रदान करने में सक्षम है। इसे कम्प्यूटर अर्थात् अभिकलित्र कहा जाता है। यह अतिसशक्त होने के कारण मानवता का अजेय शत्रु भी सिद्ध हो सकता है एवं परम मित्र भी। यह जहाँ कुछ व्यक्तियों को अपार सामर्थ्य प्रदान कर रहा है, वहीं अनेकानेक व्यक्तियों को असक्षम सिद्ध कर उनकी आजीविका का हनन भी कर रहा है। अतः इसकी उपयोगिता एवं उपादेयता पर गहन विचार विमर्श की आवश्यकता है। यह कार्य अज्ञानता के अन्धकार में संभव नहीं है, इसके लिये चाहिये ज्ञान का प्रकाश।

भारत के लिये कम्प्यूटर एक विदेशी तत्त्व बना हुआ है, क्योंकि यह भाषा के अन्तराल को पारकर भारतीय जनमानस के अनुकूल नहीं बन पाया है। कुछ व्यक्ति इसके विशेषज्ञ हों और अन्य अधिकांश इससे अनभिज्ञ रहें तो सामाजिक–आर्थिक विषमता की गुफा अपराजेयता की ओर ही अग्रसित होगी। ऐसा न हो, तथा कम्प्यूटर मानवता के लिये शुभ सिद्ध हों, इसका प्रथम कदम है जनमानस कम्प्यूटरों से सुपरिचित हो। ऐसा तभी संभव है जब कम्प्यूटर सम्बन्धी ज्ञान जनमानस की भाषा में उपलब्ध हो।

प्रस्तुत पुस्तक इसी दिशा में एक विनम्र प्रयास है। पुस्तक के मूलतः दो लक्ष्य हैं – प्रथम, कम्प्यूटरी ज्ञान हिन्दी में उपलब्ध हो तथा द्वितीय, हिन्दी भाषा कम्प्यूटरी

ज्ञान के प्रसार में सक्षम सिद्ध हो। अतः ऐसा प्रयास किया गया है कि प्रत्येक कम्प्यूटरी परिभाष के लिये, जो अभी तक अँग्रेजी में ही हैं, हिन्दी शब्द उपलब्ध हो। इसके लिये अनेक शब्द खोजे गये हैं, अनेक गढ़े गये हैं, तथा अनेक शब्दों का आसार अभिवृद्धित किया गया है, किन्तु किसी भी स्थिति में संस्कृत–हिन्दी की श्रेष्ठता के प्रतीक 'व्युत्पति के सिद्धान्त' का उल्लंघन नहीं किया गया है।

इस नवीन एवं क्रान्तिक परिभाषावली के विकास एवं प्रस्तुति का एक और महत्वपूर्ण पक्ष है। वह यह है कि किसी भी अवस्था में भारतवासी एवं विशेषतः हिन्दीभाषी, यह धारणा न बना पायें कि उनकी भाषा हिन्दी कम्प्यूटर जैसे आधुनिक विषय की प्रस्तुति एवं प्रक्षेपण मे असक्षम है। इस सम्बन्ध में मेरा अनेक विद्वानों से गहन सैद्धान्तिक मतान्तर है क्योंकि वे मानते हैं कि भारत में विशेषतः हिन्दी में आधुनिक विषयों की शब्दावली तैयार करने की आवश्यकता नहीं है। ऐसी धारणा से वे हिन्दी का अहित ही नहीं कर रहे हैं हिन्दीभाषियों के मानस में अपनी भाषा के प्रति अवहेलना को भी अभिवृद्धित कर रहे हैं। मेरे विचार में वे भारत, भारतीय भाषा एवं भारतीयता के प्रति गंभीर नहीं हैं। वे चाहे हिन्दी के लभ्यप्रतिष्ठ विद्वान ही क्यों न हों, मैं उन्हें लॉर्ड मैकाले के मानसपुत्र ही कहना उचित समझूँगा।

भारत सरकार का तकनीकी एवं वैज्ञानिक शब्दावली आयोग विगत ३० वर्षों से गाड़ी को धक्का देकर बैलों को चलाने का प्रयास कर रहा है। वह चाहता है कि तकनीकी शब्दावली पहले विकसित हो तब उसके उपयोग से लेखन हो। संभवतः वहाँ के तथाकथित विशेषज्ञ नहीं जानते कि शब्द भाषा के उपयोग से उदित होता है न कि भाषा शब्द से। पहले हिन्दी में लेखन होना चाहिये, शब्दावली स्वयमेव उग आयेगी। जिन्होंने कभी कुछ नहीं लिखा, वे कभी भी व्यावहारिक शब्दों का निर्माण नहीं कर सकते। आयोग एवं उसके समर्थक हिन्दी भाषा को राजकीय दासों की दासी का स्वरूप प्रदान करने का प्रयास कर रहे हैं, इसका घोर विरोध ा होना चाहिये।

इन असंदिग्ध शब्दों एवं भावनाओं के साथ मैं अपनी विनम्र प्रस्तुति जन सामान्य के समक्ष सविनय प्रस्तुत कर रहा हूँ। उनकी प्रत्यालोचना चाहे कितनी भी कटु क्यों न हो मुझे रूचिकर ही लगेगी क्योंकि मै उससे कुछ मार्ग दर्शन पा सकूँगा।

शिविर : अलवर — **राम बन्सल 'विज्ञाचार्य'**

बुद्ध पूर्णिमा, वि.सं. २०५५

अध्याय

# 1

# मानवमित्र कम्प्यूटर

## 1.1 ऐतिहासिक पृष्ठभूमि

आदि काल में मनुष्य की आवश्यकताएँ सीमित थीं, उसका वस्तु ज्ञान भी सीमित था। समय के साथ मानव का विकास हुआ तो उसकी आवश्यकताएँ एवं वस्तु ज्ञान भी बढ़ा। वस्तुओं एवं आवश्यकताओं की गणना के लिए उसे निश्चित माप-तौल की आवश्यकता हुई। इस आवश्यकता के फलस्वरूप संख्याओं का विकास हुआ जो माप-तौल की सभी इकाइयों का आधार हैं। संख्या ज्ञान के साथ ही गणित का विकास हुआ जिसने सभी प्रकार की गणनाओं को ठोस आधार दियां। कहते हैं, एक राजा ने अपने एक बन्दी से प्रसन्न होकर उससे कहा कि हम तुमसे प्रसन्न हैं, तुम जितने ग्राम मॉगोगे, हम तुम्हें दे देंगे। बन्दी ने सोचने के लिए कुछ समय मॉगा और उसके बाद डरता हुआ बोला - कि महाराज, यदि आप प्रसन्न हैं तो मुझे तीन ग्राम दे दीजिए। राजा ने उसे उसका मुँहमॉगा इनाम तो दे दिया, किन्तु वह संशय में पड़ गया। उसने अपने एक गुप्तचर को यह पता लगाने का आदेश दिया कि बन्दी ने केवल तीन ग्राम ही क्यों मॉगे। गुप्तचर ने अपने अन्वेषण के आधार पर राजा को बताया कि बन्दी को तीन से अधिक गिनती का ज्ञान ही नहीं था ।

एक भूखे जंगलवासी ने एक शिकारी राजा की जान बचाई। राजा बहुत प्रसन्न हुआ। राजा ने उससे पूछा - तुम्हारी सबसे बड़ी समस्या क्या है? भूखे ने तुरन्त उत्तर दिया - अन्न के अभाव में भूख। राजा ने फिर कहा - हम तुम्हें एक वर्ष तक रोजाना अन्न दान देंगे, जितना चाहो अन्न मॉग लो। उस व्यक्ति ने विनती की - महाराज, आप मुझे आज केवल अन्न के पॉच दाने दें। कल इनकी संख्या में इतने से गुणा करके जो परिणाम आए, उतने दाने दे दें। इस प्रकार प्रत्येक दिन पिछले दिन दिए गए दानों की संख्या में उतने से ही गुणा करके दाने देते रहें। राजा अधिक संगणनाएँ न कर सका, उसे यह केवल कुछ अन्न के दानों का ही प्रश्न लगा। उसने याचक की मॉग पूरा करते रहने का आदेश दे दिया। कहते हैं, कुछ दिन बाद ही राजा अपने राज्य के तमाम अन्न उत्पादन से भी उस मॉग को पूरा न कर सका और इसी अपराध बोध में उसने दम तोड़ दिया।

संगणना करने के लिए गोलियों के ढेर मानव के सर्वप्रथम यंत्र बने, जिन्हें गिनकर तथा अदल-बदल कर लोग संगणनाएँ किया करते थे।फिर ढेरियों का स्थान मालाओं ने लिया होगा।बाद में यही संगणनाएँ छड़ियों पर खिसकने वाली गोलियों के माधयम से की जाने लगीं।

भारत रचनात्मकता का केन्द्र रहा है। संख्याओं और गणित के विकास में उसका योगदान महत्वपूर्ण है।मानवीय संसाधनों की यहाँ कभी कमी अनुभव नहीं की गई, इसलिए कठिन-से-कठिन कार्य भी यहाँ मानवीय बल के आधार पर सरलता से किये जाते रहे। मशीनों के विकास पर कोई विशेष बल यहाँ नहीं दिया गया। इसके विपरीत शीत देशों में मानवीय संसाधनों की कमी अनुभव की जाती रही है।इसी से वहाँ अधिक-से-अधिक कार्यों को मशीनों से कराने की परम्परा रही है। इसी परम्परा में जटिल संगणनाओं का कार्य भी मशीनों से करने के प्रयास शीत देशों में ही हुए हैं।

## 1.2 विकासीय आयाम (Developmental Aspects)

वैद्युत्यिकी के विकास ने यांत्रिकीकरण के विकास में अभूतपूर्व योगदान दिया है। स्वचालित प्रकियाएँ वैद्युत्यिकी के विकास के बाद ही व्यवहारिक हो पाई हैं। स्वचालन एवं यांत्रिकीकरण की प्रकिया के विकास ने सन 1946 में विश्व के प्रथम कम्प्यूटर को जन्म दिया।उसे इलेक्टॉनिक न्यूमेरिक इंडिकेटर एण्ड केलकुलेटर (ENIAC) कहा गया। यह यांत्रिक व वैद्युत्यिक अवयवों का एक विशाल संयोजन था, जिसका कुल भार लगभग तीस टन था। इसमें अठारह हजार वैद्युत्यिक वाल्वों का उपयोग किया गया था तथा इसे 50-30 फीट के एक बड़े कमरे में संयोजित किया गया था। यह मशीन एक सेकण्ड में लगभग पाँच हजार संगणनाएँ कर सकने में सक्षम थी। इसने उस काल की तमाम यांत्रिक संगणना मशीनों को बहुत पीछे छोड़ दिया था। इसके बाद तो वैद्युत्यिकी को ही संगणना मशीनों का एकमात्र आधार स्वीकार कर लिया गया। इसी मशीन के कम में अन्य मशीनें भी विकसित हुई जिन्हें EDVAC, UNIVAC, BINAC, EDSAL आदि नामों से जाना गया। यही कम्प्यूटरों की प्रथम पीढ़ी थी, जिसमें वैद्युत्यिक वाल्वों का उपयोग किया गया था।

सन् 1948 में ट्रांजिस्टर का आविष्कार हुआ। वैद्युत्यिक वाल्व में एक शीशे के बन्द घेरे में बहुमूल्य धातुओं के अवयवों का स्थान एक छोटी सी प्लास्टिक की बन्द डिबिया में सिलिकन अथवा जरमेनियम की अति महीन परतों ने ले लिया।

ट्रांजिस्टरों के उपयोग से कम्प्यूटरों का आकार सहसा सैकड़ों गुना छोटा हो गया। साथ ही कम्प्यूटरों के उपयोग के लिए विद्युत शक्ति की आवश्यकता भी कई गुना घट गई। इस प्रकार ट्रांजिस्टरों के उपयोग से बने कम्प्यूटरों को दूसरी पीढ़ी का कम्प्यूटर कहा गया। ये आकार में छोटे, मूल्य में सस्ते तथा कार्यक्षमता में अधिक समर्थ होने के कारण वैज्ञानिक अन्वेषणों में उपयोगी सिद्ध हुए। उसके बाद वैद्युत्यिकी में समाकलन (INTEGRATION) की एक कान्ति आई, जब प्लास्टिक की एक ही बन्द डिबिया में

अनेक ट्रॉजिस्टरों तथा अन्य वैद्युत्यिक अवयवों से बने परिपथों को सिलिकन आदि पदार्थों की एक परत पर अंकित किया जाना सम्भव हो गया। इन्हें इंटीग्रेटेड परिपथ कहा गया। इनसे कम्प्यूटरों के साथ-साथ अन्य सभी वैद्युत्यिक उपकरणों का निर्माण अत्यधिक सस्ता तथा सरल हो गया। आकार फिर से कई गुना घट गया।

इंटीग्रेटेड परिपथों से बने कम्प्यूटर तीसरी पीढ़ी के कम्प्यूटर कहलाए और अब इन्होंने वैज्ञानिक अनुसंधानशालाओं के साथ-साथ बड़े व्यवसायिक प्रतिष्ठानों में भी अपनी उपयोगिता सिद्ध करनी शुरू कर दी। यहॉ से कम्प्यूटर युग का आरम्भ हुआ कहा जा सकता है। यहीं से कम्प्यूटर विनिर्माण ने एक व्यवसाय का स्वरूप भी गृहण कर लिया।

कम्प्यूटर तथा अन्य वैद्युत्यिक उपकरणों के व्यवसायीकरण ने इण्टीग्रेशन को एक कदम और आगे बढाया।इसे लार्ज स्केल इंटीग्रेशन (LSI) कहा गया। इस प्रक्रिया में सिलिकन की एक छोटी सी परत पर हजारों ट्रॉजिस्टरों, डायोडों आदि से बने विस्तृत परिपथों को अंकित करना सम्भव हो गया। इससे उपकरणों के आकारों में लघुता, दामों में कमी, सक्षमता में वृद्धि तथा उपयोग में सुविधा हुई। अब ENIAC जैसी एक विशाल मशीन जेब के आकार के केलकुलेटर में बदल गई। कम्प्यूटर अब व्यक्तिगत सुविधा की एक वस्तु बन गये। कम्प्यूटरों की यह चौथी पीढ़ी थी।

इस प्रकार कम्प्यूटर के आकार और मूल्यों में काफी गिरावट आने के बाद व्यवसायियों ने जीवन के अन्य क्षेत्रों में इसकी उपयोगिता बढ़ाने के गंभीर प्रयास आरम्भ कर दिए। ये प्रयास फलीभूत हुए आधुनिक पर्सनल अथवा वैयक्तिक कम्प्यूटर (Personal Computer-PC ) के रूप में।

व्यावसायिक प्रतिस्पर्धा में अनेक प्रकार के बहूपयोगी कम्प्यूटरों का निर्माण हुआ, किन्तु इस उद्योग को मानक स्वरूप दिया अमेरिका के इन्टरनेशनल बिजनेस मशीन्स कॉरपोरेशन (IBM) ने, जिसके IBM-PC अन्तरराष्ट्रीय बाजार में सफल हुए और अन्य निर्माताओं के लिए विनिर्माण का आधार बने। सभी विनिर्माता (IBM-PC) के संगतेय कम्प्यूटरों का विनिर्माण करने लगे। यदा-कदा कुछ नये प्रकार के कम्प्यूटर भी विकसित हुए, किन्तु अभी भी IBM-PC ही बाजार का मानक है। इस पुस्तक के अध्ययन का आधार IBM-PC के समतुल्य कम्प्यूटर ही हैं।

## 1.3 तंत्रीय अंग (SYSTEM PARTS)

किसी भी निर्दिष्ट कार्य को पूर्णरूप सें संम्पन्न करने की व्यवस्था को सिस्टम (SYSTEM) कहते हैं। अत: कम्प्यूटर नामक मशीन को अंशत: ही तन्त्र कहा जा सकता है, क्योंकि यह आदेशों, भाषाओं तथा प्रक्रमों के बिना कार्य नहीं कर सकती। आदेशों, भाषाओं तथा प्रक्रमों आदि को कम्प्यूटर सॉफ्टवेयर कहा जाता है जबकि मशीन के स्थूल स्वरूप को हार्डवेयर कहते हैं। हार्डवेयर तथा सॉफ्टवेयर के संयोजन को सिस्टम की संज्ञा दी जाती है।

**हार्डवेयर और सॉफ्टवेयर** (HARDWARE & SOFTWARE)

कम्प्यूटरों के प्रचलन के साथ ही इन शब्दों का उपयोग भी अनिवार्य रूप से होता है। इन शब्दों का परस्पर वही सम्बन्ध है, जो मानव शरीर और प्राण का होता है, जो लिपि और भाषा का होता है, जो शब्द और भाव का होता है।

हार्डवेयर कम्प्यूटरों के अवयवों को कहतें हैं, जिन्हें हम अपनी ऑखों से देख सकते हैं, छू सकते है तथा औजारों से उनपर कार्य कर सकते हैं। अत: स्पष्ट है कि कम्प्यूटर के हार्डवेयर सॉफ्टवेयर से परिचित होते हैं एवं सॉफ्टवेयर कम्प्यूटर के हार्डवेयर से परिचित एवं उनपर आधारित होते हैं।

हार्डवेयर का निर्माण कल-कारखानों में होता है जबकि सॉफ्टवेयर कम्प्यूटर ज्ञाताओं के मस्तिष्क द्वारा निर्मित होते हैं। दोनों में परस्पर सम्बन्ध की कड़ी कम्प्यूटर के मूलभूत तत्व होते हैं जिनके आधार पर कल-कारखाने हार्डवेयर को उत्पादित करते हैं तथा कम्प्यूटरज्ञाता सॉफ्टवेयर की अभिकल्पना करते हैं। सामान्य भाषा में कहा जाए तो सॉफ्टवेयर कम्प्यूटर द्वारा स्वीकृत विनिर्देश हैं जिनके सहयोग से कम्प्यूटर कार्य करते हैं।

कम्प्यूटरों के हार्डवेयर तथा सॉफ्टवेयर संयोजन को चित्र 1/1 में दर्शाया गया है। उपरोक्त चित्र से स्पष्ट है कि कम्प्यूटर के वांछित उपयोग के लिए कम्प्यूटर हार्डवेयर तथा सॉफ्टवेयर, दोनों परम आवश्यक हैं।

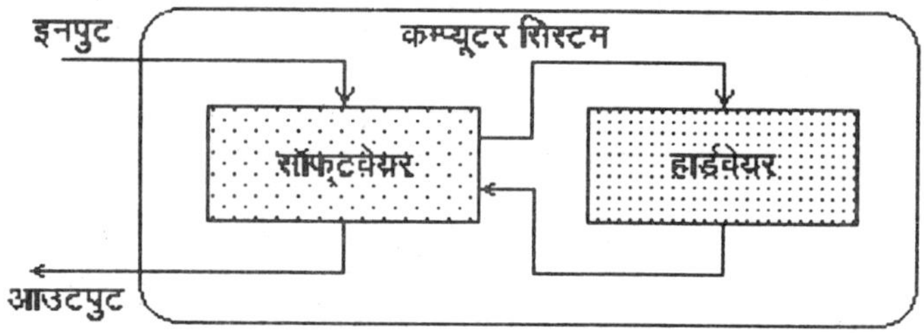


चित्र १/१

कम्प्यूटरों के हार्डवेयर के विनिर्माण में उच्च प्रौद्योगिकी का उपयोग किया जाता है। अत: इनका निर्माण विशेषज्ञ कल-कारखानों में ही मशीनों व उपकरणों की सहायता से होता है। सॉफ्टवेयर कम्प्यूटर सिद्धान्तों के आधार पर हार्डवेयर के लिए आवश्यक निर्देश होते हैं, अत: इन्हें तैयार करने के लिए किसी कल-कारखाने की आवश्यकता नहीं होती है। कोई भी व्यक्ति, जो कम्प्यूटर के मूल सिद्धान्तों एंव कार्य प्रणाली से परिचित हो, अपने मस्तिष्क के उपयोग से सॉफ्टवेयर तैयार कर सकता है। इसी कारण जहॉ कम्प्यूटर हार्डवेयर का कुछ गिनी-चुनी विशाल कम्पनियों द्वारा ही विनिर्माण किया जाता है, वहीं कम्प्यूटर सॉफ्टवेयर विकेन्द्रित इकाईयों तथा व्यक्तियों द्वारा तैयार किए जाते हैं।

उपरोक्त चित्र में कम्प्यूटर हार्डवेयर तथा सॉफ्टवेयर के निर्माण एवं संयोजन से कम्प्यूटरों के उपयोग को चित्रित किया गया है। इससे यह तथ्य स्पष्ट हो जाता है कि कम्प्यूटर भले ही बड़े विनिर्माताओं की देन हों, इसका उपयोग कोई भी व्यक्ति अपनी आवश्यकतानुसार कर सकता है। इसके लिए केवल उपयुक्त सॉफ्टवेयर की आवश्यकता होती है, जिसे वह स्वयं विशेषज्ञ की मदद से विकसित कर सकता है। यही कम्प्यूटरों की लोकप्रियता का कारण है। कम्प्यूटर व्यक्तियों के संगठित स्वरूप तथा उनके व्यक्तिगत स्वरूप, दोनों के भरपूर उपयोग की सम्भावना रखते हैं।

भारत, जहाँ आधुनिक कल-कारखानों की कमी है तथा मानव बल बहुतायत में उपलब्ध है, कम्प्यूटर सॉफ्टवेयरों के निर्माण में विश्व में अग्रणी भूमिका का निर्वाह कर सकता है। इसीलिए यहाँ कम्प्यूटर शिक्षा का प्रचार-प्रसार उच्च प्राथमिकता के आधार पर किए जाने की आवश्यकता है। सभी प्रकार की कम्प्यूटर भाषाऐं जिनके माधयम से कम्प्यूटरों को संयमित किया जा सकता है व उपयोगी बनाया जाता है, सॉफ्टवेयर ही हैं। इनके अतिरिक्त कम्प्यूटरों के विविध उपयोगों के लिए अनेक नए-नए मानक प्रोग्राम विकसित होते रहते हैं, जो सभी सॉफ्टवेयर ही हैं।

## 1.4 कम्प्यूटर वर्गीकरण (Computer Classification)

कम्प्यूटरों को विविध उपयोगों में सुविधापूर्वक प्रयुक्त करने के लिए कम्प्यूटरों के अनेक स्वरूप विकसित हुए हैं, जिनमें से इस पुस्तक की विषयवस्तु - पर्सनल कम्प्यूटर - एक स्वरूप है। कम्प्यूटरों के आकार के कम में विविध स्वरूपों को नीचे अंकित किया गया है -

१. सुपरकम्प्यूटर – अतिविशाल कम्प्यूटर,
२. मेनफ्रेम कम्प्यूटर – विशाल कम्प्यूटर,
३. मिनीकम्प्यूटर – लघु कम्प्यूटर,
४. माइक्रोकम्प्यूटर – अतिलघु कम्प्यूटर, तथा
५. लैपटॉप या नोटबुक कम्प्यूटर – पुस्तकाकार कम्प्यूटर ।

### 1.4.1 सुपर कम्प्यूटर (SUPER COMPUTER)

अति विशाल कार्यों, जैसे - पूरे देश के आकाशमंडल से मौसम संबंघी सूचनाएँ एकत्र कर उनका विश्लेषण करना तथा उसके आधार पर भविष्य के मौसम का आकलन करना, आक्रमण-स्थिति में सभी सैन्य दलों की स्थिति पर दृष्टि रखना व उनका मार्गदर्शन करना अथवा पूरे ग्रह-नक्षत्रों की गति एवं स्थिति के आधार पर अंतरिक्षीय गणनाएँ करना आदि को सम्पन्न करने के लिए कम्प्यूटरों की क्षमता तथा गति भी अति विशाल ही होनी चाहिए, अन्यथा जब तक सूचना प्राप्त होगी, तब तक उसकी उपयोगिता ही समाप्त हो सकती है। ऐसे कार्यों के जिए अति विशाल कम्प्यूटरों का उपयोग किया जाता है। इनका मूल विज्ञान यद्यपि सामान्य कम्प्यूटरों जैसा ही होता है, किन्तु इनमें

अनेकानेक इकाइयों का समायोजन कर अति विशाल क्षमताएँ उत्पन्न कर ली जाती हैं। ये कम्प्यूटर पारिस्थितिक उपयोगिता के अनुसार व्यवस्थित किये जा सकते हैं।

### 1.4.2 मेनफ्रेम कम्प्यूटर (MAINFRAME COMPUTER)

सुपर कम्प्यूटरों की तुलना में छोटे किन्तु सामान्य पर्सनल कम्प्यूटरों की तुलना में विशाल तन्त्र, जिन पर एक ही समय में अनेक लोग विविध प्रकार के कार्य कर सकते हों, मेनफ्रेम कम्प्यूटर कहलाते हैं। इनमें चुंबकीय संचयन माध्यम के रूप में फ्लॉपी चकती के स्थान पर टेप उपयुक्त किए जाते हैं। अनेक इकाईयों के संयोजन से बने ये कम्प्यूटर इतनी गति से कार्य करते हैं कि इनका उपयोग करने वाला प्रत्येक व्यक्ति बिना किसी व्यवधान के अपने आदेश दे सकता है तथा परिणाम प्राप्त कर सकता है। प्रत्येक व्यक्ति को ऐसा आभास होता है जैसे कम्प्यूटर केवल उसी के लिए कार्य कर रहा हो।

बड़े-बड़े विश्वविद्यालयों में अनुसंधान कार्यों के लिए इस प्रकार के कम्प्यूटरों का उपयोग किया जाता है। समय की बचत करने के लिए इनके उपयोग की पूरी तैयारी पहले से कर ली जाती है।

### 1.4.3. मिनीकम्प्यूटर (MINICOMPUTER)

मध्यम श्रेणी के कम्प्यूटरों को मिनी कम्प्यूटर कहा जाता है। ये प्राय: एक विशाल प्रक्रिया को संयमित करने के काम आते हैं। इन पर भी अनेक लोग एक साथ काम कर सकते हैं, किन्तु सभी कार्यों का सम्बन्ध एक प्रक्रिया से ही होना चाहिए, उदाहरणार्थ किसी बड़े कारखाने की स्वचालित उत्पादन प्रक्रिया एक मिनी कम्प्यूटर से संयमित हो सकती है, जो गुणवत्ता विभाग, उत्पादन विभाग, भण्डारण विभाग आदि सभी सम्बन्धित विभागों को एक साथ ही आवश्यक सूचनाओं का आदान-प्रदान कर सकता है। विभिन्न इकाइयों से सम्पर्क के लिए अनेक स्थानों पर इनपुट तथा आउटपुट युक्तियाँ (INPUT & OUTPUT DEVICES) लगी होती हैं, जिनका संबंध मुख्य कम्प्यूटर से होता है।

### 1.4.4 माइक्रोकम्प्यूटर (MICRO COMPUTER)

आधुनिक पर्सनल कम्प्यूटर वास्तव में एक माइक्रोकम्प्यूटर ही होता है। इसका विस्तृत अध्ययन इस पुस्तक में किया जाएगा ।

### 1.4.5 लैपटॉप या पुस्तकाकार कम्प्यूटर (LAPTOP OR NOTEBOOK COMPUTER)

यह माइक्रोकम्प्यूटर का और भी अधिक लघु स्वरूप है। इसे पूरी तरह सुवाह्य (PORTABLE) बनाया गया है। मॉनीटर के अतिरिक्त इसके सभी अवयव माइक्रो कम्प्यूटर की भाँति ही होते हैं, बस उन्हें यथासम्भव सूक्ष्म बना दिया जाता है। इसका मॉनीटर LCD (LIQUID CRYSTAL DISPLAY) का बना होने के कारण चपटा होता है। लैपटॉप कम्प्यूटर एक छोटे ब्रीफकेस की भाँति संयोजित होता है तथा नोटबुक

कम्प्यूटर एक पुस्तक की भाँति दिखता है तथा इसे उसी प्रकार खोलकर उपयोग में लाया जाता है।

## 1.5 पर्सनल कम्प्यूटर वर्गीकरण (PC CLASSIFICATION)

पर्सनल कम्प्यूटर का प्रथम संस्करण 1981 में विकसित हुआ था, जिसमें 8088 माइक्रोप्रोसेसर उपयोग किया गया था। बाद में अधिक गति पर कार्य करने वाला एक अन्य माइक्रोप्रोसेसर 8086 विकसित हुआ जिसका उपयोग कम्प्यूटरों में किया जाने लगा। 8088 तथा 8086 के उपयोग से बने कम्प्यूटरों को पर्सनल कम्प्यूटर - पी.सी (PERSONAL COMMPUTER-PC) कहा जाता था। पी.सी. में हार्ड डिस्क संचाली लगा देने से इसे पर्सनल कम्प्यूटर-एक्स्टैण्डिड टेक्नोलॉजी (PERSONAL COMPUTER-EXTENDED TECHNOLOGY, PC-XT) कहा जाने लगा।

1984 में एक नए माइक्रोप्रोसेसर 80286 का विकास हुआ। इसके उपयोग से बने कम्प्यूटर को पी.सी.-एडवांस्ड टेक्नोलॉजी (PC- ADVANCED TECHNOLOGY, PC-AT) या पी.सी.-ए.टी. कहा जाने लगा। इसके बाद अनेक नए-नए प्रोसेसरों का विकास हुआ है, किन्तु सभी के उपयोग से बने कम्प्यूटरों को पी.सी-ए.टी. ही कहा जाता है। अतः कम्प्यूटरों को दो सामान्य श्रेणियों में रखा जा सकता है- पीसी-एक्स टी तथा पी सी -एटी। पी सी-एक्स टी अब गति तथा क्षमता की न्यूनता के कारण पिछड़ गया है तथा लुप्त होता जा रहा है। कुछ पुराने सिस्टम ही उस इतिहास के अवशेष हैं।

पी.सी.-ए.टी. में अनेक नए विकास हुए हैं। फलस्वरूप 80286 माइक्रोप्रोसेसर के बाद क्रमशः 80386 तथा 80486 माइक्रोप्रोसेसर विकसित होकर उपयोग किये जा रहे हैं। ये दोनों ही दो-दो प्रकार के उपलब्ध हैं, यथा - 80386SX, 80386DX, 80486SX तथा 80486DX एवं अन्त में पेंटियम के मॉडल P I, P II, P III। इनमें विशेष ध्यान देने योग्य तथ्य यह है कि 80386 तथा 80486 दोनों कार्य क्षमता में समान हैं, 486 की केवल गति 386 से अधिक है। 80286 उन सभी कार्यों को नहीं कर सकता, जो 386 तथा 486 कर सकते हैं। अतः80286 भी उपयोग में पिछड़ गया है। 80486 के बाद अब तक का सर्वोत्कृष्ट माइक्रोप्रोसेसर पेंटियम (PENTIUM) विकसित हो चुका है तथा इसका उपयोग लोकप्रिय हो रहा है।

जटिल गणितीय प्रकियाओं को सम्पन्न करने के लिए उपरोक्त प्रोसेसरों के साथ प्रत्येक के सजातीय गणितीय सह-संसाधक (MATHEMATICAL CO-PROCESOR) की आवश्यकता होती है, किन्तु 80486DX तथा पेंटियम में यह अन्तर्निहित है। अन्य प्रोसेसरों के लिए इनका उपयोग किया जा सकता है।

## 1.6 आधुनिक पर्सनल कम्प्यूटर (MODERN PERSONAL COMPUTER)

मनुष्य प्रारम्भ में कल्पना भी नहीं कर पाया था कि कम्प्यूटर एक दिन मानवीय जीवन मे इतना महत्वपूर्ण हो जाएगा कि प्रत्येक मनुष्य अपने नित्यप्रति कर्म में इसका उपयोग करने लगेगा। इसलिए कल्पना की उड़ान के माध्यम से वह एक ऐसे बिन्दु पर पहुँचा था जहाँ उसने एक मामूली से उपकरण का नाम माइक्रोकम्प्यूटर (MICRO

COMPUTER) रखा था। उसी माइक्रोकम्प्यूटर ने आज कम्प्यूटर जगत् पर अपना आधिपत्य स्थापित कर लिया है तथा मानव जीवन के प्रत्येक आयाम में अपना योगदान देकर महत्वपूर्ण अधिकार पा लिया है। अब यह मात्र संगणना करने का साधन ही नहीं है, ज्ञानवान मानव के प्रत्येक कदम पर उसका **अनुकर** है। मूल्य की दृष्टि से यह इतना सस्ता हो गया है कि अब बड़े संगठनों की आवश्यकताओं की पूर्ति से उतरता हुआ व्यक्ति की आवश्यकताओं की पूर्ति तक आ पहुँचा है। इसलिए इसे पर्सनल कम्प्यूटर (PERSONAL COMPUTER) कहा जाने लगा है।

ऐसा भी नहीं है कि आधुनिक पर्सनल कम्प्यूटर केवल व्यक्तिगत उपयोगों तक सीमित होकर रह गया हो। अब इसकी कार्यक्षमता इतनी विकसित हो गई है कि मध्यम आकार के व्यवसायिक संगठनों की आवश्यकताएँ भी पर्सनल कम्प्यूटर पूरी कर रहे हैं। साथ ही घरों में, छोटे कार्यालयों में, लघु व्यवसायों में तथा व्यक्तियों की निजी कार्य मेजों पर भी इनका उपयोग बढ़ता जा रहा है।

वर्तमान परिपेक्ष्य में पर्सनल कम्प्यूटर ऐसे सर्वोपयोगी एवं सर्वसुलभ साधन हैं जो

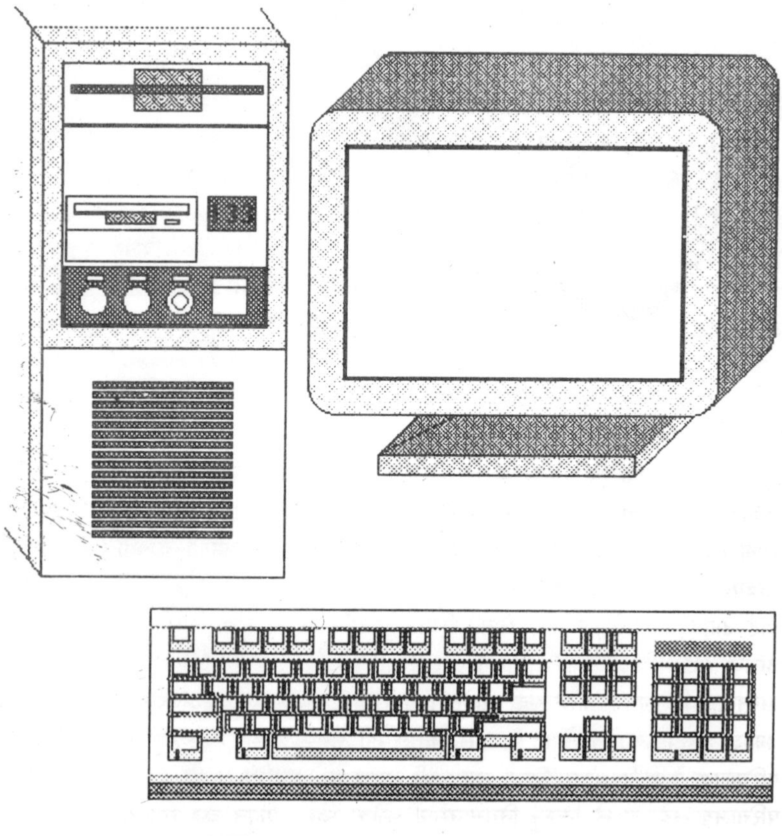

व्यक्तियों की क्षार्यक्षमताओं को बढ़ाते हैं, वे व्यक्ति चाहे स्वयं कर्महस्त हों अथवा बड़े संगठनों के अंग। छोटी सी कार्यालय मेज पर अथवा व्यक्ति की गोद में समाए जा सकने वाले ये कम्प्यूटर इतनी उपयोक्ता विविधताओं, एवं विविध आकारों में उपलब्ध हैं कि प्रत्येक व्यक्ति अपनी आवश्यकतानुसार एक पर्सनल कम्प्यूटर का स्वामी बन सकता है।

## 1.6 कम्प्यूटर उपयोग

कम्प्यूटरों के विविध उपयोगों में निम्नॉकित प्रमुख हैं-

संगणनाएँ (CALCULATIONS)
आधरों का प्रबन्धन (DATABASE MANAGEMENT)
लेखांकन (ACCOUNTING)
शब्द संस्कारण (WORD PROCESSING)
पुस्तक प्रकाशन (DESK TOP PUBLISHING)
सामग्री प्रबन्धन (INVENTORY MANAGEMENT)
शिक्षा प्रसार (EDUCATION)
वैज्ञानिक अनुसंधान व विकास (SCIENTIFIC R & D)
खेल (SPORTS)
दूरसंचार (TELECOMMUNICATION) -टेलिफोन, फैक्स आदि।

कम्प्यूटर उपयोग करते समय होने वाली सामान्य एवं अनिवार्य प्रकियाएँ निम्नांकित हैं -

1. बूटिंग/प्रवर्तन
    क. स्वपरीक्षण/पावर ऑन सैल्फ टैस्ट/पोस्ट
    ख. बेसिक इनपुट आउटपुट सिस्टम/बायोस
    ग. परिचालन प्रणाली प्रारंभ/बूट स्टैप लोडिंग
2. कम्प्यूटर तत्पर/प्रॉम्प्ट संकेत
3. एप्लीकेशन प्रोग्राम मुख्य आदेश का टंकण तथा <ENTER>

इससे वांछित प्रोग्राम चालू हो जाता है जिसके उपयोग हेतु उसके आन्तरिक आदेशों का प्रयोग करते हुए परिचालक अपना कार्य करता है। उपरोक्त में बूटिंग की सभी क्रियाएँ स्वचालित होती हैं। यदि तंत्र में कोई दोष नहीं है तो कम्प्यूटर सैटप सभी अवयवों - माइक्रोप्रोसेसर, कीबोर्ड, मैमोरी, फ्लॉपी डिस्क संचाली, हार्ड डिस्क संचाली, पोर्ट आदि का परीक्षण कर उनकी स्थिति प्रदर्शित करता हुआ कम्प्यूटर की डिस्क A: अथवा C: पर उपस्थित परिचालन प्रणाली को खोजकर उसका उपयोग करने लगता है। अन्ततः परिचालन प्रणाली एक संकेत द्वारा सूचित करती है कि कम्प्यूटर परिचालक के आदेश अनुपालन हेतु तैयार है। इस संकेत को प्रॉम्प्ट कहते हैं। डॉस में इस संकेत में परिचालक प्रणाली युक्त डिस्क का नाम सामान्यतः प्रदर्शित होता है। इस संकेत को परिचालक स्वेच्छा से किन्तु नियमानुसार अनेक स्वरूप प्रदान कर सकता है।

## प्रश्नोत्तरी

**प्रश्न :- मानवीय कर्म तथा कम्प्यूटरी कर्म में क्या अन्तर है?**

मानव नैसर्गिक उत्पाद है जबकि कम्प्यूटर मानवों द्वारा कृत्रिम रूप से निर्मित हैं। अतः मानव प्रकृति के अधिक निकटस्थ है। प्राकृत कर्मों में सदैव विविधता होती है जिसके कारण प्रत्येक प्राकृत उत्पाद अपने अन्य प्रत्येक सहधर्मी से भिन्न होता है। अतः विविधता मानवी कर्म की नैसर्गिक विशेषता है जो मानव धर्म की मौलिकता का परिचायक है।

कम्प्यूटरों का निर्माण क्रियाओं की पुनरावृत्ति हेतु ही किया गया है। वे इस को शीघ्रता से एवं सही ढंग से कर पाते हैं। मौलिक कर्म कम्प्यूटरों की परिधि के बाहर ही हैं।

सृष्टि की जटिलता को मौलिकता की तथा इसके वृहत् स्वरूप को पुनरावृत्ति की आवश्यकता है। अतः सृष्टि विकास में दोनों के समुचित-समायोजित उपयोग की महत्ता है।

**प्रश्न :- कम्प्यूटर अपनी किस विशेषता के कारण महत्वपूर्ण हैं?**

कम्प्यूटर शब्द का अर्थ अनुकलन करने वाला अर्थात किसी वस्तु अथवा तथ्य को कण-कण उधेड़ कर उसे उसकी विभिन्न कलाओं में पुनः नियोजित करने वाला है। आधुनिक कम्प्यूटर यह कार्य सूचनाओं एवं आधरों को शून्य तथा एक के द्विंकों के माध्यम से समझकर उन्हें वाँछित स्वरूप में पुनर्नियोजित करते हैं। इस कार्य के लिये इन्हें बार-बार योग, अवयोग, गुणन तथा विभाजन की गणितीय क्रियाएँ करनी होती हैं। अतः कहा जा सकता है कि कम्प्यूटर तन्त्र मात्र चार क्रियाओं को ही बार-बार करता है, मात्र उनके क्रम में अन्तर होता है।

कम्प्यूटरों की विशेषता यह है कि ये किसी कार्य की पुनरावृत्ति अति शीघ्रता से तथा सटीक ढंग से कर पाते हैं जो मानवों के लिये दुष्कर उबाऊ तथा धीमी गति से होने वाली क्रियाएँ हैं। यदि किसी क्रिया को केवल एक बार ही सम्पन्न किया जाना हो तो उसे मानवीय हाथों से करना ही श्रेयकर होगा। मानवीय उद्यमों में पुनरावृत्ति का प्रमुख स्थान है। क्रान्तिक अथवा एकदम नवीन क्रिया के किये जाने की घटना सदियों में ही होती है। इसलिये अधिकांश मानवीय उद्यमों में कम्प्यूटर मानव के अच्छे सहयोगी हैं।

**प्रश्न :- कम्प्यूटर और मानवीय मस्तिष्क में क्या अन्तर है?**

कल्पनाशीलता अथवा रचनात्मकता कम्प्यूटरों की सीमा के बाहर है। जिस किसी क्रिया की कभी कल्पना नहीं की गई हो कम्प्यूटर उसे नहीं कर सकते जबकि मानवीय मस्तिष्क इस सीमा को लाँघने की सक्षमता रखता है। कम्प्यूटर मानवीय मस्तिष्क से सम्भव हो सकने वाले कार्यों में से अल्प कार्यों को ही कर सकने में सक्षम है इसलिये कम्प्यूटर मानव के दास की भूमिका में ही सक्षम हो सकते हैं।

यहाँ यह भी उल्लेखनीय है कि मानवों में विविधता है। जो मानव कल्पनाशीलता एवं रचनात्मकता में सक्षम नहीं है, वे कम्प्यूटरों से श्रेष्ठ न होकर हीन ही हैं। ऐसे व्यक्ति कम्प्यूटरों के स्वामी न होकर उनके दास ही हो सकते हैं। अत: मानवीय जगत को अपनी श्रेष्ठता बनाये रखने के लिये कल्पनाशीलता तथा रचनाधर्मिता को अक्षुण बनाये रखना होगा।

**प्रश्न :- भारतीय परिपेक्ष्य में कम्प्यूटरों का उपयोग कितना न्यायोचित है?**

कम्प्यूटरों के उपयोग से अनेक ऐसे कार्य सरलता से एवं शीघ्रता से किये जा सकते हैं जो मानवों द्वारा किये जाने पर अतिश्रमसाध्य हैं। अत: कम्प्यूटरों के उपयोग से मानवीय श्रम के उपयोग की संभावनाएँ कम हो जाती हैं जिसके कारण भारत जैसे देश में अवृत्ति की समस्या और अधिक प्रचण्ड रूप धारण कर सकती है। कम्प्यूटरीकरण का यह एक दुख:द पक्ष है।

किन्तु इसका एक सुखद पक्ष भी है जो अधिक महत्वपूर्ण है। मानवीय जगत में अनेक ऐसे कार्य हैं जिनका मानवीय श्रम द्वारा निष्पादन या तो असंभव है अथवा अति दुष्कर। ऐसे कार्यों में कम्प्यूटरों का उपयोग उपादेय भी है तथा वाँछित भी। एक उदाहरण से यह कथन स्पष्ट किया जा सकता है। व्यवसायिक संगठनों में प्रत्येक माह के अन्तिम दिवस तक के कार्य के आधार पर अगले माह के प्रथम दिवस को वेतन देय हो जाता है। बड़े व्यावसायिक संगठनों में कुछ घण्टों की अवधि में वेतन की हस्त्य संगणना करना असंभव नहीं तो दुरूह अवश्य है। जबकि कम्प्यूटरों के माधयम से यह कार्य सरलता से संभव है। अत: इस कार्य हेतु कम्प्यूटरों का उपयोग न्यायोचित है। भारतीय रेल के विशद जाल में सूदूर स्थलों के बीच त्वरित संवाद द्वारा आरक्षण की सुविध ा कम्प्यूटरों के उपयोग का एक और न्यायोचित कदम है।

किन्तु घर में भोजन पकाना, कपड़े धोना आदि कार्यों को कम्प्यूटरीकृत मशीनों से करना न्यायोचित नहीं है, क्योंकि इस प्रकार के कार्यकलापों में मानवीय भावनाओं की संलिप्ति अधिक महत्वपूर्ण है जो मशीनी निष्पादन में अनुपस्थित रहती है। बड़े करखानों में मशीनों के अन्तिम स्वरूप में सज्जीकरण में मानवीय हाथों की उपयोगिता श्रम की उपादेयता की दृष्टि से वाँछित तो है ही, सरल, सुविधाजनक एवं सार्थक भी है क्योंकि धुआँधार वैज्ञानिक प्रगति के बाद भी मानवीय हाथ की कार्य कुशलता अभी तक मशीनों में विकसित नहीं हो पाई है। अत: ऐसे कार्यों में मानवीय श्रम का उपयोग ही वाँछित है।

**प्रश्न : कम्प्यूटर तन्त्रों में विद्युत धारा के उपयोगों पर प्रकाश डालिये।**

कम्प्यूटर विद्युत धारा प्रवाह द्वारा संचालित होने वाली मशीन हैं। विद्युतधारा प्रवाह के कम्प्यूटर में दो प्रकार के उपयोग हैं एक शक्ति स्रोत के रूप में तथा दूसरा, परिचालन संकेत के रूप में। शक्ति स्रोत के रूप में विद्युत धारा इसके विभिन्न ऑपरेटिंग सिस्टमों की मोटरों आदि का परिचालन करती है। सामान्यत: यह कार्य 12 वोल्ट पर संपादित होते हैं। कम्प्यूटर द्वारा प्रयुक्त विद्युत धारा शक्ति का अधिकतम भाग इसी कार्य में खपत होता है।

कम्प्यूटर में विद्युत धारा का दूसरा कार्य अधिक महत्वपूर्ण है, यद्यपि इसमें विद्युत शक्ति की मामूली सी मात्रा ही उपयुक्त होती है। यह कार्य कम्प्यूटर की कार्य प्रणाली के अनुसार संकेतों का उत्पादन करना है। इन्हीं संकेतों के आधार पर कम्प्यूटर सभी प्रकार के कार्य संपन्न करता है। सामान्यत: यह कार्य 3 या 5 वोल्ट पर संपादित होता है।

**प्रश्न : कम्पयूटर तन्त्रों के वर्गीकरण पर टिप्पणी कीजिये ।**

कम्प्यूटरों के आकार एवं उपादेयता के आधार पर उनको निम्नांकित वर्गो में रखा जाता है -

- सुपरकम्प्यूटर
- मेनफ्रेम कम्प्यूटर
- मिनी या लघु कम्प्यूटर
- माइक्रो, सूक्ष्म अथवा पर्सनल कम्प्यूटर
- लैपटॉप या आलि कम्प्यूटर
- नोटबुक या पुस्तकाकार कम्प्यूटर

सुपर कम्प्यूटर अतिविशाल स्तर की कार्यवाहियों अथवा प्रक्रियाओं के लिये प्रयुक्त किये जाने वाले अब तक के निर्मित सर्वाधिक विशाल कम्प्यूटर हैं । इनकी विशिष्टियॉं सुनिश्चित नहीं हैं। इनकी कार्य सम्पादन की क्षमता की कोई सीमा नहीं है। देश की सुरक्षा, अन्तरिक्ष अनुसंधान आदि कार्यों में इस प्रकार के कम्प्यूटरों का उपयोग किया जाता है।

मेनफ्रेम कम्प्यूटर सुपर कम्प्यूटरों की तरह ही अति विशाल कार्यों के संपादन हेतु होते हैं किन्तु इनकी कार्य क्षमताओं का परिसीमन एवं मानकीकरण कर दिया गया है। इसी प्रकार एक विशाल कारखाने की गतिविधियों को स्वचालित करने के लिये प्रयुक्त कम्प्यूटरों को मिनी कम्प्यूटर कहा जाता है। बहुराष्ट्रीय प्रतिष्ठान अपनी विभिन्न इकाइयों को मिनी कम्प्यूटरों से संचालित करते हैं तथा केन्द्रीय कार्यालय में सभी इकाइयों के समन्वय हेतु मेनफ्रेम कम्प्यूटर का उपयोग कर सकते हैं।

हमारी इस पुस्तक की विषयवस्तु माइक्रोकम्प्यूटर है जिन्हें पर्सनल/वैयक्तिक कम्प्यूटर भी कहा जाता है। प्रारम्भिक वैयक्तिक कम्प्यूटर 8088/8086 सूक्ष्म संस्कारकों अर्थात माइक्रोप्रोसेसरों पर आधारित होते थे जिनकी गति अति अल्प थी। इनमें स्थिर चकती भी नहीं होती थी और इन्हें पी सी/वैयक्तिक कम्प्यूटर कहा जाता था। बाद में इनको संवर्धित करके पी सी एक्स टी/वैयक्तिक कम्प्यूटर-एक्सटैण्डिड टैक्नोलॉजी नाम दिया गया जिनमें स्थिर चकती का प्रावधान था। तदन्तर पी सी-ए टी/वैयक्तिक कम्प्यूटर एडवांस टैक्नोलॉजी विकसित हुए जिनमें 80286 माइक्रोप्रोसेसर का उपयोग किया गया जो बहु कार्य में सक्षम हैं। इसके बाद इनका विकास आगे बढ़ता रहा और अब 80286 तथा 80486 से आगे बढ़ता हुआ पैण्टियम माइक्रोप्रोसेसर तक

पहुँच गया है। इनकी स्मृति तथा स्थिर चकती आकार भी विशालता गृहण कर चुकी है। इनकी नेटवर्क/संजालन व्यवस्था से इन्हें पूरे कारखानों के संचालन आदि में उपयुक्त किया जा सकता है। इनके विकास ने मिनी कम्प्यूटरों का महत्व कम कर दिया है।

लैपटॉप तथा नोटबुक कम्प्यूटर छोटे माइक्रोकम्प्यूटर ही हैं जिनमें संपुटता के लिये एल सी डी डिस्प्ले/प्रदर्श का उपयोग किया जाता है। इनके कुजीपटल भी छोटे तथा बक्से में ही होते हैं।

**प्रश्न :- कम्प्यूटर तन्त्र के प्रमुख अनिवार्य अंग क्या हैं?**

प्रत्येक कम्प्यूटर तन्त्र के दो भाग होते हैं -

एक, द्रव्यात्मक कल पुर्जे जिनके संयोजन से कम्प्यूटर को आकार तथा इसकी कार्य प्रणाली को आधार प्राप्त होता है। इन्हें यथावस्तु/हार्डवेयर कहा जाता है। कम्प्यूटर के अंग प्रत्यंग जो प्रत्यक्ष रूप से देखे जा सकते हैं, वे सभी इसी वर्ग में सन्निहित हैं। ये अंग निर्जीव हैं एवं वैद्युत विभव एवं धारा प्रवाह के प्रति सुनिश्चित व्यवहार करते हैं।

द्वितीय, निर्देशात्मक सूचनाएँ होती हैं, जिन्हें परावस्तु/सॉफ्टवेयर कहा जाता है। ये सूचनाएं कम्प्यूटर के हार्डवेयर भागों में संगृहित रहती हैं तथा कम्प्यूटर की प्रत्येक गतिविधि का निर्धारण करती हैं। इन्हें प्रत्यक्ष देखा नहीं जा सकता है। ये द्विअंकी कूटों के रूप में कम्प्यूटर की स्टोरेज स्मृतियों में सुरक्षित रहती हैं, एवं आवश्यकतानुसार उपयुक्त होती हैं। वस्तुत: निर्जीव हार्डवेयर को ये सॉफ्टवेयर ही आवश्यकतानुसार कार्य करने की सक्षमता प्रदान करते हैं।

द्रव्यात्मक हार्डवेयर तथा प्रभावात्मक सॉफ्टवेयर के समन्वयित स्वरूप को ही कम्प्यूटर तन्त्र कहा जाता है।

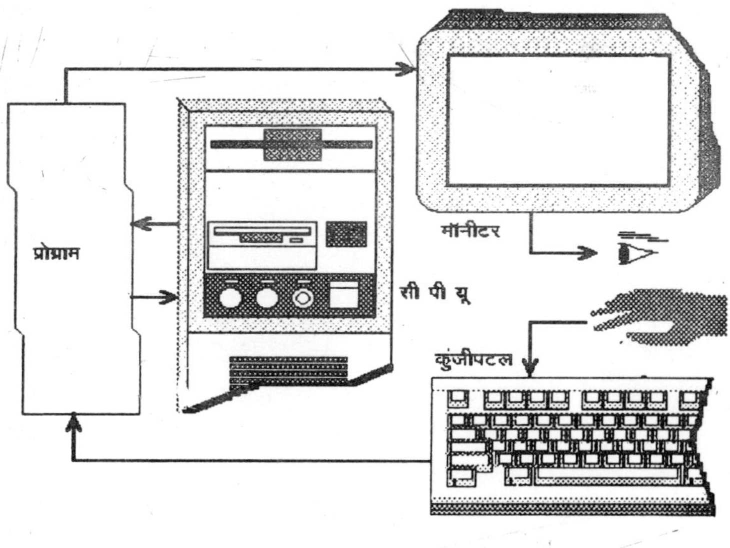

**प्रश्न :- कम्प्यूटर तन्त्र में करसर क्या होता है?**

कम्प्यूटर के प्रदर्श पर सामान्यत: एक टिमटिमाता संकेत होता है जो उपयोक्ता को कम्प्यूटर से सम्पर्क स्थिति को दर्शाता है, इसे करसर कहा जाता है। कुन्जीपटल की अनेक कुन्जियों से इसकी स्थिति में परिर्वतन किया जाता है किन्तु कुन्जीपटल से यह कार्य कमित तरीके से ही होता है अर्थात करसर को अनायास ही एक बिन्दु से किसी दूरस्थ बिन्दु पर नहीं ले जाया जा सकता। .विण्डोज तथा इस पर आधारित प्रोग्रामों में करसर से ही आदेशों का चुनाव किया जाता है। अत: करसर को तीव्रता से स्थानान्तरित करना लाभकर होता है जो कुन्जीपटल से नहीं हो सकता। इसके लिये माउस/मूषक नामक एक युक्ति का उपयोग किया जाता है।

**प्रश्न :- कम्प्यूटर के विभिन्न अंगों के पारस्परिक सम्बन्धन को समझाइये?**

एक माइक्रो अथवा आधुनिक वैयक्तिक कम्प्यूटर को 230 वोल्ट की विद्युत प्रदाय कम्प्यूटर के सामने लगे मुख्य स्विच से होकर के कम्प्यूटर की विद्युत प्रदाय इकाई को प्रदान किया जाता है जहॉ से एक 230 वोल्ट का सम्बन्धन मॉनीटर को विद्युत शक्ति प्रदान करता है। विद्युत प्रदाय इकाई +12 तथा +5 वोल्ट स्थिर डी सी उत्पन्न करती है। कम्प्यूटर के फ्लॉपी तथा स्थिर चकती संचाली एवं मदरबोर्ड को यही विद्युत प्रदान करने हेतु विद्युत प्रदाय इकाई के अनेक आउटपुट होते हैं जिनको विभिन्न अवयवों से संबंधित कर दिया जाता है।

मदरबोर्ड पर एक कुन्जीपटल सम्बन्धक अवस्थित होता है जिससे कुन्जीपटल के केबिल को युग्मित किया जाता है। मदरबोर्ड में अनेक विस्तारण खंच होते हैं जिनमें एडेप्टर कार्ड लगाकर मॉनीटर तथा चकती संचालियों को संकेत प्रदान किये जाते हैं। आधुनिक मदरबोर्डो में चकती संचाली संयमक सन्निहित होते हैं अत: प्रथक संयमक पत्रकों की आवश्यकता नहीं होती। यदि मुद्रक का सम्बन्धन करना हो तो उसके संकेत एक पोर्ट से तथा विद्युत प्रदाय 230 वोल्ट के स्रोत से दी जाती है।

अध्याय

# २

# कम्प्यूटरी कोड, भाषाएँ एवं प्रोग्राम

## 2.1 बाइनरी संख्या प्रणाली (BINARY NUMBER SYSTEM)

कम्प्यूटर के परिचालन में केवल दो संकेतों का उपयोग किया जाता है - विद्युत धारा की उपस्थिति अथवा अनुपस्थिति। विभिन्न संभावनाओं में इन्ही दो संकेतों की श्रृंखला संयोजन से कम्प्यूटर अपने सभी कार्य संपादित करता है। सुविधा के लिए इन दो संकेतों को 0 तथा 1 से दर्शाया जाता है। इसी कारण कम्प्यूटर परिचालन को बाइनरी परिचालन कहा जाता है।

कम्प्यूटर की इस प्रणाली के प्रत्येक अंक को बिट (BIT - **BI**NARY DIGI**T**) कहा जाता है। 8 बिटों के समूह को एक बाइट (BYTE) कहा जाता है। प्रारंभिक कम्प्यूटर 8-8 बिटों के समूह में ही सूचना प्रवाह करते थे, किन्तु आधुनिक कम्प्यूटर 32 अथवा 64 बिटों के समूहों में सूचना प्रवाह करते हैं।

बाइनरी सिस्टम के आधार पर सभी प्रकार की गणितीय प्रक्रियाएँ भी की जा सकती हैं। इसे बाइनरी गणित कहा जाता है।

## 2.2 आस्की (ASCII-
AMERICAN STANDARD CODE FOE INFORMATION INTERCHANGE )

प्रत्येक कम्प्यूटर प्रयोगकर्ता अंकों, अक्षरों तथा संकेतों के लिए बाइनरी सिस्टम पर आधारित कूट या कोड (CODE) निर्माण कर कम्प्यूटरों को परिचालित कर सकता है किन्तु उसके कोड केवल उसी के द्वारा प्रोग्रामों व समादेशों के लिए लागू होंगे। इससे कम्प्यूटरों के प्रयोगकर्ता परस्पर सूचनाओं का आदान प्रदान तब तक नहीं कर सकते जब तक कि वे एक दूसरे द्वारा प्रयुक्त कोड संकेतों से परिचित न हों। सूचनाओं के आदान प्रदान में सुविघा के लिए अमेरीका में एक मानक कोड तैयार किया गया है जिसे अब पूरे विश्व में मान्यता प्राप्त है। इसे आस्की (ASCII) के नाम से जाना जाता है।

इस कोड में प्रत्येक रोमन अक्षर, अंक व संकेत को 7 बिटों से दर्शाया गया है। 7 स्थानों पर 0 तथा 1 के स्थापन से 128 विविध समूह निर्मित होते हैं। इन 128

संभावनाओं को विभिन्न कार्यो, अक्षरों, अंकों व संकेतों के लिए नियत कर दिया गया है। इस कोड को नीचे दी गई तालिकाओं में दर्शाया गया है।

उपरोक्त आस्की कोड सभी प्रकार के कम्प्यूटर सिस्टमों के लिए सामान्य है किन्तु IBM - PC के समतुल्य कम्प्यूटरों में 256 संकेतों का उपयोग किया गया है। इन आंतरिक संकेतों में समादेशिक एवं अँग्रेजी वर्णो के अतिरिक्त रेखाएँ, आयत, वृत आदि के चित्रण की भी व्यवस्था है। 256 कोडों वाली सूची को एक्स्टेंडेड आस्की (EXTENDED ASCII ) कहा जाता है। इसे परिशिष्ट -1 में दर्शाया गया है।

## 2.2 कम्प्यूटरी भाषाएँ (COMPUTER LANGUAGES)

जैसाकि पूर्व में कहा जा चुका है कम्प्यूटर केवल विद्युत धारा के चालू या बन्द अर्थात 0 तथा 1 में अंकित भाषा ही समझ सकता है। अत: कम्प्यूटर से यदि कोई कार्य संपन्न कराना है तो इसी भाषा में समादेश तथा सूचनाएँ देनी होती हैं। साठवें दशक में कागज के कार्डो में छिद्र करके कम्प्यूटरों को निर्देश दिए जाते थे तथा निर्देशों के लम्बी अवधि के लिए स्टोरेज का यही तरीका था। आज उन माध्यमों के स्थान पर चुम्बकीय स्टोरेज माध्यमों का उपयोग किया जाता है। इन चुम्बकीय माध्यमों में निर्देशों को डिस्क के विभिन्न स्थानों की चुम्बकीय अवस्था से दर्शाया जाता है, अर्थात् कोई विशेष बिन्दु चुम्बकित है अथवा नहीं।

### 2.2.1 मशीनी भाषा (MACHINE LANGUAGE)

कम्प्यूटरों के विकास के बाद उनसे संवाद स्थापना के लिए अनुदेश बाइनरी सिस्टम में ही अंकित किए जाते थे। इससे मशीन से सीधा संपर्क संभव होता है, इसलिए इसे मशीनी भाषा कहा जाता है।

आज भी मशीनों से संपर्क इसी भाषा में होता है, किन्तु सामान्य कम्प्यूटर उपयोगकर्ता को इसका आभास नहीं हो पाता है। उपयोगकर्ता तथा कम्प्यूटर के बीच प्रयुक्त भाषाएँ तथा प्रोग्राम इस कार्य को संपन्न करते रहते हैं।

### 2.2.2 संयोजन भाषा (ASSEMBLY LANGUAGE )

इन बीच की भाषाओं के उपयोग का कारण यह है कि शून्यों तथा एककों में लिखते रहने से लेखक की ऑखों तथा मस्तिष्क पर तनाव उत्पन्न होता है। इस तनाव से मुक्ति के लिए विशेषज्ञों ने सांकेतिक भाषाओं का आविष्कार किया। उन्होंने प्रत्येक प्रक्रिया के लिए एक सरल शब्द को चुन लिया। ये शब्द बाइनरी लेंगवेज कोडों के ही पर्याय मान लिये गए। इन शब्दों के उपयोग से निर्मित भाषा को असेंबली लेंगवेज कहा जाता है।

चूँकि कम्प्यूटर सीधे लेंगवेज में लिखे गए प्रोग्रामों को समझ नहीं सकता, इसलिए कम्प्यूटर में असेंबली लेंगवेज में प्रयुक्त शब्दों को उनके पर्याय मशीनी भाषा के बाइनरी कोडों में एक विशेष प्रोग्राम द्वारा परिवर्तित किया जाता है। इस विशेष प्रोग्राम को संयोजक (ASSEMBLER) कहा जाता है। असेंबली लेंगवेज में निर्मित प्रोग्राम को कम्प्यूटर में स्थायी रूप से स्टोर कर दिया जाता है। इससे असेंबलर असेंबली लेंगवेज में

## (क) आंतरिक कियाओं के आस्की कोड

| S.No. | Binary Code | Code | अर्थ | Meaning |
|---|---|---|---|---|
| 0 | 00000000 | NUL | कुछ नहीं | Null |
| 1 | 00000001 | SOH | शीर्षक प्रारंभ | Start of Heading |
| 2 | 00000010 | STX | पाठ्य प्रारंभ | Start of Text |
| 3 | 00000011 | ETX | पाठ्य अन्त | End of Text |
| 4 | 00000100 | EOT | प्रेषण अन्त | End of Transmission |
| 5 | 00000101 | ENQ | पृच्छा | Enquiry |
| 6 | 00000110 | ACK | अभिज्ञाप | Acknowledge |
| 7 | 00000111 | BEL | घण्टी | Bell |
| 8 | 00001000 | BS | पश्चरिक्ति | Back Space |
| 9 | 00001001 | HT | क्षैतिज कुदान | Horizontal Tab |
| 10 | 00001010 | LF | धारापथ पोष | Line Feed |
| 11 | 00001011 | VT | उर्ध्व कुदान | Vertical Tab |
| 12 | 00001100 | FF | प्रारूप पोष | Form Feed |
| 13 | 00001101 | CR | पंक्ति | Carriage Return |
| 14 | 00001110 | SO | अन्तरण समाप्त | Shift Out |
| 15 | 00001111 | SI | अन्तरण प्रारंभ | Shift In |
| 16 | 00010000 | DLE | डेटा लिंक त्याग | Data Link Escape |
| 17 | 00010001 | DC1 | युक्ति संयमन १ | Device Control 1 |
| 18 | 00010010 | DC2 | युक्ति संयमन २ | Device Control 2 |
| 19 | 00010011 | DC3 | युक्ति संयमन ३ | Device Control 3 |
| 20 | 00010100 | DC4 | युक्ति संयमन ४ | Device Control 4 |
| 21 | 00010101 | NAK | अनाप्ति | Negative Acknowledge |
| 22 | 00010110 | SYN | संकालन निष्कर्म | Synchronous Idle |
| 23 | 00010111 | ETB | प्रेषण खण्ड अन्त | End of Transmssn Blk |
| 24 | 00011000 | CAN | निरस्त | Cancel |
| 25 | 00011001 | EM | माध्यम अन्त | End of Medium |
| 26 | 00011010 | SUB | विस्थाप | Substitute |
| 27 | 00011011 | ESC | त्याग | Escape |
| 28 | 00011100 | FS | संचिका लग्नी | File Separator |
| 29 | 00011101 | GS | समूह लग्नी | Group Separator |
| 30 | 00011110 | RS | अनुवृत लग्नी | Record Separator |
| 31 | 00011111 | US | एकक लग्नी | Unit Separator |

(ख) आस्की करैक्टर कोड

| SN. | Binary Code | Chr. | SN. | Binary Code | Chr. | SN. | Binary Code | Chr. |
|---|---|---|---|---|---|---|---|---|
| 32 | 00100000 | | 64 | 01000000 | @ | 96 | 01100000 | " |
| 33 | 00100001 | ! | 65 | 01000001 | A | 97 | 01100001 | a |
| 34 | 00100010 | " | 66 | 01000010 | B | 98 | 01100010 | b |
| 35 | 00100011 | # | 67 | 01000011 | C | 99 | 01100011 | c |
| 36 | 00100100 | $ | 68 | 01000100 | D | 100 | 01100100 | d |
| 37 | 00100101 | % | 69 | 01000101 | E | 101 | 01100101 | e |
| 38 | 00100110 | & | 70 | 01000110 | F | 102 | 01100110 | f |
| 39 | 00100111 | ' | 71 | 01000111 | G | 103 | 01100111 | g |
| 40 | 00101000 | ( | 72 | 01001000 | H | 104 | 01101000 | h |
| 41 | 00101001 | ) | 73 | 01001001 | I | 105 | 01101001 | i |
| 42 | 00101010 | * | 74 | 01001010 | J | 106 | 01101010 | j |
| 43 | 00101011 | + | 75 | 01001011 | K | 107 | 01101011 | k |
| 44 | 00101100 | , | 76 | 01001100 | L | 108 | 01101100 | l |
| 45 | 00101101 | - | 77 | 01001101 | M | 109 | 01101101 | m |
| 46 | 00101110 | . | 78 | 01001110 | N | 110 | 01101110 | n |
| 47 | 00101111 | / | 79 | 01001111 | O | 111 | 01101111 | o |
| 48 | 00110000 | 0 | 80 | 01010000 | P | 112 | 01110000 | p |
| 49 | 00110001 | 1 | 81 | 01010001 | Q | 113 | 01110001 | q |
| 50 | 00110010 | 2 | 82 | 01010010 | R | 114 | 01110010 | r |
| 51 | 00110011 | 3 | 83 | 01010011 | S | 115 | 01110011 | s |
| 52 | 00110100 | 4 | 84 | 01010100 | T | 116 | 01110100 | t |
| 53 | 00110101 | 5 | 85 | 01010101 | U | 117 | 01110101 | u |
| 54 | 00110110 | 6 | 86 | 01010110 | V | 118 | 01110110 | v |
| 55 | 00110111 | 7 | 87 | 01010111 | W | 119 | 01110111 | w |
| 56 | 00111000 | 8 | 88 | 01011000 | X | 120 | 01111000 | x |
| 57 | 00111001 | 9 | 89 | 01011001 | Y | 121 | 01111001 | y |
| 58 | 00111010 | : | 90 | 01011010 | Z | 122 | 01111010 | z |
| 59 | 00111011 | ; | 91 | 01011011 | [ | 123 | 01111011 | { |
| 60 | 00111100 | < | 92 | 01011100 | \ | 124 | 01111100 | \| |
| 61 | 00111101 | = | 93 | 01011101 | ] | 125 | 01111101 | } |
| 62 | 00111110 | > | 94 | 01011110 | ^ | 126 | 01111110 | ~ |
| 63 | 00111111 | ? | 95 | 01011111 | _ | 127 | 01111111 | del |

लिखे प्रोग्राम के शब्दों को पढ़कर उनका बाइनरी लेंगवेज में अनुवाद करके कम्प्यूटर को प्रदान करता रहता है। इससे कम्प्यूटर वांछित कियाएँ कर पाता है। इस प्रकार एक बार असेंबलर का मानक निर्माण होने के बाद लोग सरलता से असेंबली लेंगवेज का उपयोग कर अपना कार्य चलाने लगे। इससे प्रोग्रामरों को कुछ सुविधा हुई।

### 2.2.3. उच्च स्तरीय भाषाएँ (HIGH LEVEL LANGUAGES)

छठे दशक के अन्त में कम्प्यूटरों के व्यवसायिक उपयोग आरंभ होने से प्रोग्रामरों का कार्य भार कई गुना बढ़ गया। प्रत्येक व्यवसायिक कम्प्यूटर उपयोगकर्ता को अपने व्यवसाय के अनुरूप प्रोग्रामों की आवश्यकता होने लगी। असेंबली लेंगवेज से सुविधा अवश्य हुई, किन्तु इन लेंगवेजों में प्रोग्राम लिखने के लिए प्रोग्रामर को कम्प्यूटर हार्डवेयर तथा इसकी कार्यप्रणाली का सम्पूर्ण ज्ञान होना आवश्यक है। अचानक बड़ी संख्या में ऐसे विशेषज्ञ प्रोग्रामर तैयार करना संभव नहीं था। अत: विशेषज्ञों ने और सरल भाषाओं का विकास किया, जिन्हें उच्च स्तरीय भाषाएँ कहा गया। कोबोल (COBOL- **CO**MMON **B**UISNESS **O**RIENTED **L**ANGUAGE ) तथा बेसिक (BASIC - **B**EGINNERS **A**LL-PURPOSE **S**YMBOLIC **I**NSTRUCTION **C**ODE ) इस प्रकार की प्राथमिक भाषाएँ हैं। इन भाषाओं में प्रोग्राम लिखने के लिए कम्प्यूटर कार्य प्रणाली के ज्ञान की आवश्यकता नहीं है।

हाई लेवल लेंगवेजों को मशीन लेंगवेज में परिवर्तन के लिए संकलक (COMPILERS) तथा व्याख्याता (INTERPRETTERS) प्रोग्रामों को तैयार किया गया। इन्हें माध्यम बनाने से कम्प्यूटर प्रोग्रामिंग अत्यधिक सरल और सुविधाजनक हो गई। कंपाइलर हाई लेवल लेंगवेज प्रोग्रामों को स्थायी रूप से मशीनी लेंगवेज के प्रोग्राम में परिवर्तित कर देता है, जिससे परिवर्तित प्रोग्राम स्वतंत्र रूप से उपयोग किया जा सकता है। इन्टरप्रेटर हाई लेवल लेंगवेज प्रोग्राम को एक-एक पंक्ति करके मशीनी लेंगवेज में परिवर्तित कर कम्प्यूटर को उसके अनुपालन का निर्देश देता है। इससे प्रोग्रामर को ऐसा आभास होता है जैसे उसका प्रोग्राम सीधे कम्प्यूटर से कार्य ले रहा है।

कंपाइलर प्रोग्राम तीव्र गति से कार्य करते हैं, किन्तु इनके उपयोग के लिए कम्प्यूटर में अधिक मैमोरी की आवश्यकता होती है। इसके विपरीत इंटरप्रेटर की सहायता से चलने वाले प्रोग्रामों की गति धीमी होती है, किन्तु इन्हें बहुत थोड़ी मैमोरी से उपयोग किया जा सकता है। इस प्रकार के प्रोग्रामों के परिचारण के लिए मूल प्रोग्राम तथा इंटरप्रेटर दोनों की ही हर समय आवश्यकता होती है।

अब तक अनेक हाई लेवल लेंगवेजों का विकास हो चुका है जिनमें से कुछ प्रमुख ये हैं -

पफोर्ट्रान (FORTRAN)
सी परिवार – सी, सी++ (C FAMILY - C, C++)
पास्कल (PASCAL)
डीबेस (dBASE)
ऑरेकिल (ORACLE) आदि

**दुर्भाग्य से अभी तक हिन्दी में कोई लेंगवेज विकसित नहीं हुई है।**

## 2.3 साफ्टवेयर वर्गीकरण (SOFTWARE CLASSIFICATION)

कम्प्यूटरी भाषाओं के उपयोग से कम्प्यूटर को उपयोग करने के लिए सॉपफ्टवेयरों (SOFTWARES) का विकास किया जाता है। सॉफ्टवेयर तीन प्रकार के होते हैं।

### 2.3.1 सिस्टम साफ्टवेयर (SYSTEM SOFTWARE)

ये साफ्टवेयर कम्प्यूटर सिस्टम को संयमित करते हैं जिससे कि कम्प्यूटर के हार्डवेयर आवश्यकतानुसार कार्य कर सकें। इन्हें साधारणतया ऑपरेटिंग सिस्टम (OPERATING SYSTEM-OS) कहा जाता है। वर्तमान में तीन प्रमुख ऑपरेटिंग सिस्टम लोकप्रिय हैं - MS - DOS, OS/2 तथा UNIX.

सॉफ्टवेयर उपादयन के अनुसार डेटा खोजकर रैम (RAM) में अंकित करते हैं जिससे कि माइक्रोप्रोसेसर उन्हें प्रोसेस कर सके। प्रोसेस करने के बाद यही साफ्टवेयर रैम से डेटा के स्थानान्तरण की व्यवस्था कर उन्हें वांछित डिस्क पर अंकित करते हैं।

### 2.3.2 माध्यमिक साफ्टवेयर (INTERMEDIATE SOFTWARE)

सामान्यतः एप्लीकेशन साफ्टवेयर सीधे सिस्टम साफ्टवेयरों पर आधारित होते हैं। किन्तु कुछ ऐसे महत्वपूर्ण विकास हुए हैं जब मेन सिस्टम साफ्टवेयर के वातावरण में कुछ सीमित उपादयन ही संभव होते हैं। अतः उनके वातावरण में सुधार के लिए उन पर आधारित एक इंटरमीडियेट साफ्टवेयर का विकास कर दिया जाता है। इस इंटरमीडियेट साफ्टवेयर पर आधारित एप्लीकेशन साफ्टवेयरों का निर्माण किया जाता है। विण्डोज़3 (WINDOWS) एक ऐसा ही इंटरमीडिएट साफ्टवेयर है, जो MS - DOS पर आधारित है। डौस का वातावरण एक समय में एक ही कार्य के लिए उपयुक्त है, जबकि विण्डोज का वातावरण अनेक कार्यों पर एक साथ कार्य करने के लिए उपयोगी है। डौस में समादेशों को टाइप करना होता है, जो असुविधाजनक है, विण्डोज में मेन्यु अर्थात विकल्पसूची के उपयोग से केवल चुनाव करना होता है। अतः कम्प्यूटर ऑपरेशन सुविधाजनक है। विण्डोज 95 तथा बाद के संस्करण स्वयं ऑपरेटिंग सिस्टम हैं।

### 2.3.3 उपादयन साफ्टवेयर (APPLICATION SOFTWARE)

ये वे साफ्टवेयर हैं जिनसे कम्प्यूटर ऑपरेटर कम्प्यूटर का उपयोग वांछित उद्देश्य के लिए करते हैं। ये अनेक भाषाओं में तथा विविध उपयोगों के लिए होते हैं। कुशल ऑपरेटर भाषा ज्ञान के बाद अपने विशेष उपादयनों के लिए स्वयं भी प्रोग्राम तैयार कर सकते हैं। वर्तमान समय में ये केवल हाई लेवल लेंगवेजों में ही तैयार किए जाते हैं, किन्तु इनके लिए किसी भी प्रकार की भाषा का उपयोग किया जा सकता है।

कोई भी एप्लीकेशन सॉफ्टवेयर सीधे हार्डवेयर से संपर्क नहीं करता है। ये केवल उस ऑपरेटिंग सिस्टम साफ्टवेयर को संपर्क करते हैं जिसके आधार पर इनका का निर्माण होता है तथा उसी को हार्डवेयर के संयमन का आदेश देते हैं।

इस प्रकार कम्प्यूटरों के उपयोगार्थ मुख्यतः दो प्रकार के प्रोग्राम उपयुक्त किये जाते हैं - एक, सिस्टम प्रोग्राम जो कम्प्यूटर हार्डवेयर को संचालित करते हैं तथा दूसरे

एप्लीकेशन सॉफ्टवेयर, जो परिचालक मे निर्देश गृहण कर सिस्टम प्रोग्राम को प्रदान करते हैं। इस प्रकिया को चित्र 2.1 द्वारा स्पष्ट किया गया है।

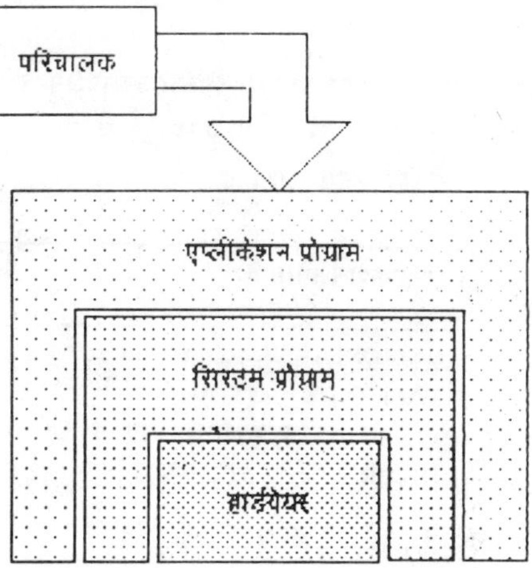


चित्र 2.1

इस प्रकार प्रत्येक एप्लीकेशन प्रोग्राम किसी न किसी सिस्टम अथवा माध्यमिक प्रोग्राम पर आधारित होता है। अतः ऐसे प्रोग्रामों को उनके आधारिक प्रोग्रामों के साथ ही परिचालित किया जा सकता है। ये आधारिक प्रोग्राम एप्लीकेशन प्रोग्राम के परिचालन के लिए वातावरण भी प्रदान करते हैं।

इसके अतिरिक्त प्रत्येक एप्लीकेशन प्रोग्राम की कुछ न्यूनतम हार्डवेयर संबंधी आवश्यकताएँ भी होती हैं। किसी भी एप्लीकेशन प्रोग्राम को सिस्टम पर संस्थापन से पूर्व यह देख लेना आवश्यक है कि कम्प्यूटर सिस्टम प्रोग्राम की न्यूनतम आवश्यकताएँ पूरी करने में सक्षम है।

यदि प्रोग्राम की हार्डवेयर संबंधी आवयकताएँ पूर्ण होती हैं तो प्रोग्राम के संस्थापन की दूसरी महत्वपूर्ण आवश्यकता प्रोग्राम के लिए आधारिक प्रोग्राम द्वारा वातावरण प्रदान करना होता है। अतः आधारिक प्रोग्राम को सक्रिय करने के बाद ही एप्लीकेशन प्रोग्राम को संस्थापित तथा परिचालित किया जा सकता है। वर्तमान में प्रचलित कुछ एप्लीकेशन प्रोग्रामों को आधारिक प्रोग्रामों सहित नीचे तालिका में दर्शाया गया है।

### 2.3.4 सॉफ्टवेयर संस्करण ( SOFTWARE VERSION )

किसी भी सॉफ्टवेयर का विकास एक बार में ही अंतिम स्वरूप मे नहीं हो पाता है। अतः सॉफ्टवेयरों के अनेक संस्करण होते हैं। कम्प्यूटर संस्करणों को प्रायः तीन

अंकों से दर्शाया जाता है। प्रथम अंक के बाद एक दशमलव का उपयोग किया जाता है - जैसे 3.12। दशमलव से पूर्व का अंक संस्करण में विस्तृत परिवर्तन को इंगित करता है, जबकि दशमलव के बाद के दो अंक संस्करणों में लघु परिवर्तनों को इंगित करते हैं।

अतः सॉफ्टवेयर खरीदते समय अंतिम संशोधित संस्करण ही प्राप्त करने का प्रयास करना चाहिए। संस्करणों में सुधार कम्प्यूटर के ज्यादा अच्छे उपयोग एवं कार्य में सुविधाओं की दृष्टि से ही किये जाते हैं।

| उपादयन | एप्लीकेशन प्रोग्राम | आधारिक प्रोग्राम |
|---|---|---|
| वर्ड प्रोसेसिंग | WORDSTAR,WORDPERFECT, AKSHAR | DOS |
| लेखांकन | TALLY, EX | DOS/WINDOWS |
| प्रकाशन | PAGEMAKER,WORD, VENTURA | WINDOWS |
| डेटा प्रोसेसिंग | DBASE, | DOS |
| | ACCESS | WINDOWS |
| स्प्रेड शीट | LOTUS - 123, | DOS |
| | EXCEL | WINDOWS |
| आर्ट वर्क | WINDOWS-PAINTBRUSH, CORELDRAW | WINDOWS |

## प्रश्नोत्तरी :

**प्रश्न :- आधुनिक कम्प्यूटरों की कार्यप्रणाली का आधार क्या है?**

आधुनिक कम्प्यूटरों को अंकीय/डिजिटल कम्प्यूटर कहा जाता है क्योंकि ये गणित की गिनती के अंकों के आधार पर कार्य करते हैं। इसके लिये ये केवल दो अंकों - शून्य तथा एक - का उपयोग करते हैं। इस प्रकार की प्रणाली को द्विंअंकी अथवा बाइनरी प्रणाली कहा जाता है।

कम्प्यूटर मूलतः वैद्युत उपकरण है अतः विद्युत धारा के प्रवाह से इसकी क्रियाएँ निष्पादित होती हैं। इसके अवयवों में संकेतों हेतु विद्युत धारा प्रवाह के दो पूर्व-निर्धारित स्तर होते हैं। एक स्तर के धारा प्रवाह को शून्य का अंक तथा दूसरे स्तर के धारा प्रवाह को एक का अंक माना जाता है। इस प्रकार मात्र दो अंकों 0 तथा 1 के माध्यम से कम्प्यूटर कार्य करता है।

**प्रश्न :- कम्प्यूटर को सूचनाऐं किस स्वरूप में प्रदान की जाती हैं?**

कम्प्यूटर में मूलतः धारा प्रवाह के दो स्तरों के माध्यम से दो अंक 1 तथा 0 ही पहचाने जाते हैं। अतः कम्प्यूटर को दी जाने वाली प्रत्येक सूचना इन्ही अंको के माध्यम से दी जाती है। इसके लिये सूचनाओं की छोटी-छोटी इकाईयों जैसे गणितीय संख्याएँ, वर्णमाला, अंक गणितीय प्रक्रियाऐं -योग, घटाना, गुणन, विभाजन आदि के

लिये इन्ही दो अंको के विभिन्न क्रमानुक्रम में कूट निर्धारित किये जाते हैं। सूचना प्रदान करने हेतु इन्ही कूटों का उपयोग किया जाता है।

**प्रश्न :- केवल दो अंको के माध्यम से बड़ी संख्याऐं किस प्रकार दर्शाई जाती हैं?**

जिस प्रकार सामान्य प्रक्रिया में 0 से 9 तक के दस अंकों का उपयोग करके किसी भी संख्या को दर्शाया जाता है उसी प्रकार केवल दो अंको के माध्यम से भी बड़ी संख्याओं को दर्शाया जाता है। 10 अंकों के उपयोग की प्रणाली को दशमलव प्रणाली कहा जाता है। इसी प्रकार दो अंको की प्रणाली को बाइनरी/द्विअंकी प्रणाली कहा जाता है। इस प्रणाली में शून्य संख्या के लिये 0 तथा एक संख्या के लिये 1 का उपयोग करने के पश्चात् अंको की संख्या बढाकर 1 से बड़ी संख्याएँ दर्शाई जाती हैं। उदाहरण के लिये 10 तक की संख्याओं को दर्शाने हेतु द्विअंकी प्रणाली का उपयोग निम्नॉकित तालिका में किया गया है -

| दशमलवीय प्रणाली संख्या | द्विअंकी प्रणाली संख्या |
|---|---|
| 0 | 0000 |
| 1 | 0001 |
| 2 | 0010 |
| 3 | 0011 |
| 4 | 0100 |
| 5 | 0101 |
| 6 | 0110 |
| 7 | 0111 |
| 8 | 1000 |
| 9 | 1001 |
| 10 | 1010 |

द्विअंकी प्रणाली में भी दशमलवीय प्रणाली की तरह ही वाम अंक का मान अधिकतम होता है। दशमलव प्रणाली में यह मान दॉये से बॉये प्रत्येक अंक परिवर्तन पर दस गुणा होता जाता है तथा द्विअंकी प्रणाली में यह मान द्विगुणित होता जाता है। तदनुसार द्विअंकी प्रणाली की संख्या 0101110 का दशमलवीय मान निम्नॉकित अनुसार ज्ञात किया जा सकता है - -

$0x2^6+1x2^5+0x2^4+1x2^3+1x2^2+1x2^1+0x2^0$

$= 0 + 32 + 0 + 8 + 4 + 2 + 0$

$= 46$

इस प्रकार द्विअंकी प्रणाली में भी संख्याओं के प्रदर्शन का स्वरूप दशमलवीय प्रणाली जैसा ही है। अन्तर केवल आधार का है - दशमलवीय प्रणाली में आधार दस है तथा द्विअंकीय प्रणाली में आधार दो है।

**प्रश्न :- बाइनरी प्रणाली के अतिरिक्त अन्य प्रचलित प्रणालियाँ क्या हैं?**

जिस प्रकार दस के आधार से दशमलवीय प्रणाली तथा दो के आधार से द्विअंकी प्रणाली प्रचलित है, उसी प्रकार किसी भी संख्या को आधार बनाकर अलग प्रणाली अभिकल्पित की जा सकती है। किन्तु सुविधा के लिये मात्र आठ तथा सोलह आधारों वाली प्रणालियाँ, जिन्हें क्रमशः ऑक्टल/अष्टाँकी तथा हैक्साडैसीमल/षष्ठदशांकी प्रणालियाँ कहा जाता है, प्रचलित हैं। इनके आठ तथा सोलह अंक निम्नाँकितानुसार निर्धारित हैं -

**अष्टांकी** - 0, 1, 2, 3, 4, 5, 6, 7

**षष्ठदशांकी** - 0, 1, 2, 3, 4, 5, 6, 7, 8, 9, A, B, C, D, E, F

कम्प्यूटर तन्त्रों में इन प्रणालियों का भी यदा-कदा उपयोग किया जाता है।

**प्रश्न :- बाइनरी-कोडिड डेसीमल/द्विअंकी-कूटी दशमलवीय प्रणाली क्या है ?**

द्विअंकी-कूटी दशमलवीय/बाइनरी-कोडिड डेसीमल (BCD) प्रणाली संख्याओं के प्रदर्शन की एक संकर विधि है जिसमें संख्या के प्रत्येक अंक को दशमलवीय प्रणाली में ही रखा जाता है किन्तु उसे चार अंकों के द्विअंकी प्रणाली में कूट से प्रदर्शित किया जाता है। उदाहरणार्थ - दशमलवीय संख्या 2380 को द्विकूट प्रणाली में इस प्रकार प्रदर्शित किया जाता है -

| 2 | 3 | 8 | 0 |
|---|---|---|---|
| 0010 | 0011 | 1000 | 0000 |

इस प्रणाली के दो लाभ हैं -

क- दशमलवीय संख्या को द्विअंकी प्रणाली में परिर्वतन की आवश्यकता नहीं रहती, जो बहुत लम्बी संख्या हो सकती है। इस प्रकार संख्या के संपरिर्वतन तथा आकार की असुविधा से छुटकारा मिलता है।

ख- द्विकूट संख्याओं पर गणितीय प्रक्रियाओं हेतु दशमलवीय संख्याओं की गणितीयं प्रक्रियाओं में मामूली परिर्वतन करके उपयोग किया जा सकता है। अतः कम्प्यूटर द्वारा गणितीय प्रक्रियाओं में इस प्रणाली का उपयोग किया जाता है।

**प्रश्न :- दशमलवीय संख्या को द्विअंकी संख्या में कैसे परिवर्तित किया जाता है?**

दशमलवीय संख्या को द्विअंकी संख्या में परिवर्तित करने हेतु उसे तथा उसके भागफल के पूर्णांक को बार-बार 2 से भाग दिया जाता है तथा शेषफलों, जो शून्य अथवा एक होते हैं, को द्विअंकी संख्या के क्रमशः दाँये से बाँये के अंक माना जाता है। अन्तिम भागफल को द्विअंकी संख्या का प्रथम - सबसे बाँया - अंक माना जाता है। उदाहरणार्थ : 4595 को द्विअंकी संख्या में परिवर्तित करने की संगणना निम्नलिखित है -

| **भागफल** | 1 | 2 | 4 | 8 | 17 | 35 | 71 | 143 | 287 | 574 | 1148 | 2297 | 4595/2 |
|---|---|---|---|---|---|---|---|---|---|---|---|---|---|
| **अवशेष** | | 0 | 0 | 0 | 1 | 1 | 1 | 1 | 1 | 0 | 0 | 1 | 1 |

अत: दशमलवीय संख्या 4595 के समतुल्य द्विअंकी संख्या 1000111110011 हुई।

इसी प्रकार संख्या 3972 का समतुल्य ज्ञात करने की प्रक्रिया -

| 1 | 3 | 7 | 15 | 31 | 62 | 124 | 248 | 496 | 993 | 1986 | 3972/2 |
|---|---|---|---|---|---|---|---|---|---|---|---|
| | 1 | 1 | 1 | 1 | 0 | 0 | 0 | 0 | 1 | 0 | 0 |

द्विअंकी संख्या 111110000100 प्राप्त हुई।

**प्रश्न :- दशमलवीय संख्या को षष्ठदशांकी / हैक्साडैसीमल संख्या में कैसे परिवर्तित किया जाता है?**

दशमलवीय संख्या को षष्ठदशांकी संख्या में परिवर्तित करने हेतु संख्या तथा भागफल को बार-बार 16 से भाग दिया जाता है। प्राप्त शेषफलों तथा अन्तिम भागफल को षष्ठदशांकी संख्या के क्रमश: दायें से बायें अंक माना जाता है। यथा - 4595 को परिवर्तित करने हेतु निम्नॉकित प्रक्रिया अपनाई जायेगी -

| **भागफल** 1 | 17 | 287 | 4595/16 |
|---|---|---|---|
| **शेषफल** | 1 | 15 | 3 |

अत: समतुल्य संख्या 11F3 हुई।

इसी प्रकार संख्या 3972 का समतुल्य ज्ञात करने हेतु प्रक्रिया -

| 15 | 248 | 3972/16 |
|---|---|---|
| | 8 | 4 |

से समतुल्य संख्या F84 हुई।

संख्या के स्वरूप को स्पष्ट करने हेतु संख्या को एक कोष्ठक में बन्द करके उसके उपस्थ उसकी आधार संख्या लिख दी जाती है। यथा उपरोक्त उदाहरण की संख्याओ को ऐसे व्यक्त किया जाता है -

$$(4595)_{10} = (11F3)_{16}$$
$$(3972)_{10} = (F84)_{16}$$

**प्रश्न :- हैक्साडैसीमल संख्या प्रणाली का क्या लाभ है तथा यह कहाँ उपयोग की जाती है?**

द्विअंकी प्रणाली में संख्याओं को लिखना एक दुष्कर कार्य है क्योंकि इसमें अनेकानेक शून्य तथा एक को अंकित करना होता है। उसके लेखन व पठन मे त्रुटि होने की सम्भावना भी बनी रहती है। इस कठिनाई से बचने के लिये कम्प्यूटर सम्बन्धी लिखित वर्णनों में हैक्साडैसीमल प्रणाली का उपयोग किया जाता है। उदाहरणार्थ दशमलवीय संख्या 3972 को द्विअंकी तथा हैक्साडैसीमल प्रणालियों में निम्नलिखित के अनुसार अंकित किया जायेगा -

| **दशमलवीय संख्या** | $(3972)_{10}$ |
|---|---|
| **द्विअंकी वर्णन** | $(111110000100)_2$ |
| **हैक्साडैसीमल वर्णन** | $(F84)_{16}$ |

इस प्रकार हम देखते हैं कि हैक्साडैसीमल वर्णन बाइनरी वर्णन की तुलना में अधिक सुविधाजनक है। हैक्साडैसीमल प्रणाली का दूसरा बड़ा लाभ यह है कि उसका द्विअंकी प्रणाली से सीधा सम्बन्ध है जबकि दशमलव प्रणाली को यह लाभ प्राप्त नहीं है। अतः कम्प्यूटर सम्बन्धी वर्णनों में संख्याओं को हैक्साडैसीमल प्रणाली में व्यक्त किया जाता है।

**प्रश्न :- हैक्साडैसीमल स्वरूप तथा बाइनरी स्वरूप में क्या अन्तर है ?**

हैक्साडैसीमल स्वरूप का प्रत्येक अंक बाइनरी स्वरूप के चार अंकों के समतुल्य होता है। अतः हैक्साडैसीमल संख्या के प्रत्येक अंक को चार अंक के बाइनरी स्वरूप में परिवर्तित कर देने से हैक्साडैसीमल स्वरूप का समतुल्य बाइनरी स्वरूप प्राप्त हो जाता है। जैसे -

$$(3489)_{16} = (0011\ 0100\ 1000\ 1001)_2$$

इसी प्रकार बाइनरी स्वरूप के दॉये से प्रत्येक चतुष्टय को समतुल्य हैक्साडैसीमल स्वरूप के अंक में परिवर्तित कर देने से बाइनरी संख्या का हैक्साडैसीमल स्वरूप प्राप्त हो जाता है। जैसे -

$$(1001\ \ 1000\ \ 0010\ \ 0110\ \ 0011\ \ 1111)_2 = 9\,8\,2\,6\,3\,F$$

**प्रश्न :- कम्प्यूटर तर्क शस्ति/लॉजिक किसे कहते है?**

बोध के उपयोग की प्रक्रिया को तर्क शस्ति कहा जाता है। कम्प्यूटर तन्त्र के सॉफ्टवेयर कम्प्यूटर की बोधतन्त्र होते हैं जो वस्तुतः कार्यकम एवं किया अनुकिया के दिशा निर्देश होते हैं। इन्हीं के अनुसार कम्प्यूटर तन्त्र कार्य करते हैं। इन दिशा निर्देशों के अनुपालन हेतु कम्प्यूटर वैद्युत संकेतो का उपयोग करते हैं। वैद्युत संकेतों एवं सूचनाओं के द्विदिशी संपरिवर्तन को कम्प्यूटर तर्क शस्ति कहा जाता है। दो प्रकार के कम्प्यूटरी तर्क शस्तियों का विकास एवं उपयोग हुआ है जिन्हें अनुवर्ती/ एनॉलाग तथा अंकीय/डिजिटल तर्क शस्तियॉ कहा जाता है। आधुनिक कम्प्यूटर तन्त्रों में डिजिटल लॉजिक का उपयोग किया जाता है।

**प्रश्न :- एनालॉग/अनुवर्ती तथा डिजिटल/अंकीय लॉजिक/तर्कशस्ति का अन्तर समझाइये ?**

अनुवर्ती तर्कशस्ति में सूचना के परिणाम एवं उसके आवर्तन का यथावत् निरूपण होता है। अतः कम्प्यूटर तन्त्र में वैद्युत संकेत का परिमाण सूचना के परिमाण के समानुपाती होता है। अनुवर्ती तर्कशास्त्र के वैद्युत संकेत सूचना उपलब्धि के समय से उसके परिमाणानुसार अनवरत होते हैं। अंकीय तर्कशास्त्र में वैद्युत संकेत अनवरत न होकर उर्मियों के स्वरूप में एक सुनिश्चित आवृत्ति पर अथवा सुनिश्चित अवधि के लिये उपस्थित होते हैं। तदनुसार उनकी अवधि अथवा आवृत्ति सुनिश्चित होती है। इस प्रकार अंकीय तर्कशस्ति के दो प्रकार हैं जिन्हें कमशः पल्स विड्थ तथा पल्स आवृत्ति तर्क कहा जाता है। इनमें से द्वितीय अर्थात पल्स आवृत्ति तर्क अधिक प्रचलित है। दोनों ही

तर्कों में वैद्युत संकेतों का परिमाण समान रहता है। कुछ विशेष तन्त्रों में एक तीसरे प्रकार का अकीय तर्क भी प्रयुक्त किया जाता है जिसे पल्स आयाम/पल्स एम्प्लीट्यूड तर्क कहा जाता है। इसमें पल्स आवर्ति तथा अवधि दोनों ही स्थिर रहते हैं।

चित्र-2.2 में एक त्रिभुज स्वरूपी आवर्तन को उपरोक्त चार प्रकार के तर्को द्वारा प्रस्तुति दर्शाई गई है।

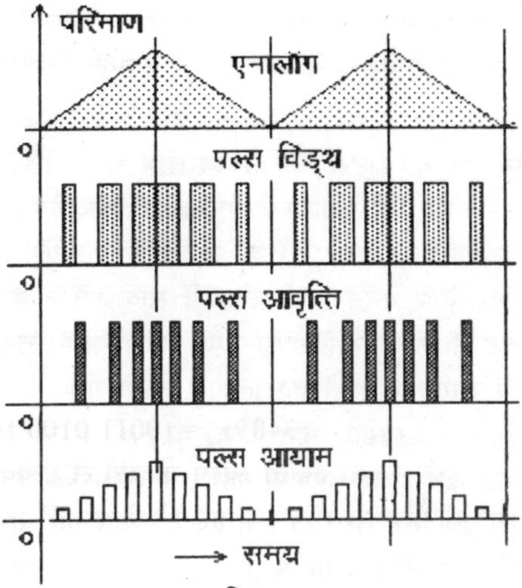

चित्र-2.2

**प्रश्न :- कम्प्यूटरों की मशीनी भाषा किसे कहते हैं?**

आधुनिक कम्प्यूटर, जिन्हें डिजिटल मशीन कहा जाता है, अपने अन्तःस्थल में केवल एक ही भाषा समझते एवं उपयुक्त करते हैं और वह है बाइनरी भाषा, जिसमें मात्र दो ही अंक होते हैं - शून्य तथा एक। इस बाइनरी भाषा को कम्प्यूटरों की मशीनी भाषा कहा जाता है।

कम्प्यूटर का परिचालक इस भाषा में कम्प्यूटर से संवाद स्थापित कर सकता है यदि उसे अपने कम्प्यूटर के माइक्रोप्रोसेसर के द्वारा की जाने वाली क्रियाओं के बाइनरी कूट ज्ञात हों। कम्प्यूटरों के विकास के आरम्भिक चरणों में कम्प्यूटरों के लिये प्रोग्राम मशीनी भाषा में ही लिखे जाते थे जिन्हें मशीन सीधे समझती थी एवं क्रियान्वित करती थी। यह एक जटिल एंव उबाऊ कार्य होने के कारण कम्प्यूटरी प्रोग्रामों के लिये एसेम्बली भाषा का विकास किया गया।

**प्रश्न :- कम्प्यूटरों की एसेम्बली भाषा किसे कहते है?**

कम्प्यूटरों के अवयवों को संचालित करने हेतु उन्हें इन्हीं की भाषा बाइनरी मशीन भाषा में संकेत प्रदान किये जाने होते हैं। इस कार्य को सरल बनाने हेतु कम्प्यूटर के प्रत्येक मशीनी कूट को एक ऐसा सरल शब्दीय नाम दे दिया जाता है जो याद रखने में आसान हो। इस प्रकार के नामों को निमोनिक/स्मृतिपरक कूट कहा जाता है। साथ ही कम्प्यूटर के अवयवों को इन निमोनिकों के अर्थ स्पष्ट करने हेतु एक प्रोग्राम तैयार किया जाता है जो प्रत्येक निमोनिक को मशीनी कूट में परिवर्तित करने का कार्य करता है। इस प्रोग्राम को एसेम्बलर कहा जाता है।

निमानकों से युक्त प्रोग्राम की भाषा को एसेम्बली भाषा कहा जाता है। एसेम्बलर प्रोग्राम के बिना एसेम्बली भाषा का उपयोग नहीं किया जा सकता है। इस भाषा की कठिनाई यह है कि इसमें कम्प्यूटर के प्रत्येक अवयव को तथा उसकी प्रत्येक क्रिया

के लिये प्रथक अनुदेश देना होता है। अतः इस भाषा में प्रोग्राम तैयार करने हेतु कम्प्यूटर के अंग प्रत्यंग की आन्तरिक संरचना एंव उनकी कार्य पद्यति का ज्ञान आवश्यक है। इस कारण से एसेम्बली भाषा केवल कम्प्यूटर विशेषज्ञों द्वारा उपयोग की जाने वाली भाषा है।

**प्रश्न :- कम्प्यूटरों की उच्चस्तरीय भाषा किसे कहते हैं?**

जैसा कि पूर्वोक्त है एंसेम्बली भाषा केवल कम्प्यूटर विशेषज्ञों द्वारा उपयुक्त की जा सकती है। कम्प्यूटरों के अप्रत्याशित उपयोग की सम्भावनाएँ होने से कम्प्यूटरों के प्रोग्राम तैयार करने वालों की बड़ी संख्या में आवश्यकता होने लगी जबकि इतनी बड़ी संख्या में कम्प्यूटर विशेषज्ञ तैयार करना संभव न था। इस कठिनाई को दूर करने हेतु उच्च स्तरीय भाषाओं का विकास किया गया।

उच्च स्तरीय भाषा में कम्प्यूटर की आन्तरिक कार्यपद्यति पर कोई ध्यान न दिया जाकर केवल बाह्य रूप से वांछित क्रियाओं के समन्वय से प्रोग्राम तैयार किया जाता है। इससे प्रोग्रामिंग सरल हो गया एवं कम्प्यूटर की आन्तरिक कार्यपद्यति से अनभिज्ञ व्यक्ति भी उच्च स्तरीय भाषा में प्रोग्राम तैयार करने लगे।

उच्च स्तरीय भाषा के प्रत्येक अनुदेश में कम्प्यूटर अवयवों के अनेक अनुदेश होते हैं। अतः इनके अनुपालन हेतु कम्प्यूटर के अवयवों को अनेकानेक क्रियाएँ करने की आवश्यकता होती है। उच्च स्तरीय भाषा के अनुदेशों एवं कम्प्यूटर द्वारा वॉछित मशीनी भाषा के अनुदेशों में सामंजस्य स्थापित करने हेतु विशेष प्रोग्राम निर्मित किये गये हैं जो उच्चस्तरीय भाषा के अनुदेशों को मशीनी भाषा में परिवर्तित कर कम्प्यूटरों को प्रदान करते हैं। ये सम्परिवर्तन प्रोग्राम विशेषज्ञों द्वारा ही तैयार किये जा सकते हैं। इस प्रकार एक विशेषज्ञ प्रोग्राम के माध्यम से अनेकानेक अविशेषज्ञ उच्च स्तरीय प्रोग्रामों का उपयोग सम्भव हो सका।

**प्रश्न :- इण्टरप्रैटर प्रोग्राम किसे कहते हैं?**

उच्च स्तरीय भाषा में निर्मित प्रोग्रामों को कम्प्यूटर अवयवों के लिये सुपाच्य बनाने हेतु उसके प्रत्येक अनुदेश को मशीनी अनुदेशों में संपरिवर्तित करना आवश्यक होता है। उच्च स्तरीय भाषा के अनुदेशों में से एक-एक को चुनकर उसे मशीनी भाषा में परिवर्तित कर क्रियान्वयन कराने की प्रक्रिया को इण्टरप्रैटिंग कहा जाता है एवं ऐसा प्रोग्राम जो इस कार्य में सक्षम हो, को इण्टरप्रैटर कहा जाता है। आरंभ में सभी उच्च स्तरीय भाषाएं इण्टरप्रैटरों के माध्यम से कार्यान्वित की जाती थीं। उच्च स्तरीय बेसिक भाषा इसका एक उदाहरण है।

**प्रश्न :- कम्पाइलर किसे कहते हैं?**

उच्च स्तरीय भाषा में बने प्रोग्रामों के एक-एक अनुदेश को लेकर मशीनी भाषा में परिवर्तित कर क्रियान्वित कराने की प्रक्रिया, जो इण्टरप्रैटर के माध्यम से संपन्न कराई जाती है, धीमी प्रक्रिया है। विशेषकर विशाल प्रोग्रामों के कार्यान्वयन में बहुत अधिक समय लगता है। इस कठिनाई को दूर करने के लिये ऐसे विशेषज्ञ प्रोग्रामों का

विकास किया गया जो उच्च स्तरीय भाषा के सम्पूर्ण प्रोग्राम को एक साथ मशीनी भाषा में सम्परिवर्तित करके कार्यान्वयन हेतु तैयार कर सके। ऐसे विशेषज्ञ प्रोग्रामों को कम्पाइलर कहा जाता है। सभी आधुनिक उच्च स्तरीय भाषाओं जैसे सी, फोर्ट्रान, पास्कल आदि के कम्पाइलर प्रोग्राम उपलब्ध हैं।

कम्पाइलर के उपयोग में कठिनाई यह है कि इसमें मूल स्रोत प्रोग्राम तथा परिवर्तित प्रोग्राम दोनों के संगृहण की क्षमता कम्प्यूटर पर उपलब्धा होनी चाहिये।

**प्रश्न :- वर्तमान में प्रचलित उच्च स्तरीय भाषाओं की सूची बनाइये?**

वर्तमान में प्रचलित उच्च स्तरीय भाषाओं की उनके उपयोग क्षेत्र के अनुसार सूची निम्नांकित है -

| उपयोग क्षेत्र | भाषाएँ |
|---|---|
| व्यवसाय | कोबोल, स्प्रेडशीट, सी, पीएल-आई |
| विज्ञान | फोर्ट्रान, सी, सी++, बेसिक, पास्कल |
| कम्प्यूटर परिचालन तन्त्र | सी, सी++, पास्कल, ऐडा, बेसिक, मोड्यूला |
| कृत्रिम बोध | लिस्प, प्रोलॉग |
| प्रकाशन | टैक्स, पोस्टस्क्रिप्ट |
| प्रक्रिया संयमन | यूनिक्स शैल, टीसीएल, पर्ल, मार्वेल |
| नवीन उपयोग | एम एल, स्मालटॉक, ऐफेल |

**प्रश्न:- कम्प्यूटर प्रोग्रामों के संस्करण से क्या तात्पर्य है?**

अनेक कम्प्यूटर व्यवसाय से जुड़े व्यावसायिक प्रतिष्ठान सामान्य उपयोग के प्रोग्रामों का निर्माण करते हैं तथा उपयोगकर्ताओं को उपलब्ध कराते हैं। ये प्रतिष्ठान अपने प्रत्येक प्रोग्राम को एक नाम देते हैं जिस पर अपने अधिकार सुरक्षित कर लेते हैं। कोई भी प्रोग्राम एक बार में ही अपनी पराकाष्ठा पर नहीं पहुँच पाता है। इसमें समय-समय पर परिवर्तन, संशोधन व संवर्धन किये जाते रहते हैं। इस प्रकार प्रत्येक संशोधित प्रोग्राम की अपनी प्रथक विशेषताएँ होती हैं। ऐसे प्रत्येक संशोधित स्वरूप को प्रोग्राम का नवीन संस्करण/वरजन (VERSION) कहा जाता है। इन संस्करणों की पहचान हेतु इन्हें संख्याएँ प्रदान कर दी जाती हैं। इन संख्याओं को संस्करण संख्या कहा जाता है। संस्करण संख्याएँ प्राय: पूर्णांक तथा दशमलवांकों में होती हैं।

जब संस्करण में विशेष संशोधन किये जाते हैं तो पूर्णांक को बढ़ा कर दिया जाता है। साधारण संशोधन के लिये दशमलवांको में अभिवर्धन किया जाता है। वर्तमान में डॉस का सातवॉ संस्करण बन चुका है। इसी प्रकार विण्डोज का संस्करण 3.1 बहुत लोकप्रिय हुआ जो डॉस पर आधारित है। बाद में इसे स्वयं परिचालन तन्त्र का स्वरूप देकर इसे विण्डोज/एनटी नाम दिया गया। उसके बाद इसके अन्य विकसित संस्करण विण्डोज-95 तथा विण्डोज-98 प्रचलन में आ गये हैं।

**प्रश्न :- आस्की से क्या तात्पर्य है ?**

आस्की शब्द अमेरीकन स्टैण्डर्ड कोड फॉर इन्फार्मेशन इण्टरचेंज का संक्षेप है। यह कम्प्यूटरों में प्रयुक्त किये जाने के लिये आवश्यक क्रियाओं एवं चरितों तथा उनके मानक बाइनरी कूटों की एक सूची है। मूल आस्की सूची में 128 कूट हैं। जिनमें से

प्रथम 32 कूट आवश्यक क्रियाओं के लिये तथा शेष 96 विभिन्न चरितों के लिये हैं। अवान्तर में इसे पर्याप्त न समझते हुए संवर्धित आस्की का मानकीकरण किया गया जिसमें 256 कूट निर्धारित हैं। इनमें प्रथम 128 कूट मूल आस्की के यथावत् रखे गये हैं। परिशिष्ट-1 में संवर्धित आस्की कूटों की सूची प्रदान की गई है।

**प्रश्नः- इस्की क्या है।**

आस्की की तरह ही भारत में भी देवनागरी तथा अन्य भारतीय लिपियों के लिये इस्की नाम से प्रस्तावित कूट सूची है।

**प्रश्न :- आस्की कूटों को कम्प्यूटर द्वारा कैसे प्रदर्शित किया जाता है?**

संवर्धित आस्की के 256 कूट हैं जिनके लिये 0 से 255 तक की संख्याएँ निर्धारित हैं। इनके बाइनरी कूट इन संख्याओं के संपरिवतन से ज्ञात किये जा सकते हैं। कम्प्यूटर को चालू करने के पश्चात् अथवा डॉस पर आधारित किसी उपादयन प्रोग्राम के अन्तर्गत <ALT> कुन्जी दबाए रखकर कुन्जीपटल के दायें भाग पर स्थित संख्यापटल से कूट संख्या की कुन्जियों को क्रमशः दबाकर छोड़ते हुए अंत में <ALT> कुन्जी को छोड़ने से परदे पर करसर के स्थान पर समतुल्य आस्की चरित मुद्रित हो जाता है।

अध्याय

# ३

# कम्प्यूटर संरचना - सी. पी. यू. पेटिका

## 3.1 मुख्य भाग

आधुनिक पर्सनल कम्प्यूटर में न्यूनतम तीन मुख्य भाग दिखाई देते हैं - एक बन्द पेटी, एक टी.वी. जैसा परदा, तथा एक टंकण मशीन के अग्रभाग जैसा पटल। इन्हें कमशः -

**केंद्रीय संस्कारण इकाई-सी.पी.यू.** (CENTRAL PROCESSING UNIT- C.P.U.)

**मॉनीटर** (MONITOR) तथा

**कुन्जीपटल** (KEYBOARD)

कहा जाता है। कुन्जीपटल/कीबोर्ड सी.पी.यू. को सूचनाएँ व समादेश देने के काम आता है, इसलिए इसे इनपुट युक्ति (INPUT DEVICE) भी कहा जाता है। इसी प्रकार मॉनीटर सी.पी.यू. की कियाओं तथा परिणामों को दर्शाने के काम आने के कारण आउटपुट युक्ति (OUTPUT DEVICE) कहलाता है। इन आवश्यक अंगों के पारस्परिक संबंधों को चित्र 3-1 में दर्शाया गया है।

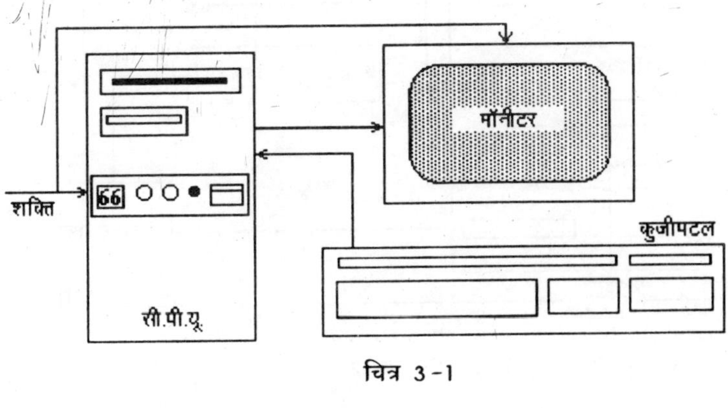


चित्र 3-1

## 3.2 सी.पी.यू. पेटिका

सी.पी.यू. बॉक्स के अग्रपटल पर कुछ स्विच तथा कुछ युक्तियों के खाँचे दिखाई देते हैं इन्हीं में एक मुख्य स्विच होना है जो कम्प्यूटर को चालू अथवा बन्द करने के काम आता है। इस बॉक्स के पिछले भाग में अनेक प्रकार के कनेक्टर (CONNECTOR) दिखाई देते हैं। ये सी.पी.यू. के उन बिन्दुओं से संबंधित होते हैं जिनके संबंध यूनिट के बाहर की युक्तियों से करने की आवश्यकता होती है।

सी.पी.यू. बॉक्स के अन्दर तीन मुख्य भाग होते हैं। एक कम्प्यूटर का मुख्य संयमक पटल होता है, जिसे मदर बोर्ड (MOTHER BOARD) कहा जाता है। दूसरा, इसके साथ तारों से संबंधित एक सूचना स्टोरेज डिवाइस भी अनिवार्य रूप से होती है। इसका अग्र भाग बॉक्स के अग्र पटल पर बाहर से खाँचे के रूप में दिखाई पड़ता है। इसे फ्लॉपी डिस्क संचाली (FLOPPY DISK DRIVE) कहते हैं। कम्प्यूटर द्वारा सूचनाओं का स्टोरेज इसी डिवाइस द्वारा होता है। इसके खाँचें में फ्लॉपी डिस्क को आवश्यकतानुसार लगाया तथा निकाला जा सकता है।

पर्सनल कम्प्यूटर के लघुतम रूप में एक ही स्टोरेज डिवाइस, अर्थात एक ही फ्लॉपी डिस्क संचाली होता है। किन्तु क्षमता बढ़ाने के लिए फ्लॉपी डिस्क संचाली के अतिरिक्त एक हार्ड डिस्क संचाली (HARD DISK DRIVE) भी सामान्यतः उपलब्ध होती है। यह सी.पी.यू. बॉक्स के बाहर से दिखाई नहीं देती है। इसमें स्टोरेज डिस्क स्थायी रूप से स्थापित होती हैं।

फ्लॉपी डिस्क दो आकारों - 5.25" तथा 3.5" इंच व्यास - में उपलब्ध हैं।

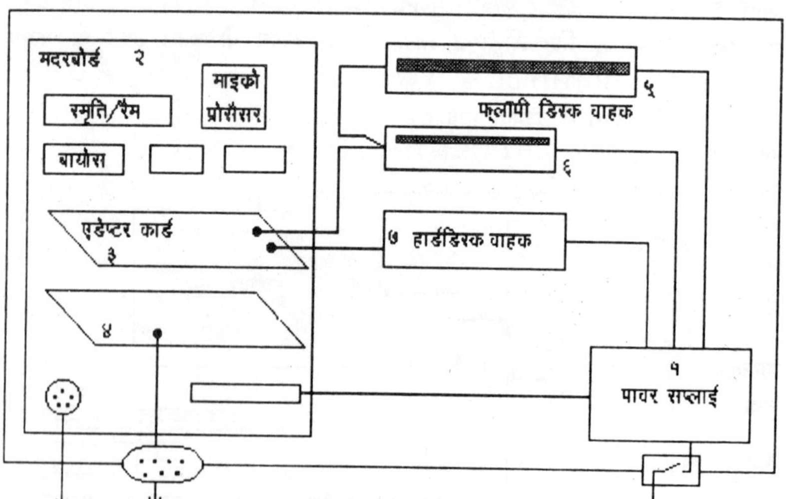


चित्र 3-2

दोनों प्रकार की डिस्कों के उपयोग की संभावना हेतु कम्प्यूटरों में प्रायः दोनों प्रकार के डिस्क संचाली होते हैं। अतः सी.पी.यू. बॉक्स के अग्र पटल पर दो खाँचे दिखाई पड़ सकते हैं।

मदर बोर्ड से ही जुड़े हुए कुछ सहपटल भी होते हैं जो डिस्क संचाली तथा मॉनीटर को संयमित करते हैं। इन्हें एडेप्टर कार्ड कहते हैं। सी.पी.यू. बॉक्स के अन्दर एक तीसरा महत्वपूर्ण अंग विद्युत प्रदाय इकाई होती है जो कम्प्यूटर के विभिन्न भागों को उनकी आवश्यकता के अनुसार विद्युत धारा प्रदान करती है। उपरोक्त वर्णन के अनुसार सी.पी.यू. के मुख्य भागों को चित्र 3.2 में दर्शाया गया है, जो इस प्रकार हैं -

1. विद्युत प्रदाय इकाई (POWER SUPPLY UNIT)
2. मदर बोर्ड (MOTHER BOARD)
3,4. पोर्ट्स (PORTS)
ऐडप्टर कार्ड (ADAPTER CARDS)
5,6. फ्लॉपी डिस्क संचाली (FLOPPY DISK DRIVE)
7. हार्ड डिस्क संचाली (HARD DISK DRIVE)

### 3.2.1 विद्युत प्रदाय इकाई (POWER SUPPLY UNIT)

कम्प्यूटर को विभिन्न विभवांतरों पर उच्च गुणता वाली विद्युत धारा की आवश्यकता होती है। उच्च गुणता से तात्पर्य यह है कि विभवांतर सदैव समान रहे तथा धारा में क्षणिक तरंगें न हों। प्रारंभिक कम्प्यूटरों को केवल 65 वाट शक्ति की आवश्यकता होती थी, किन्तु अब यह 150 वाट से 230 वाट तक पहुँच चुकी है। कम्प्यूटर के प्रत्येक अंग को कार्य करने हेतु शक्ति की आवश्यकता होती है, जो उसे विद्युत प्रदाय इकाई से ही प्राप्त होती है। अतः इस इकाई की विश्वसनीयता अत्यधिक आवश्यक है। आधुनिक इकाईयों को सतत् कार्य करते हुए भी गरम न होने देने के लिए इनमें एक पंखा अवश्य लगा होता है जो अवयवों में उत्पन्न ताप को बाहर निकालता रहता है।

आधुनिक विद्युत प्रदाय इकाईयों को इनमें उपयुक्त तकनीक के कारण स्विच मोड पावर सप्लाई SMPS कहते हैं। विद्युत प्रदाय इकाई में विद्युत्धारा का प्रवेश कम्प्यूटर पर लगे मुख्य स्विच से संयमित होता है। इस स्विच के बाद एक कनेक्शन मॉनीटर को चला जाता है तथा दूसरा इस इकाई के अन्दर विभिन्न विभंवांतरों में परिवर्तन के लिए चला जाता है। इस इकाई के बाहर जाने वाले कनेक्शन विभिन्न युक्तियों को विद्युत शक्ति प्रदान करते हैं। सामान्यतः इस इकाई द्वारा 5, -5, +12 तथा -12 वोल्ट उत्पन्न किए जाते हैं, जिनकी आवश्यकता कम्प्यूटर के संयमन तथा परिचालन के लिए होती है। सभी कनेक्शनों तथा विभवों का मानकीकरण किया जा चुका है।

### 3.2.2 मदरबोर्ड (MOTHERBOARD)

कम्प्यूटर का सर्वाधिक महत्वपूर्ण भाग मदरबोर्ड होता है। इसी के अवयवों की विविधता पर कम्प्यूटर का आकार, प्रकार, क्षमता व गति निर्भर करती है। मदरबोर्ड के

सर्वप्रमुख अवयव - माइक्रोप्रोसैसर/सूक्ष्म संस्कारक ( MICROPROCESSOR ) के विभिन्न प्रकारों के बारे में हम अध्याय-1 में पढ़ कर चुके हैं। यहॉ माइक्रोप्रोसेसर की आंतरिक कार्य-प्रणाली तथा मदरबोर्ड सें संबंधित अन्य प्रमुख अवयवों के बारे में चर्चा करेंगे।

### क- *माइक्रोप्रोसैसर (MICROPROCESSOR)*

यह एक अति जटिल अवयव है। असका अनुमान इस तथ्य से लगाया जा सकता है कि एक प्रकार के माइक्रोप्रोसैसर को विकसित करने में दर्जनों विशेषज्ञों को लगातार कार्यरत रहते हुए भी कई वर्ष का समय लग जाता है। अतः इस अवयव की विस्तार से चर्चा करना यहॉ संभव नहीं है। यहॉ केवल उन तथ्यों की चर्चा की जाएगी, जो पाठकों को कम्प्यूटर की सामान्य कार्य-प्रणाली समझाने में सहायक हों।

माइक्रोप्रोसैसर वृहत् समाकलन (LARGE SCALE INTEGRATION) टेक्नोलॉजी का एक अनूठा उत्पाद है। कम्प्यूटर की समस्त प्रक्रियाएँ इसी से नियंत्रित होती हैं। इसलिये इसे सी.पी.यू. भी कहा जाता है। प्रत्येक माइक्रोप्रोसेसर की अपनी निर्धारित कार्य-प्रणाली होती है तथा उसके सहयोगी अवयव होते हैं। उन्हीं की उपलब्धि पर एवं उन्हीं के अनुसार यह कार्य करता है। माइक्रोप्रोसेसर के सहायक अवयव जो इसके आसपास ही मदरबोर्ड पर स्थापित होते हैं, इसे इसकी प्रणाली में ही संयमन संकेत प्रदान करते हैं।

माइक्रोप्रोसैसर/सी.पी.यू. के तीन प्रमुख भाग होते हैं -

क. रजिस्टर (REGISTER)

ख. अंकगणित शस्ति इकाई (ARITHMATIC LOGIC UNIT - ALU)

ग. संयमन इकाई (CONTROL UNIT )

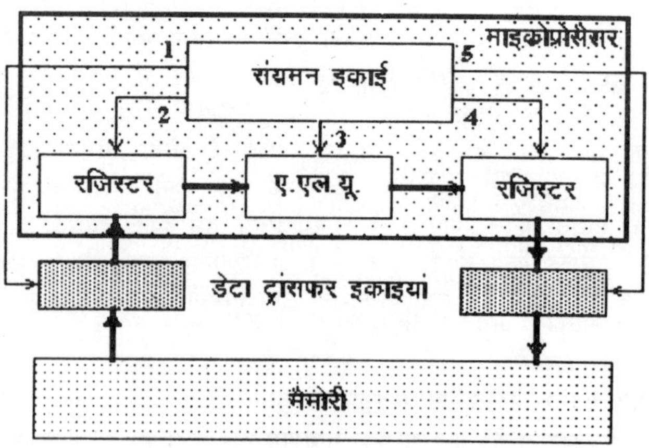


चित्र 3.3

सर्वप्रथम जिन ऑकड़ों या सूचनाओं पर कार्य करना होता हैं, उन्हें कम्प्यूटर की मैमोरी से रजिस्टरों में अंकित किया जाता है। विभिन्न क्रियाओं के लिये प्रथक रजिस्टर होते हैं। अतः इनपुट को किस रजिस्टर में अंकित किया जाना है यह इनपुट पर की जाने वाली क्रिया पर निर्भर करता है। इसके बाद अरिथमेटिक लॉजिक यूनिट इन सूचनाओं पर निर्देशों के अनुसार कार्यवाही करता है। इस कार्यवाही के परिणाम को आउटपुट के लिए निर्धारित रजिस्टर में अंकित कर दिया जाता है। यहाँ से परिणाम कम्प्यूटर मैमोरी में जाता है। उपरोक्त सभी क्रियाओं का संयमन सी.पी.यू. की संयमक इकाई करती है। इसे चित्र 3.3 में दर्शाया गया है।

कम्प्यूटर को परिचालक अथवा प्रोग्राम जो भी समादेश देते है, वे सब सेंट्रल प्रोसेसिंग यूनिट की संयमन इकाई द्वारा प्राप्त किए जाते हैं जबकि सूचनाएँ इन समादेशों के अनुसार रजिस्टरों में अंकित होती हैं। अतः कम्प्यूटर के इनपुट के दो भाग होते हैं, एक भाग ऑकड़े, जिन पर कोई क्रिया की जानी है, तथा दूसरी क्रिया, जो ऑकड़ों पर की जानी है। इन्हें क्रमशः डेटा तथा समादेश या कमांड (COMMANDS) कहते हैं।

### ख- गणितीय सह-संस्कारक *(MATHEMATICAL COPROCESSOR)*

उपरोक्त में वर्णित सी.पी.यू. में अंतर्निहित अरिथमेटिक लॉजिक यूनिट -ए एल यू केवल साधारण गणितीय प्रक्रियाओं के संपादन में सक्षम होता है। अन्य जटिल क्रियाओं के संपादन के समय इसकी गति बहुत धीमी हो जाती है। अतः यदि कम्प्यूटर पर बहुत सा जटिल गणितीय कार्य- विशेषकर भिन्नात्मक कार्य करना हो तो मदर बोर्ड पर गणितीय कोप्रोसेसर को स्थापित करना आवश्यक हो जाता है। 80486DX माइक्रोप्रोसेसर में यह कोप्रोसेसर अंतर्निहित होता है। इसके उपस्थित होने से यह ए एल यू की भाँति ही कार्य करता है।

### ग- मैमोरी/स्मृति *(MEMORY)*

कम्प्यूटर में मदरबोर्ड पर माइक्रोप्रोसेसर के बाद सबसे महत्वपूर्ण अवयव मैमोरी सेल ही हैं। ये मुख्यतः दो प्रकार की होती हैं -

1. रैण्डम एक्सेस मैमोरी-रैम (RANDOM ACCESS MEMORY-RAM)
2. रीड ओनली मैमोरी (READ ONLY MEMORY - ROM)

कम्प्यूटर की सबसे अधिक महत्वपूर्ण एवं उपयोगी स्मृति को रैण्डम एक्सैस मैमोरी/यादृच्छिक संपर्क स्मृति (RANDOM ACCESS MEMORY - RAM ) अथवा संक्षेप में रैम कहा जाता है। कम्प्यूटर को जिस सूचना संकलन पर कार्य करना होता है, उसको सर्वप्रथम इसी मैमोरी में अंकित कर लिया जाता है। माइक्रोप्रोसेसर इन्हीं सूचनाओं का संस्कारण अथवा प्रोसेसिंग करता है। अतः यह भी कम्प्यूटर की विशिष्टताओं का निर्धारक तत्व है।

रैण्डम एक्सेस मैमोरी-रैम कम्प्यूटर की मुख्य मैमोरी होती है।आरंभिक अवस्था में यह पूर्णतः रिक्त होती है। जब भी किसी प्रोग्राम अथवा सूचना पर कम्प्यूटर को कार्य करना होता है, पहले उसे रैम पर अंकित किया जाता है। इसकी मुख्य विशेषता यह है

कि इसे किसी भी स्थान पर संपर्क किया जा सकता है, जबकि डिस्क अथवा टेप पर अंकित मैग्नेटिक मैमोरी के किसी बिन्दु पर संपर्क के लिए पहले डिस्क अथवा टेप को घुमाकर संपर्क हैड के समक्ष लाना होगा। रैम एक फैली हुई चादर की तरह होती है, जिसे जहाँ चाहें संपर्क कर सकते हैं। इस कारण इसके उपयोग से कम्प्यूटरों की कार्य गति अति तीव्र होती है।

इस मैमोरी की तीन चिप तीन प्रकार की होती है- DIL, SIP तथा SIMM. 286 तक की मशीनों में DIL चिपों का उपयोग किया जाता था, किन्तु अधिक गति की मशीनों को अधिक मैमोरी की आवश्यकता होने के कारण SIP या SIMM चिपों का उपयोग किया जाता हैं। इनमें से SIMM का उपयोग अधिक लोकप्रिय है। मैमोरी के संबंध में निम्नलिखित बिन्दु महत्वपूर्ण हैं-

1. कम्प्यूटर में सूचनाएँ कम-से-कम 8 बिट के समूहों में प्रवाहित होती हैं, तीव्र मशीनों में यह प्रवाह 16 तथा 32 बिट के समूहों में होता है।

2. प्रत्येक मैमोरी ग्रुप में भी माइक्रोप्रोसेसर की भाँति डेटा को 8, 16 अथवा 32 बिटों के समूहों में प्रवाहित करने की क्षमता होनी चाहिए।

3. कुछ चिप एक-एक बिट करके ही सूचना के आदान प्रदान के लिए सक्षम होती हैं। अतः ऐसी चिपों को 8, 16, अथवा 32 के समूहों में ही उपयुक्त किया जा सकता है।

4. मैमोरी की प्रारंभिक अवस्था में त्रुटि निवारण के लिए एक नौंवी चिप का भी उपयोग किया जाता है, जिसे पेरिटी बिट (parity bit) कहा जाता है। अतः प्रत्येक पैकेज पर आठ के स्थान पर नौ चिप होती हैं।

5. एक्स्टेंडेड (XT) मशीन में 8 बिट समूहों में सूचना प्रवाह होता है। अतः 9x1 बिट चिपों के समूहों का उपयोग किया जाता है।

6. 286/386SX मशीनों में सूचना प्रवाह 16 बिट समूहों में होता है। अतः इनमें 18x1 बिट चिपों के समूहों का उपयोग किया जाता है।

7. 386DX तथा उपर श्रेणी की मशीनों में सूचना प्रवाह 32 बिट समूहों में होता है। अतः इनमें 36x1 बिट चिपो के समूहों का उपयोग किया जाता है।

**चेतावनी**

*रैम चिप स्टैटिक चार्ज से बहुत जल्दी खराब होती हैं। विभिन्न प्रकार के कार्य करते समय मनुष्य के शरीर पर स्टैटिक चार्ज विकसित होते रहते हैं अतः रैम चिप को छूने से पूर्व किसी भूमिगत चालक, जैसे पानी के पाइप आदि को छूकर शरीर के स्टैटिक जार्च को भूमिगत कर देना चाहिए। सर्वोत्तम तो यह रहता है कि कार्य करते समय किसी भूमिगत चालक से शरीर का स्थायी रूप से संबंध बना रहे। रैम चिपों को सदैव इनके मूल पैकेज में ही भंडारित करना चाहिए, क्योंकि इनमें स्टैटिक चार्ज का प्रभाव नहीं पड़ता।*

कम्प्यूटर को प्रारंभ करना रीड ओनली मैमोरी अथवा रोम (READ ONLY MEMORY - ROM) मैमोरी का कार्य है, इसलिए इसे बूट मैमोरी भी कहते हैं। यह कम्प्यूटर को प्रारंभ कर उस स्थिति तक ले आती है जहाँ से कम्प्यूटर परिचालन सिस्टम के संयमन में आ सके।

रोम एक बन्द प्लास्टिक की आयाताकार डिब्बी के रूप में होती है, इसे बायोस -बेसिक इनपुट व आउटपुट सिस्टम (BIOS - BASIC INPUT/OUTPUT SYSTEM) भी कहते हैं। एक्स्टेंडेड टेक्नोलॉजी (XT) तथा एडवांस टेक्नोलॉजी (AT) मशीनों के बायोस भी अलग-अलग होते हैं। यह एक मैमोरी चिप होती है, जिसमें स्थायी रूप से एक प्रोग्राम अंकित रहता है। इस प्रोग्राम को केवल पढ़ा जा सकता है, इसमें कोई परिर्वतन नहीं किया जा सकता है।

**घ- *विस्तार स्लॉट*** *( EXPANSION SLOTS )*

मदरबोर्ड पर स्थित एक्स्पेंशन स्लॉट अन्य युक्तियों को कम्प्यूटर से जोड़ने के काम आते हैं। इन स्लॉटों में सह-पटल (Auxiliary cards/Adapter Cards) लगा दिए जाते हैं जिनसे युक्तियाँ जोड़ी जाती हैं। मदर बोर्ड पर स्थित एक्स्पेंशन स्लॉट केवल संबंधक कड़ी के रूप में कार्य करते हैं। सामान्यत: एक्स्पेंशन स्लॉट दो आकारों में होते है, जिन्हें 8 बिट तथा 16 बिट स्लॉट कहा जाता है।

8 बिट स्लॉटों की लम्बाई 16 बिट स्लॉटों से आधी होती है। 16 बिट स्लॉट में आधी लम्बाई का कार्ड लगाया जाता सकता है, किन्तु 8 बिट स्लॉट में 16 बिट का कार्ड नहीं लगाया जा सकता।

सामान्यत: प्रत्येक युक्ति को एक एडेप्टर कार्ड तथा एक स्लॉट की आवश्यकता होती है। इस प्रकार कम्प्यूटर मदर बोर्ड से जितनी युक्तियों का संबंध होना हो उतने ही स्लॉटों की आवश्यकता होती है। किन्तु अब ऐसे एडेप्टर कार्ड भी निर्मित होने लगे हैं, जिनमें एक ही कार्ड पर फ्लॉपी तथा हार्ड डिस्क दोनों प्रकार की स्टोरेज डिवाइसों के संयमन की व्यवस्था के साथ ही अन्य युक्तियों के संबंधन के लिए अतिरिक्त पोर्ट की भी व्यवस्था रहती है। इसी प्रकार मॉनीटर एडेप्टर कार्ड पर भी अन्य युक्तियों के लिए अतिरिक्त पोर्टों की व्यवस्था होती है। इस प्रकार बहूद्देशीय एडेप्टर कार्डो से मदर बोर्ड पर स्लॉटों की आवश्यकता कम हो गई।

### 3.2.3 एडेप्टर कार्ड / अनुकूलक कार्ड (ADAPTER CARDS)

कम्प्यूटर के मुख्य परिपथ में सभी संकेत एक ही प्रारूप के होते हैं, जबकि विभिन्न युक्तियाँ इन संकेतों को अपने अनुकूल स्वरूप में ही स्वीकार करती हैं। जो सह-पटल संकेतों को मदरबोर्ड से संबंधित युक्ति के अनुकूल करने का कार्य करते हैं उन्हें एडेप्टर कार्ड / अनुकूलक कार्ड कहा जाता है। उदाहरणार्थ, मॉनीटर का ऑक्जिलियरी कार्ड संकेतों को संबंधित मॉनीटर द्वारा उपयोग के अनुकूल बनाता है तथा स्टोरेज परिचालक तंत्रों के ऑक्जिलियरी कार्ड संकेतों को चुंबकीय माध्यम पर अंकित करने के अनुकूल बनाते हैं।

विद्युत प्रदाय तथा कीबोर्ड के संबंधन की मदरबोर्ड पर सीधी व्यवस्था होती है। इनके अतिरिक्त प्रायः सभी युक्तियों को मदरबोर्ड पर सीधे नहीं जोड़ा जा सकता। मदर बोर्ड पर एक्स्पेंशन स्लॉटों (EXPANSION SLOTS) का प्रावधान होता है। इन स्लॉटों में एडेप्टर कार्ड लगाए जाते हैं। ये एडेप्टर कार्ड मदरबोर्ड पर प्रोसेस्सड डेटा को युक्तियों के अनुकूल करने का कार्य करते हैं। अतः प्रत्येक युक्ति की आवश्यकतानुसार किसी-न-किसी स्थान पर अनुकूलन व्यवस्था आवश्यक होती है। ये कार्ड एकल उद्देशीय अथवा बहूद्देशीय हो सकते हैं। आजकल बहुउद्देशीय एडेप्टर कार्डों का प्रचलन है। सामान्यतः प्रत्येक कम्प्यूटर में दो एडेप्टर कार्ड अवश्य होते हैं। एक मॉनीटर के लिए तथा दूसरा स्टोरेज व्यवस्था के संयमकों के लिए। अतिरिक्त पोर्टों की व्यवस्था भी इन्हीं पर होती है।

### 3.2.4 पोर्ट्स

कम्प्यूटरों में अन्य युक्तियों के संबंधन के लिए पोर्टों का उपयोग किया जाता है। पोर्ट दो प्रकार के होते हैं - सीरियल पोर्ट तथा पैरलल पोर्ट। दोनों ही प्रकार के पोर्ट नौ अथवा पच्चीस पिनों के हो सकते हैं। पहचान में सुविधा के लिए कम्प्यूटर की ओर लगे सभी सीरियल पोर्ट नर तथा सभी पैरलल पोर्ट मादा बनाए जाते हैं। अतः पोर्ट देखकर ही उसके प्रकार का पता चल सकता है। मदर बोर्ड से सूचना प्रवाह सीधे पोर्ट को न होकर एडेप्टर कार्ड के माध्यम से होता है। एडैप्टर कार्ड सूचना प्रवाह को पोर्ट के अनुकूल करता है। पोर्ट अनुकूलन का कार्य अन्य कार्डो - जैसे डिस्प्ले एडेप्टर कार्ड, डिस्क संयमन कार्ड आदि - पर भी समाहित हो सकता है तथा इसी उद्देश्य के अलग एडेप्टर कार्डों द्वारा भी किया जा सकता है। सामान्यतः बहुउद्येशीय कार्डों का प्रचलन है, इसलिए पोर्टों के लिए पृथक एडेप्टर कार्डों की आवश्यकता नहीं होती है। अन्य कार्डों पर ही पर्याप्त पोर्ट उपलब्ध हो जाते हैं।

सीरियल पोर्ट द्वारा सूचनाएँ एक के बाद एक बिट में प्रवाहित होती है अतः गति धीमी होती है। पैरलल पोर्ट में सूचना बिट समूह एक साथ चलते हैं अतः गति तीव्र होती है। सीरियल पोर्टो को COM 1, COM 2,... आदि नामों से विनिर्देशित किया जाता है, जब कि पैरलल पोर्टों को LPT1, LPT2, ...आदि नामों से।

कम्प्यूटरों के खेलों में प्रयोग के लिए अनेक सफल प्रयास हुए हैं। खेलों में सामान्यतः जॉयस्टिक का उपयोग किया जाता हैं। जॉयस्टिक को कम्प्यूटर के मदर बोर्ड पर लगे एक विशेष एडेप्टर कार्ड से संबंधित पोर्ट से जोड़ा जाता है। यह एक विशेष प्रकार का पोर्ट होता है, क्योंकि इसका कार्ड एनालॉग/डिजिटल संपरिवर्तक होता है। इस प्रकार के कार्डों में एक से अधिक जॉयस्टिकों के संबंधन की भी व्यवस्था रहती है। खेलों के पोर्ट पर किसी अन्य युक्ति को नहीं लगाया जा सकता।

### 3.2.5 संगृहण युक्तियाँ (STORAGE DEVICES)

***क- फ्लॉपी डिस्क संचाली*** *(FLOPPY DISK DRIVE)*

ये एक कम्प्यूटर में एक अथवा दो हो सकती हैं। दोनों एक ही अथवा भिन्न आकारों की भी हो सकती हें इनमें से प्रथम को A: तथा द्वितीय को नाम B: से जाना जाता है! किसी भी संचाली को A: तथा B: बनाया जा सकता है। इसका निर्णय पेटी के अन्दर लगी संचाली की केबिल से होता है। यह रिबन केबिल होती है, जिस पर सामान्यत: पॉच सम्बन्धक लगे होते हैं।

एक संबंधक जो चित्र में 1 से चिन्हित किया गया है, मदरबोर्ड पर लगे एडेप्टर कार्ड पर लगाया जाता है। केबिल का एक किनारा लाल रंग का होता है इसे प्रत्येक संबंधन बिन्दु के नं0 1 की ओर रखा जाता है। केबिल के शेष चार संबंधक दो प्रकार के होते हैं - A: के लिये दो तथा B: के लिये दो । इस प्रकार किसी भी संचाली में 5.25" डिस्क संचाली अथवा 3.5" डिस्क संचाली को संबंधन दिया जा सकता है। एक कम्प्यूटर में केवल दो ही संचालियों को संबंधन दिया जा सकता है - एक A: तथा दूसरा B: से।

इस प्रकार किसी भी आकार के संचाली को केबिल के मध्य अथवा अन्त में संबंधित किया जा सकता है। केबिल के सिरे पर लगे संबंधकों A1 तथा A2 से जो भी संचाली संबंधित होगा उसी को A: संचाली कहा जाएगा। यह नामकरण कम्प्यूटर के बूटिंग की दृष्टि से अत्यंत महत्वपूर्ण है, क्योंकि बूटिंग केवल A: ड्राइव अथवा C: हार्ड डिस्क संचाली से ही की जा सकती है। B: संचाली से कम्प्यूटर की बूटिंग नहीं की जा सकती। डिस्कों की मानक स्टोरेज क्षमताएँ आगे अंकित तालिका में दी गई हैं।

| डिस्क आकार –व्यास | 5.25" | | 3.5" | |
|---|---|---|---|---|
| विशिष्टि | 2S-2D/DD | 2HD | 2S-2D/DD | 2HD |
| ट्रैक प्रति इंच | 48 | 96 | 135 | 135 |
| स्टोरेज क्षमता | 360 KB | 1.2 MB | 720 KB | 1.44 MB |
| विवरण | Both Sides, Double Density | Both Sides, High Density | Both Sides, Double Density | Both Sides, High Density |
| | दोनों तरफ, दोगुना घनत्व | दोनों तरफ, उच्च घनत्व | दोनों तरफ, दोगुना घनत्व | दोनों तरफ, उच्च घनत्व |

***ख- हार्ड डिस्क संचाली*** *(HARD DISK DRIVE)*

एक आधुनिक कम्प्यूटर में भौतिक दृष्टि से चार हार्ड डिस्क संचाली संबंधित किये जा सकते हैं। प्रत्येक संचाली में उपस्थित चुम्बकीय माध्यम को दो या अधिक भागों

में बॉटा जा सकता है। प्रथम डिस्क संचाली के प्रथम भाग को सदैव C: तथा अन्य भागों को कमशः D:, E:, F: आदि नामों से नामांकित किया जाता है। कम्प्यूटर की बूटिंग केवल C: भाग से ही की जा सकती है।

## प्रश्नोत्तरी :

**प्रश्न :- कम्प्यूटर के प्रमुख माइक्रोप्रोसेसरों / सूक्ष्म संस्कारकों एवं उनकी विशिष्टियों की सूची दीजिये।**

कम्प्यूटर तन्त्र के प्रमुख संस्कारक को माइक्रोप्रोसेसर के अतिरिक्त सीपीयू भी कहा जाता है। कम्प्यूटर तन्त्र का नामकरण इसी सूक्ष्मसंस्कारक के प्रकार पर आधारित होता है। वर्तमान में प्रचलित कुछ मुख्य संस्कारक निम्नांकित सूची में सम्मिलित हैं -

| माइक्रो प्रोसैसर | गति आसार मैगाचक्र/सै. | अधिकतम स्मृति | गणितीय सह-अभिसार | कम्प्यूटर प्रकार |
|---|---|---|---|---|
| 8088 | 4.77 to 12 | 1 MB | 8087 | XT |
| 8086 | 4.77 to 12 | 1 MB | 8087 | XT |
| 80286 | 8 to 16 | 16 MB | 80287 | XT/AT |
| 80386SX | 16 to 33 | 16 MB | 80387SX | AT |
| 80386DX | 20 to 40 | 4 GB | 80386DX | AT |
| 80486SX | 20 to 33 | 4 GB | 80486SX | AT |
| 80486DX-I | 25 to 66 | 4 GB | Inbuilt | AT |
| 80486DX-II | 33 to 100 | 4GB | Inbuilt | AT |
| Pentium I | 66 to 133 | 4 GB | Inbuilt | AT |
| Pentium II | 133 to 233 | 4 GB | Inbuilt | AT |
| Celeron | 233 to 333 | 4 GB | Inbuilt | AT |
| Pentium III | 300 to 450 | 4 GB | inbuilt | AT |

**प्रश्न :- कम्प्यूटर की संरचना में बस / संयुज्जी क्या है ?**

सामान्य विद्युत वितरण तन्त्र की तरह ही कम्प्यूटर तन्त्र में भी बस उन समानान्तर धारापथों को कहते हैं जिन पर अनेकानेक उपकरणों को सम्बंधित किया जा सकता है। अतः कम्प्यूटर बस विभिन्न युक्तियों के सम्बन्धन का माध्यम है जिसमें सूचना संकेत प्रवाहित होते हैं।

**प्रश्न :- कम्प्यूटर का संयमन मुख्यत: किसके द्वारा किया जाता है?**

कम्प्यूटर परिचालन में सूक्ष्म रुप से इसका संयमन कम्प्यूटर के सूक्ष्म संस्कारक/माइक्रोप्रोसेसर में सन्निहित एक इकाई द्वारा किया जाता है जिसे संयमन इकाई अथवा कण्ट्रोल यूनिट कहा जाता है। यह इकाई प्रत्येक समादेश के अनुदेशपरक तथा सूचनापरक भाग को पहचान कर उन्हें समुचित स्थान पर भेजने के निर्देश देती है तथा किया के पश्चात् प्राप्त परिणाम को उसके गन्तव्य पर भेजती है।

**प्रश्न :- कम्प्यूटर तन्त्र में मूलत: संगणनाएँ कहाँ होती हैं?**

प्रत्येक कम्प्यूटर के सूक्ष्मसंस्कारक में एक महत्वपूर्ण अंग होता है जिसे अंकगणितीय तर्क इकाई/अरिथमैटिक लॉजिक यूनिट कहा जाता है। यह इकाई मुख्यत: योग करने की प्रकिया करती है तथा उसी के बल पर अवयोग, गुणन आदि कियाएँ सम्पन्न करती है।

**प्रश्न :- कम्प्यूटर तन्त्र में सी.पी.यू. किसे कहते हैं?**

कम्प्यूटर तन्त्र में सर्वाधिक महत्व का अवयव एक सूक्ष्म संस्कारक होता है। इस अवयव का ही दूसरा नाम केन्द्रीय संस्कारण इकाई अर्थात सी.पी.यू. है। संयमन इकाई, अंकगणितीय तर्क इकाई, तथा संयमन पंजिकाएँ आदि इसके प्रमुख अंग होते हैं।

**प्रश्न :- कम्प्यूटर तन्त्र में सांख्यिक सहसंस्काररक/न्यूमैरिक कोप्रोसैसर क्या कार्य करता है?**

सामान्य गणितीय प्रकियाओं का संचालन कम्प्यूटर का सूक्ष्म संस्कारक स्वयं कर लेता है किन्तु जटिल संगणनाओं में यह असक्षम रहता है तथा इसकी गति अति धीमी हो जाती है। इस कठिनाई का सामना करने हेतु प्रत्येक सूक्ष्म संस्कारक का एक सुसंगत संस्कारक विकसित किया गया है जिसे न्यूमैरिक कोप्रोसैसर/सांख्यिक सहसंस्कारक कहा जाता है। प्रत्येक संस्कारक के नाम में अन्तिम अंक 6 जैसे - 80286, 80386 आदि होता है इस 6 के अंक को 7 से विस्थापित कर देने से उस संस्कारक के सुसंगत न्यूमैरिक कोप्रोसैसर का नाम ज्ञात हो जाता है। जैसे - 80286 का सुसंगत न्यूमैरिक कोप्रोसैसर 80287 है।

80486 तथा इससे श्रेष्ठतर संस्कारकों में उनके न्यूमैरिक कोप्रोसैसर सन्निहित हैं किन्तु कनिष्ठ संस्कारकों के साथ इसे मदरबोर्ड पर लगाना होता है, किन्तु इसका लगाना अनिवार्य नहीं है।

**प्रश्न :- कम्प्यूटर की सी.पी.यू. पेटिका की संरचना का वर्णन कीजिये।**

कम्प्यूटर की सी.पी.यू. पेटिका में निम्नलिखित अवयव होते हैं -

क. मदरबोर्ड
ख. एडेप्टर कार्ड
ग. पावर सप्लाई
ध. फ्लॉपी डिस्क संचाली
च. हार्ड डिस्क संचाली
छ. इनपुट/आउटपुट पोर्ट
ज. स्विच तथा केबिल आदि

कम्प्यूटर तन्त्र के सर्वाधिक महत्वपूर्ण अवयव एक पेटिका में सुव्यवस्थित रहते हैं जिसे केन्द्रीय संस्कारण इकाई/सी.पी.यू. पेटिका कहा जाता है । इनमें एक मदरबोर्ड होता है जिस पर कम्प्यूटर का परिचालक अवयव माइक्रोप्रोसैसर लगा होता है। साथ ही इसी पटल पर तन्त्र की सभी प्राथमिक मैमोरी चिप्स, एक्सपैन्शन स्लॉट, पोर्ट कनेक्टर आदि भी स्थित होते हैं। एक्सपैन्शन स्लॉटों में कम्प्यूटर युक्तियों को सम्बन्धित करने हेतु उनके संयमक लगाये जाते है जिन्हें एडेप्टर कार्ड कहा जाता है। ये कार्ड माइक्रोप्रोसैसर के संकेतों को युक्तियों के अनुकूल बनाते हैं। आधुनिक तन्त्रों में अनेक संयमक चिप्पियों को भी मदरबोर्ड पर ही लगा दिया जाता है जो पटल पर स्थिति पोर्टों को संकेत प्रदान करती हैं।

मदरबोर्ड अथवा एडेप्टर कार्डों पर स्थित पोर्ट माइक्रोप्रोसैसर को बाह्य युक्तियों से तथा माइक्रोप्रोसैसर से बाह्य युक्तियों को संकेत प्रदान करने के माध्यम हैं। इनके कार्य के अनुसार ही इन्हें इनपुट अथवा आउटपुट पोर्ट कहा जाता है। कुन्जीपटल, माउस तथा जोयस्टिक आदि युक्तियॉ इनपुट पोर्टों से सम्बन्धित होती हैं।

कम्प्यूटर तन्त्र की प्रमुख क्रियाएँ 3, 5 तथा 12 वोल्ट पर सम्पन्न होती हैं। तन्त्र को इन विभवों पर विद्युत शक्ति प्रदान करने हेतु एक पावर सप्लाई इकाई होती है जो सामान्य घरेलू विद्युत प्रदाय से शक्ति प्राप्त कर उसे विभिन्न विभवान्तरों पर प्रस्तुत करती है। अत: पावर सप्लाइ इकाई से निकलने वाले तार प्रत्येक युक्ति को जाते हैं। सामान्य कम्प्यूटर तन्त्र को 150 से 250 वाट शक्ति की आवश्यकता होती है।

प्रत्येक कम्प्यूटर तन्त्र में दो फ्लॉपी डिस्क संचालियों को सम्बन्धित करने का प्रावधान होता है जो एक जैसी अथवा भिन्न विशिष्टियों की हो सकती हैं। इनमें से एक को A: तथा दूसरी को B: नाम निर्धारित होता है। दोनों चकती संचालियों को संकेत प्रदान करने हेतु एक ही एडेप्टर कार्ड तथा केबिल का उपयोग होता है। केबिल का एक सिरा कनेक्टर के माध्यम से मदरबोर्ड अथवा एडेप्टर कार्ड पर स्थिति पोर्ट से होता है। इस केबिल के दूसरे सिरे पर तथा मध्य में फ्लॉपी डिस्क संचालियों को सम्बन्धित करने हेतु संबन्धक होते हैं। सामान्यत: सिरे पर सम्बन्धित चकती संचाली को A: तथा मध्य में सम्बन्धित चकती संचाली को B: नाम निर्धारित होता है। आधुनिक तन्त्रों में इनके नामों में अन्तर्परिवर्तन का प्रावधान भी होता है। दोनों चकती संचाली मुख्य पेटिका में आगे की ओर इस प्रकार व्यवस्थित होती हैं कि संचालियों में चकतियों की अदला बदली आसानी से की जा सके।

पीसी-एटी/वैयक्तिक कम्प्यूटर एडवान्स्ड टैक्नोलॉजी ही अब प्रचलन में रह गये हैं इनमें न्यूनतम एक तथा अधिकतम चार हार्ड डिस्क संचालियों का प्रावधान रहता है। ये चकती संचाली भी मुख्य पेटिका में ही सुव्यवस्थित होते हैं। इनमें से एक प्रमुख संचाली अथवा उसकी चकतियों के एक भाग का नाम C: होना अनिवार्य होता है। प्रत्येक चकती संचाली की संगृहण क्षमता को अलग-अलग नामों C:, D:, E:, F: आदि में विभाजित किया जा सकता है। चकती संचालियों का सम्बन्धन मदरबोर्ड के खंच में एक चकती संचाली एडेप्टर कार्ड के माध्यम से होता है। आधुनिक तन्त्रों में हार्ड डिस्क

संचाली के संयमन हेतु चिप्पियॉ तथा सम्बन्धन हेतु सम्बन्धक मदरबोर्ड पर ही स्थित रहते हैं।

कम्प्यूटर तन्त्र से अन्य युक्तियों जैसे मॉनीटर, मुद्रक आदि के सम्बन्धन हेतु मुख्य पेटिका के पश्च भाग में सम्बन्धक होते हैं जिन्हें पोर्ट कहा जाता है। ये पोर्ट सूचना संकेतों के आवागमन को संयमित करते हैं।

**प्रश्न :- कम्प्यूटर तन्त्र की प्राथमिक मैमोरियों पर टिप्पणी कीजिये?**

कम्प्यूटर द्वारा सूचनाओं को संगृहित कर रखने की सामर्थ्य को कम्प्यूटर की मैमोरी/स्मृति कहा जाता है। ये अनेक प्रकार की होती हैं जिन्हें मूलत: दो वर्गो में रखा जाता है। प्राथमिक तथा द्वितीयक स्मृति। जिन स्मृतियों को कम्प्यूटर का माइक्रोप्रोसैसर सीधे अपने कार्यो हेतु उपयोग में लेता है उन्हें प्राथमिक स्मृतियॉ कहते हैं। ये दो प्रकार की होती हैं -

***1. पठन-लेखन स्मृति/रीड-राइट मेमोरी :***

यह स्मृति कम्प्यूटर के माइक्रोप्रोसैसर के सीधे सम्पर्क में रहती है। माइक्रोप्रोसैसर अपने सभी कार्यो हेतु सूचनाओं के अस्थायी संगृहण के लिये इसका उपयोग करता है। यह एक एक बिट की अनेकों इकाईयों से निर्मित होती है जिनका समूहन आठ आठ की संख्या अर्थात बाइट्स में होता है। एक बाइट आठ बिटों की होती है। कम्प्यूटर का माइक्रोप्रोसैसर इस स्मृति के किसी भी स्थान की सूचनाओं का पठन कर सकता है अथवा किसी भी स्थान पर लेखन कर सकता है। सामान्यत: यह माइक्रोइलेक्ट्रॉनिक कम्पोनेण्ट्स से निर्मित होती है। इसका विशेष गुण यह होता है कि इसमें अंकित सूचना उसी समय तक उपस्थित रहती है जब तक कि स्मृति को विद्युत शक्ति प्रदायित रहती है। विद्युत शक्ति की अनुपस्थिति से इसमें संकेत व सूचनाऐं नष्ट हो जाती हैं। अत: इस स्मृति का उपयोग सूचनाओं के स्थाई संगृहण हेतु नहीं किया जा सकता। इस स्मृति की दूसरी विशेषता यह है कि इस पर सूचनाओं का पठन लेखन अति तीव्र गति से सम्भव होता है।

एक प्रारम्भिक भ्रांति के कारण इस स्मृति को अभी भी यादृच्छिक अभिगम्य स्मृति/रैण्डम एक्सेस मेमोरी-रैम कहा जाता है। वस्तुत: इसके अतिरिक्त अन्य प्रकार की स्मृतियॉ भी रैण्डम एक्सेस मेमोरी होती हैं।

***2. रीड ऑन्ली मेमोरी-रोम/मात्र-पठन स्मृति :***

कम्प्यूटर तन्त्र को अपने प्रारम्भिक परीक्षण एवं प्रवर्तन हेतु कुछ सुनिश्चित सूचनाओं की आवश्यकता होती है जिनके नष्ट होने पर कम्प्यूटर तन्त्र चालू ही नहीं होता। ऐसी सूचनाओं को ऐसी स्मृतियों मे संगृहित किया जाता है जो सूचनाओं के मात्र पठन को सम्भव करती हैं। इन्हें कम्प्यूटर तन्त्र की रीड ऑन्ली मेमोरी अथवा रोम कहा जाता है। इनके कुछ प्रकारों में आंशिक परिवर्तन भी सम्भव होता है। कम्प्यूटर का माइक्रोप्रोसैसर एक सुनिश्चित कम में इन सूचनाओं का उपयोग करता है। कम्प्यूटर को चालू होते समय सैटप व्यवस्था में इस प्रकार की स्मृति का उपयोग होता है।

**प्रश्न :- कम्प्यूटर तन्त्र की सेकेण्डरी स्टोरेज मैमोरी क्या होती हैं?**

कम्प्यूटर तन्त्र की प्राथमिक स्मृतियों का उपयोग परिवर्तनीय सूचनाओं के स्थायी संगृहण हेतु नहीं किया जा सकता है। इस उद्देश्य हेतु कुछ विशेष प्रकार की स्मृतियों का उपयोग किया जाता है जिन्हें सेकेण्डरी स्टोरेज मैमोरी/द्वितीयक संगृहण स्मृति कहा जाता है। गुणात्मक भेद से इनके दो प्रकार प्रचलित हैं - चुम्बकीय/मैग्नेटिक तथा दीप्तीय/ऑप्टीकल ।

चुम्बकीय स्मृति में सूचना संगृहण का माध्यम चुम्बकीय पदार्थ होता है। इस पदार्थ की परत एक अचुम्बकीय आधार पदार्थ पर जमा दी जाती है। इस परत के बिन्दुओं को पंक्तियों में परिकल्पित करके बिन्दुओं को सूचना के 0 तथा 1 बिटों के अनुसार चुम्बकित अथवा अचुम्बकित किया जाता है जिन्हें कभी भी पढ़ा जा सकता है अथवा इनमें परिवर्तन किया जा सकता है। अचुम्बकीय आधार पदार्थ के अनुसार चुम्बकीय संगृहण स्मृतियों के दो प्रकार प्रचलित है - चकती/डिस्क तथा फीता/टेप।

चुम्बकीय डिस्क स्मृति का उपयोग कम्प्यूटर की फ्लॉपी डिस्कों में तथा स्थिर फिक्स अथवा हार्ड डिस्क में होता है। फ्लॉपी डिस्कों में चुम्बकीय पदार्थ के आधार स्वरुप प्लास्टिक फिल्म का उपयोग किया जाता है जबकि हार्ड डिस्क में एल्यूमिनियम अथवा किसी अन्य हल्की धातु की चकतियों का उपयोग किया जाता है। चकती प्रकार की स्मृतियों में सूचनाओं का पठन व लेखन तीव्रता से तथा बिना किसी क्रम के किया जा सकता है।

फीता प्रकार की चुम्बकीय स्मृतियों में प्लास्टिक फिल्म के फीत को चुम्बकीय पदार्थ के आधार के रुप में उपयोग किया जाता है। इससे फीत को एक रील के उपर लपेट कर रखा जाता है जिससे फीत की लम्बाई तथा स्मृति की संगृहण क्षमता बहुत अधिक रखी जा सकती है जबकि डिस्क स्मृति की संगृहण क्षमता सुनिश्चित तथा सीमित होती है। चुम्बकीय फीत में सूचनाएँ एक सुनिश्चित क्रम में ही अंकित होती हैं। अतः इनके पठन हेतु फीत को आगे पीछे चलाने की आवश्यकता हो सकती है जो असुविधाजनक होने के साथ-साथ पठन गति को भी सीमित करती है। जब सूचनाओं की अत्यधिक मात्रा को एक सुनिश्चित क्रम में संगृहण की आवश्यकता होती है तब चुम्बकीय फीत का उपयोग किया जाता है।

दूसरे प्रकार की संगृहण स्मृति में प्रकाश के परावर्तन का उपयोग किया जाता है इसलिये इसे दीप्तीय/ऑप्टिकल स्मृति कहा जाता है। इसमें भी चकती का आकार उपयुक्त होता है। इस प्रकार की चकती को ऑप्टिकल डिस्क के अतिरिक्त कॉम्पैक्ट डिस्क - सी.डी. भी कहा जाता है क्योंकि इसमें अंकित सूचनाओं का परिमाण अत्यधिक होता है। इन चकतियों पर लेखन लेजर किरणों से किया जाता है जो एक मंहगी प्रक्रिया है। अतः सामान्य कम्प्यूटर तन्त्रों में इन चकतियों का उपयोग मात्र पठन हेतु किया जाता है। इस कारण इन चकतियों को सी.डी. रोम भी कहा जाता है। पुस्तकों के प्रकाशन का भी यह एक अत्याधुनिक माध्यम है।

**प्रश्न :- फ्लॉपी डिस्कों पर क्या सूचनाएँ अंकित होती हैं ?**

डिस्कों का उपयोग सूचनाओं के संगृहण हेतु किया जाता है। ये सूचनाएँ नामॉकित फाइलों में व्यवस्थित होती हैं। डिस्क के प्रारम्भ में उसमें अंकित फाइलों की सूची, उनके आकार तथा अन्तिम बार किये गये परिर्वतन का दिनॉक तथा समय अंकित होते हैं।

फ्लॉपी डिस्कों पर अंकित फाइलों की सूची प्राप्त की जा सकती है प्रत्येक फाइल को पढ़ा जा सकता है तथा इनमें परिर्वतन किया जा सकता है। इन सभी कार्यों के लिये डिस्क को उसके संचाली में लगाना आवश्यक होता है। संचाली में स्थित रीड/राइट हैड ही यह सब कार्य सम्पन्न करता है।

**प्रश्न :- 5.25" फ्लॉपी डिस्कों का उपयोग कैसे किया जाता है ?**

सामान्यत: 1.2 मैगाबाइट की इस डिस्क को संचाली के खंच में इस प्रकार डाला जाता है कि उसका लेबल उपर की ओर तथा परिचालक की ओर हो। डिस्क को पूरी तरह अन्दर कर देने के पश्चात् संचाली के हैण्डल को घड़ी की दिशा में 90 डिग्री

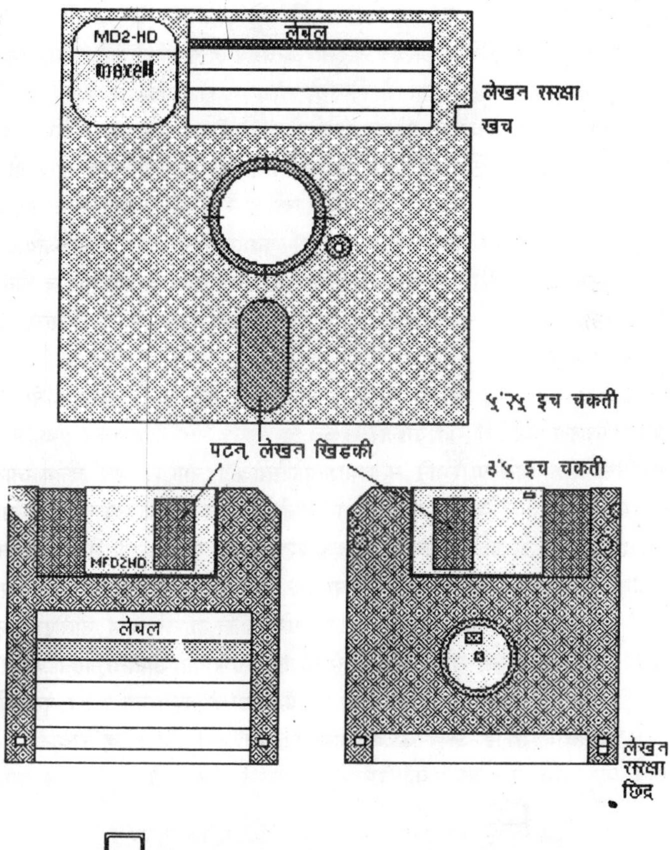

घुमाकर बन्द कर दिया जाता है। तदुपरान्त कम्प्यूटर को समादेश दिया जाता है। जिसको मॉनीटर पर देखा जा सकता है। समादेशों से जनित परिणाम भी मॉनीटर पर उपलब्ध होते हैं।

**प्रश्न :- 3.5" फ्लॉपी डिस्क का उपयोग कैसे किया जाता है?**

सामान्यत: 1.44 मैगाबाइट की इस फ्लॉपी डिस्क के उपयोगार्थ उसे उसके संचाली में इस प्रकार डाला जाता है कि चकती पर लगा धातु का सरकन कपाट अन्दर की ओर रहे तथा उस पर अंकित लेबल ऊपर की ओर रहे। चकती को संचाली में पूरी तरह अन्दर कर देने से वह स्वयं ही इसमें अवस्थित हो जाती है किसी हैण्डल के परिचालन की आवश्यकता नहीं होती। इस अवस्था में चकती परिचालन हेतु कम्प्यूटर को समादेश दिये जा सकते हैं। इस फ्लॉपी डिस्क को बाहर निकालने हेतु उसके संचाली पर लगे चौकोर बटन को दबाया जाता है जिससे चकती का कुछ भाग बाहर खिसक आता है।

**प्रश्न :- कम्प्यूटर पोर्ट से क्या तात्पर्य है इनके वर्गीकरण को स्पष्ट कीजिये?**

सामान्य विद्युत प्रदाय से किसी उपकरण को सम्बंधित करने में जो कार्य प्लग-सौकिट-स्विच करते हैं लगभग वही कार्य कम्प्यूटर के पोर्ट करते हैं। अन्तर केवल इतना है कि प्लग-सौकिट-स्विच पैस्सिव अवयव हैं जबकि पोर्ट सक्रिय अवयव हैं। अत: पोर्ट कम्प्यूटर तन्त्र के द्वार हैं जिनके माध्यम से बाहरी उपकरणों को तन्त्र से सम्बन्धित किया जाता है। पोर्टों के माध्यम से संकेतों का आवागमन तभी होता है जब कम्प्यूटर का माइक्रोप्रोसैसर पोर्ट को संकेत संचार के लिये समादेश देता है।

संकेत प्रवाह की दृष्टि से पोर्ट दो प्रकार के होते हैं - इनपुट तथा आउटपुट पोर्ट। इनपुट पोर्ट संकेतों को बाह्य उपकरण से माइक्रोप्रोसैसर तक पहुँचाते हैं जबकि आउटपुट पोर्ट संकेतो को माइक्रोप्रोसैसर से बाह्य उपकरण तक पहुँचाते हैं। कुन्जीपटल इनपुट पोर्ट के माध्यम से तथा मॉनीटर आउटपुट पोर्ट के माध्यम से सम्बन्धित होते हैं।

संकेत क्रम की दृष्टि से भी पोर्ट दो प्रकार के होते हैं - पैरलल पोर्ट तथा सीरियल पोर्ट। पैरलल पोर्ट के माध्यम से संकेत के आठ बिट एक साथ प्रवाहित होते हैं अत: न्यूनतम आठ धारा पथों की आवश्यकता होती है। सीरियल पोर्ट के माध्यम से संकेत के बिट एक-एक करके प्रवाहित होते हैं जिससे केवल दो धारा पथों की आवश्यकता होती है। इस प्रक्रिया में समानान्तर धारा प्रवाह से अधिक समय लगता है।

उपयोग के अनुसार भी पोर्ट दो प्रकार के होते हैं - आन्तरिक तथा बाह्य। आन्तरिक पोर्ट तन्त्र में अनिवार्य रूप से उसके अंगो जैसे कुन्जीपटल मॉनीटर फ्लॉपी डिस्क संचाली तथा हार्ड डिस्क संचाली के लिये विशेष रूप से नियोजित होते हैं। ये प्राय: विशेष एडेप्टर कार्डो के माध्यम से संकेत पाते हैं। आन्तरिक पोर्टो पर उनके नियत उपकरणों के अतिरिक्त कोई अन्य उपकरण सम्बन्धित नहीं किया जा सकता है।

बाह्य पोर्ट उन उपकरणों को सम्बन्धित करने हेतु होते हैं जिनके संयमक

उपकरण में ही स्थित होते हैं। साथ ही इन पोर्टो पर उसके प्रकार के अनुसार कोई भी उपकरण सम्बन्धित किया जा सकता है। प्राय: मुद्रक पैरलल आउटपुट पोर्ट पर तथा माउस सीरियल इनपुट पोर्ट से सम्बन्धित किया जाता है।

**प्रश्न :- कम्प्यूटर तन्त्र में पोर्टो के प्रकार की क्या पहचान है ?**

मानकीकरण की सुविधा के लिये सीरियल तथा पैरलल पोर्टो के सम्बन्धकों को प्रथक प्रकार का रखा जाता है। कम्प्यूटर इकाई में स्थित नर सम्बन्धक पैरलल पोर्ट में तथा नारी सम्बन्धक सीरियल पोर्ट में उपयुक्त किये जाते हैं। अत: बाहर से देखकर ही पैरलल तथा सीरियल पोर्ट की पहचान की जा सकती है।

**प्रश्न :- पोर्टो के नामकरण किस प्रकार होते है ?**

बाह्य पोर्टो के नामकरण की मानक प्रथा इस प्रकार है-

**पैरलल पोर्ट** LPT1, LPT2, ...

**सीरियल पोर्ट** COM1, COM2, ....

अध्याय

# ४

# कम्प्यूटर संरचना - युक्तियाँ

## 4.1 इनपुट युक्तियाँ (INPUT DEVICES)

इनपुट के लिए कीबोर्ड सर्वाधिक उपयोग की जाने वाली युक्ति है। यद्यपि कुछ खेलों में जॉयस्टिक तथा कुछ कार्यो में माउस का उपयोग भी किया जाता है, किन्तु इनसे सभी कार्य करना संभव नहीं है। कीबोर्ड से सभी प्रकार के कार्य किए जा सकते हैं।

### 4.1.1 कुन्जीपटल (KEYBOARD)

प्रारंभिक पी.सी. में चौरासी कुन्जियों वाले कीबोर्ड प्रयोग किए जाते थे, जो आज भी प्रचलित हैं। नए विकसित कीबोर्डो में एक सौ एक कुन्जियाँ होती हैं। चौरासी कुन्जी कीबोर्ड में दस कार्यकारी (FUNCTION) कुन्जियाँ होती हैं, जबकि एक सौ एक कुन्जी कीबोर्ड में बारह कार्यकारी कुन्जियाँ। इसके अतिरिक्त नए कीबोर्ड में दैशिक कुन्जियों (DIRECTIONAL KEYS) को अलग स्थान दिया गया है, जबकि पुराने कीबोर्ड में अनेक कुन्जियाँ बहुउद्देशीय थीं।

कीबोर्ड के चुनाव तथा उपयोग में विशेष ध्यान देने योग्य तथ्य यह है कि XT तथा AT कम्प्यूटरों में कीबोर्डो के संबंधन की अलग-अलग प्रकार से व्यवस्था होती है। अत: दोनों प्रकार के कम्प्यूटरों के लिए अलग-अलग प्रकार के कीबोर्ड होते हैं तथा एक

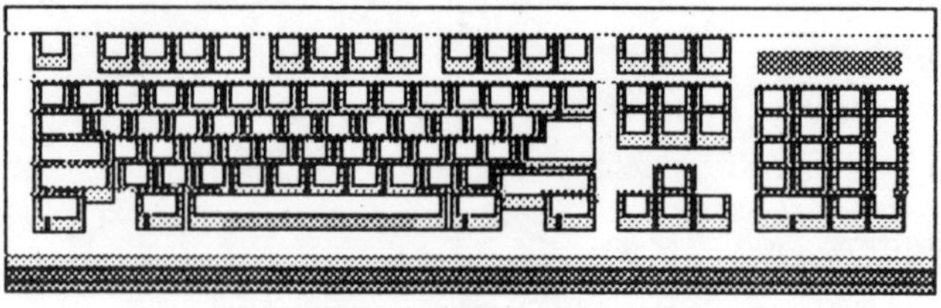

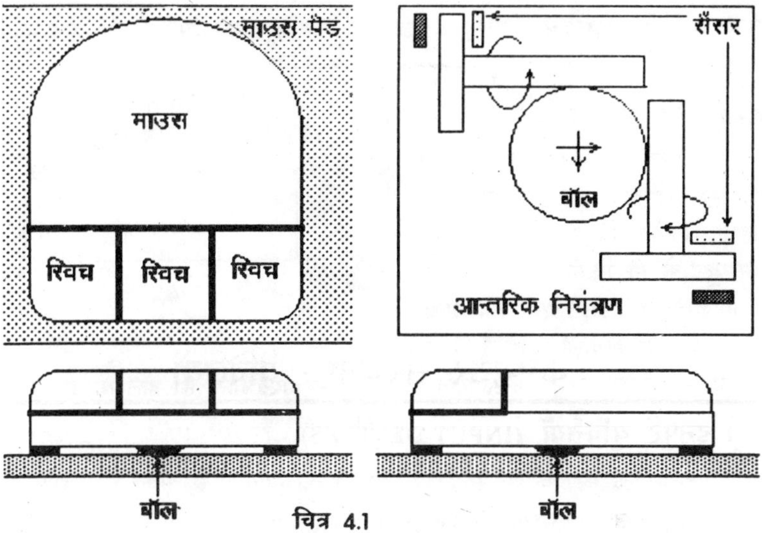


चित्र 4.1

दूसरे में उपयोग नहीं किये जा सकते। यद्यपि कुछ आधुनिक कीबोर्डों में एक चुनावी स्विच प्रदान किया होता है, जो उसे बहुपयोगी बना देता है। इस प्रकार के कीबोर्ड को दोनों प्रकार के कम्प्यूटरों में उपयुक्त किया जा सकता है।

### 4.1.2 माउस (MOUSE)

माउस एक हस्त्य युक्ति होता है जो एक सपाट तल पर हाथ से इधर-उधर खिसकाया जाता है। खिसकाने की प्रक्रिया में माउस के अन्दर पड़ी गेंद इधर-उधर घूमती है जो दॉये-बॉये अथवा इसकी लम्बित दिशा में खिसकने से दो अलग-अलग चक्रों को घुमाती हैं जैसा कि चित्र 4.1 में दर्शाया गया है। इन चक्रों के घूमने से इनके निकटस्थ सैंसरों में पल्स उत्पादित होती हैं जो मॉनीटर पर करसर को दॉये-बॉये अथवा ऊपर-नीचे खिसकाती हैं। माउस को सी.पी.यू. बॉक्स के पिछले भाग में लगे एक सीरियल पोर्ट कनेक्टर से जोड़ा जाता है।

माउस में तीन बटन होते हैं, जिन्हें दबाने से विभिन्न प्रभाव उत्पन्न होते हैं। ये प्रभाव माउस के प्रोग्राम पर निर्भर करते हैं। माउस का मूल कार्य विभिन्न उपलब्ध विकल्पों में से एक का चुनाव करना होता है। इस चुनाव के आधार पर ही कम्प्यूटर द्वारा विभिन्न वैकल्पिक आदेशों में से एक का चुनाव किया जाता है। माउस को विशेष प्रोग्रामों में ही इसके प्रावधान किए जाने के बाद ही उपयुक्त किया जा सकता है।

### 4.1.3 जॉयस्टिक (JOYSTICK)

माउस की तरह जॉयस्टिक का उपयोग भी मॉनीटर पर करसर को बॉए, दॉए, ऊपर तथा नीचे की ओर ले जाने के लिए किया जाता है। इसका उपयोग खेलों में ही

किया जाता है। व्यवसायिक कम्प्यूटर प्रोग्रामों में जॉयस्टिक का उपयोग नहीं किया जाता है।

### 4.1.4 ट्रैक बॉल (TRACK BALL)

यह माउस का ही संक्षिप्त स्वरूप है। इसे लैपटॉप कम्प्यूटरों के साथ बहुधा उपयोग किया जाता है। इसे कम्प्यूटर में ही किसी स्थान पर लगा दिया जाता है। इसमें एक गेंद आधी ऊपर की ओर निकली रहती है, जिसे उँगली से घुमाकर करसर को वांछित स्थिति पर पहुँचाया जाता है। बॉल के पास ही दो या तीन बटन होते हैं जो संकेत देने का कार्य करते हैं। इस युक्ति को चित्र 4.2 में दर्शाया गया है।

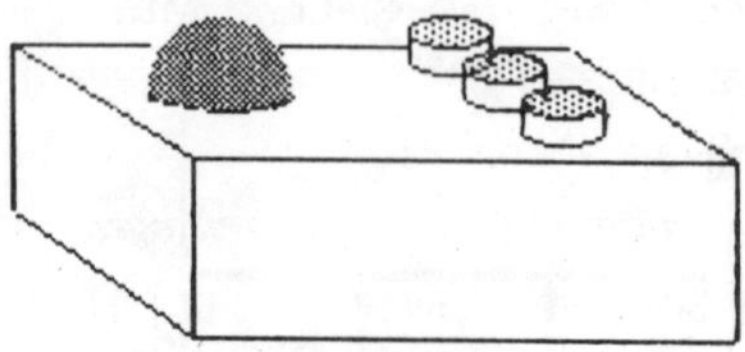

चित्र 4.2

## 4.2 आउटपुट युक्तियाँ (OUTPUT DEVICES)

कम्प्यूटर की आउटपुट को मॉनीटर पर देखा जा सकता अथवा मुद्रक PRINTER द्वारा मुद्रित किया जा सकता है। इनमें से मॉनीटर कम्प्यूटर का अनिवार्य अंग है तथा प्रिंटर ऐच्छिक।

### 4.2.1 मॉनीटर (MONITOR)

मॉनीटर को दृष्ट्य अभ्याक्ष इकाई (VIDEO DISPLAY UNIT -VDU) भी कहा जाता है। इसे कम्प्यूटर के मदरबोर्ड से एक एडेप्टर कार्ड के माध्यम से जोड़ा जाता है। यह एडेप्टर कार्ड कम्प्यूटर आउटपुट को मॉनीटर पर प्रस्तुति के अनुकूल बनाता है। अतः

यह वीडियो एडेप्टर कार्ड (VIDEO ADAPTER CARD) कहलाता है। इस एडेप्टर कार्ड तथा मॉनीटर का परस्पर कम्पैटिबिल/संगतेय C0MPATIBLE होना आवश्यक है। मॉनीटर एकरंगी (MONOCHROME) अथवा बहुरंगी (COLOURED) हो सकता है। इसके अतिरिक्त मॉनीटर पर अंकित बिन्दुओं के रिजोल्यूशन/संघटन (RESOLUTION) में भी अन्तर होता है।

मॉनीटर के अग्र भाग पर सामान्यत: तीन नॉब लगी होती हैं जो चालू अथवा बन्द, तेज अथवा मन्द, कण्ट्रास्ट/प्रकाश विभेद (CONTRAST) संयमन के लिए होती हैं। इनके अतिरिक्त मॉनीटर के पिछले भाग में भी कुछ संयमन स्विच हो सकते है, इनमें से प्रमुख डिस्प्ले रिवर्सल (DISPLAY REVERSAL) संयमन का होता है। इससे डिस्प्ले काले में सफेद अथवा सफेद में काला किया जा सकता है। मॉनीटर में दो प्रकार के कनेक्शन देना आवश्यक होता है। एक वीडियो एडेप्टर कार्ड (VIDEO ADAPTER CARD) से कम्प्यूटर के संकेतों के लिए तथा दूसरा मॉनीटर को 220 वोल्ट पर शक्ति प्रदाय के लिए। डिस्प्ले के लिए पहले पावर कनेक्शन देना आवश्यक होता है। पावर कनेक्शन प्राय: कम्प्यूटर की विद्युत प्रदाय इकाई में स्थित सॉकिट से दिया जाता है। इससे मॉनीटर का संयमन भी कम्प्यूटर के मुख्य स्विच से ही हो जाता है।

एकरंगी या मोनोक्रोम मॉनीटर मूल्य में सबसे सस्ते हैं, किन्तु इनसे सभी प्रकार के कार्य कर पाना संभव नहीं होता। अनेक नए मानक प्रोग्राम मोनोक्रॉम मॉनीटर वाले कम्प्यूटरों पर नहीं चल पाते। आई.बी.एम द्वारा स्थापित मानक एम.डी.ए./मोनोक्रॉम डिस्प्ले एडेप्टर (MONOCHROME DISPLAY ADAPTER) सबसे सस्ते हैं। इनसे चित्रों के डिस्प्ले में अस्पष्टता रहती है किन्तु आलेख का डिस्प्ले संतोषजनक हो जाता है।

सामान्य उपयोग का दूसरा एडेप्टर कार्ड (ADAPTER CARD) कलर ग्राफिक्स एडेप्टर है जो दो विधाओं में कार्य करता है। एक विधा में यह एक पंक्ति में अस्सी बिन्दु एवं पच्चीस पंक्तियों -80/25- का रेजोल्यूशन प्रदान करता है तथा दूसरी में 40/25 का रेजोल्यूशन देता है। इसमें ग्राफिक्स की प्रस्तुति संतोषजनक नहीं होती है। तीसरा एडेप्टर EGA( ENHANCED GRAPHIC ADAPTER) कहलाता है, जो MDA तथा CGA से अच्छी रेजोल्यूशन क्षमता रखता है किन्तु अब लुप्त हो चुका है।

वर्तमान में वी.जी.ए./वीडियो ग्राफिक्स ऐरे (VGA/VIDEO GARAPHICS ARRAY) तथा एस.वी.जी.ए./सुपर वीडियो ग्राफिक्स ऐरे (SUPER VIDEO GRAPHICS ARRAY) अधिक लोकप्रिय हैं। इनके माध्यम से सभी प्रकार के कार्य किए जा सकते हैं तथा इनका डिस्प्ले दृष्टिप्रिय होता है। ये एकरंगी तथा बहुरंगी दोनों प्रकार के मॉनीटरों में उपयोग किए जा सकते हैं। किन्तु CGA अथवा MDA द्वारा प्रयुक्त मॉनीटर VGA तथा SVGA में प्रयुक्त नहीं किए जा सकते।

### 4.2.2 मुद्रक ( PRINTER )

प्रिण्टर की सहायता से कम्प्यूटर के आउटपुट को कागज पर प्रिंट किया जा सकता है। प्रिण्टर का संबंध कम्प्यूटर के सी.पी.यू. के पश्च भाग में स्थित एक पैरलल

पोर्ट कनेक्टर से किया जाता है। प्रिण्टरों की विविधता इतनी अधिक है कि उनके बारे में विस्तार से लिखना यहाँ संभव नहीं है। यहाँ केवल कुछ प्रचलित वर्गों के बारे में संक्षेप में लिखा जा सकता है।

सामान्यतः प्रिण्टर दो प्रकार के होते हैं - एक डॉट मैट्रिक्स प्रिंटर (DOT MATRIX PRINTER) तथा दूसरे, लेजर प्रिंटर (LASER PRINTER)। दोनों प्रकार के प्रिण्टरों में छापने की गुणता इस तथ्य पर निर्भर करती है कि प्रिण्टर 1 इंच की लम्बाई में कितने बिन्दु मुद्रित करता है। इसे प्रिण्टर का रिजोल्यूशन कहा जाता है।

डॉट मैट्रिक्स प्रिंटरों में मुद्रण क्रिया प्रिण्टिंग हैड द्वारा की जाती है। इस हैड में मुद्रण बिन्दुओं के लिये एक खड़ी पंक्ति में नौ पिन या चौबीस पिन होते हैं। ये प्रिंटर कागज पर एक-एक बिन्दु करके प्रिण्ट करते हैं। नौ पिन वाले प्रिण्टर एक खड़ी पंक्ति में नौ बिन्दु तथा चौबीस पिन वाले प्रिण्टर एक खड़ी पंक्ति में चौबीस बिन्दु अंकित करते हैं। किस बिन्दु को अंकित करना है तथा किसे नहीं, यह कम्प्यूटर द्वारा मुद्रित किये जाने वाले चित्र के अनुसार निर्धारित होता है।

लेजर प्रिण्टर कम्प्यूटर के निर्देश के अनुसार एक पटल पर चित्रांकन करता है, जिसे यथावत् कागज पर अंकित कर दिया जाता है। लेजर प्रिण्टरों की प्रस्तुति सबसे अच्छी होती है।

प्रिण्टर को कम्प्यूटर से जोड़ते समय कम्प्यूटर के प्रोग्रामों में प्रिण्टर के संचालक प्रोग्राम को भी अंकित करना होता है जो प्रिण्टर के साथ एवं स्टैण्डर्ड एप्लीकेशन प्रोग्रामों के साथ उपलब्ध होता है। आदेश पाने पर यह प्रोग्राम प्रिण्टर का संचालन करता है।

कम्प्यूटर के साथ प्रिण्टर का संबंध न होने पर भी किसी अन्य स्थान पर प्रिण्टिंग हेतु कम्प्यूटर PRINT TO FILE आदेश पर मुद्रित मैटर को एक फाइल में संगृहित कर देता है।

## 4.3 संयोजन (ASSEMBLY)

अपने अध्ययन के आधार पर अब हम कम्प्यूटर के मुख्य भागों के बन्द बक्सों से एक कम्प्यूटर तैयार कर सकते हैं। यह भी माना जा सकता है कि कम्प्यूटर आपूर्तिकर्ता ने कम्प्यूटर को अपने पास पूरी तरह परीक्षण करके ही उसकी आपूर्ति की है। कम्प्यूटर हमें छोटी बड़ी चार पेटियों में प्राप्त होता है। इनमें निम्नलिखित भाग होते हैं - -

1. सी.पी.यू. (CENTRAL PROCESSING UNIT)
2. मॉनीटर (MONITOR),
3. कुन्जीपटल (KEYBOARD) तथा
4. मुद्रक (PRINTER)

पॉचवी पेटी में विद्युत प्रदाय के लिए स्थिर वोल्टेज ट्रांस्फॉर्मर (CONSTANT VOLTAGE TRANSFORMER) अथवा अनवरत विद्युत प्रदाय इकाई (UNINTERUPTED POWER SUPPLY - UPS) भी हो सकते हैं।

कम्प्यूटर के भागों को संयोजित कर कम्प्यूटर को चालू करना सरल कार्य है, बस थोड़ी सी सजगता, सामान्य बोध व आत्मविश्वास की आवश्यकता है। यदि इनका अभाव है तो कम्प्यूटर आपूर्तिकर्ता के प्रनिनिधि को बुलाकर उसी से कम्प्यूटर चालू करवाना श्रेयकर होगा।

सबसे पहले सेंट्रल प्रोसेसिंग यूनिट को लीजिए। इसके पिछले भाग मे लगे विभिन्न आकार व प्रकार के संबधकों को देखिए। कम से कम पाँच ऐसे बिन्दु दिखाई देंगे, जिन पर बाहरी तारों के संबंधन की संभावना होगी। इनके स्थान यूनिट बॉक्स के आकार प्रकार के अनुसार अलग अलग हो सकते हैं। लेकिन इनकी पहचान मे कोई कठिनाई नहीं होगी।

### 4.3.1. शक्ति प्रदाय (POWER SUPPLY)

पेटी के एक स्थान पर वायु के आवागमन के लिए वृताकार स्थान में खाँचे कटे होंगे। ये कम्प्यूटर की विद्युत प्रदाय इकाई मे लगें पंखे द्वारा वायु प्रवाह के लिए होते हैं। इससे विद्युत प्रदाय इकाई के स्थान का ज्ञान होता है। इस में बाहर से दो संबंधकों की व्यवस्था होती है। तीन पिनों वाले इन संबंधकों में एक नर पिनों वाला भाग तथा दूसरा मादा पिनों वाला भाग होता है।

नर भाग बाहर से विद्युत प्रदाय के लिए होता है, जिसका संबंध सीधे विद्युत पटल से अथवा सी.वी.टी./यू.पी.एस के माध्यम से किया जाता है। इसके लिए एक विशेष केबिल उपलब्ध होती है, इसकी पहचान करके कनेक्शन कर देते हैं। अभी विद्युत प्रदाय चालू नहीं की जाती।

### 4.3.2 मॉनीटर (MONITOR)

विद्युत प्रदाय इकाई में मादा सॉकिट मॉनीटर को विद्युत प्रदाय के लिए होता है। मॉनीटर में दो केबिल लगे होते हैं, जिनमें एक के एक सिरे पर तीन पिन का प्लग लगा होता है। इस केबिल को विद्युत प्रदाय इकाई के मादा सॉकिट में लगा देते हैं।

मॉनीटर का दूसरा केबिल मॉनीटर के संकेतों के लिए होता है। उसमें 9 या 15 पिन होती हैं। आप जानते ही है कि मॉनीटर मदरबोर्ड से संबंधित एक पैरलल पोर्ट से संबंधित होता है तथा सभी पैरलल पोर्ट मादा ही होते हैं। अतः सेंट्रल प्रोसेसिंग यूनिट के पिछले भाग में 9/15 छिद्रोंवाला एक पैरलल पोर्ट खोजकर मॉनीटर की केबिल को उसमें कस देते हैं।

### 4.3.3 कुन्जीपटल (KEYBORAD)

कीबोर्ड में केवल एक ही केबिल होती है। इसके सिरे पर एक पाँच पिनों वाला गोल मुँह का प्लग लगा होता है। उधर मदरबोर्ड पर इसका जोड़ीदार गोल सॉकिट होता है। बस दोनों का मिलान करके कनेक्शन कर देते हैं। अब ध्यान दीजिए कि आपका कम्प्यूटर सिस्टम एक्स.टी. है या ए.टी.। कीबोर्ड के नीचे खोजने से आपको एक स्विच दिखाई दे सकता है जिसके एक ओर एक्स.टी. तथा दूसरी ओर ए.टी. लिखा होगा। स्विच

को अपने कम्प्यूटर के अनुसार समायोजित कर दीजिए। यदि कीबोर्ड पर कोई स्विच नहीं है तो इसका अर्थ यह है कि कीबोर्ड में दोनों प्रकार के कम्प्यूटरों पर कार्य करने का प्रावधान नहीं है और आपका कीबोर्ड आपके कम्प्यूटर के ही अनुकूल होगा।

प्रिंटर का संबंध बनाए बिना ही कम्प्यूटर सिस्टम का परीक्षण किया जा सकता है। विद्युत प्रदाय चालू कीजिए तथा की बोर्ड पर दृष्टि रखिए। कीबोर्ड के दॉए ऊपर के भाग पर तीन इंगित्र ज्योतियॉ लगी होती हैं। यदि आप कीबोर्ड की तीनों ज्योतियों को एक क्षण के लिये एक साथ जलता देखें तथा उसके तुरंत बाद तीनों ज्योतियॉ बन्द हो जाएँ तो समझ लीजिये कि आपका कम्प्यूटर सिस्टम तैयार है।

सेंट्रल प्रोससिंग यूनिट में लगी विद्युत प्रदाय इकाई के सामने बने वृत्ताकार खॉचों के आगे हाथ रखकर देखिए। इकाई में लगा पंखा बाहर की ओर वायु प्रवाहित कर रहा होगा। मॉनीटर के अग्र भाग मे लगे ऑन व आफॅ स्विच को चालू कीजिए, इसमें एक छोटी ज्योति जलने लगेगी। मॉनीटर परदे पर भी आपको कुछ दृश्य दिखाइ दे सकते हैं। एक बीप ध्वनि होगी और मॉनीटर परदे पर आपको अपने कम्प्यूटर सिस्टम की विशिष्टियॉ दृष्टिगत होंगी।

### 4.3.4 मुद्रक (PRINTER)

प्रिण्टर का संबंधन करने से पूर्व उसकी विवरणिका का अध्ययन कीजिए तथा उसी के अनुसार उसे संबंधित कीजिए। सामान्यत: प्रिण्टर पच्चीस पिन के डी प्रकार के संबंधकों से जुडते हैं। इन्हें पैरलल पोर्ट से ही संबंधन देने की आवश्यकता होती हैं। प्रिण्टर की भी दो केबिल होती हैं। एक शक्ति प्रदाय के लिए जिसे सीधे शक्ति पटल अथवा सी.वी.टी. या यू. पी.एस के बाह्यगत बिन्दु से जोड़ा जाता है। दूसरी संकेत केबिल है, जिसके माध्यम से प्रिण्टर को सेंट्रल प्रोसेसिंग यूनिट से पैरलल पोर्ट द्वारा जोड़ा जाता है। प्रिण्टर के पूर्ण रूप से स्थापन के लिए सॉफ्टवेयर की भी आवश्यकता होती है, जो प्राय: प्रिण्टर के साथ ही एक फ्लॉपी डिस्क पर आता है। इसकी विवरणिका में आवश्यक निर्देश दिए होते हैं।

## प्रश्नोत्तरी :

**प्रश्न :- कम्प्यूटर कुन्जीपटल संरचना पर संक्षिप्त टिप्पणी लिखिये?**

कम्प्यूटर कुन्ज़ीपटल ऑन व ऑफ स्विचों की सीधी तथा आढ़ी पंक्तियों में व्यवस्थित संरचना है जिनमें से प्रत्येक स्विच एक सीधी तथा एक आढ़े धारा पथ के मध्य सम्बन्धित होता है जैसा कि 16 कुंजियों की व्यवस्था को चित्र 4.3 में दर्शाया गया है।

धारा पथ क, ख, ग तथा घ पर एक एक वोल्टेज पल्स क्रमश: प्रवाहित की जाती है जैसा कि नीचे के चित्र में दर्शाया गया है। धारापथ 1 से 4 पर उपलब्ध संकेतों को पढ़ा जाता है। जब कोई कुन्जी न दबी हो तब 1 से 4 पर कोई संकेत प्राप्त नहीं होता

है। किसी भी एक कुन्जी के दबे होने पर उससे सम्बंधित धारा पथ पर क-ख-ग-घ की पल्स उपलब्ध हो जाती है।

प्रत्येक धारा पथ पर 4 कुन्जियॉ उपलब्ध हैं तथा पल्स की उपस्थिति किसी भी कुन्जी के कारण हो सकती है। पल्स किस कुन्जी के दबने से उपलब्ध हुई है इसका निर्णय उपलब्ध पल्स के काल से किया जाता है। इस प्रकार साधारण स्विचों के उपयोग से प्रत्येक कुन्जी को उसकी स्थिति के अनुसार एक विशेष अवस्था उपलब्ध हो जाती है।

उपरोक्त वर्णन में कुन्जीपटल की सरलतम् व्यवस्था एवं इसकी कार्य पद्यति को स्पष्ट किया गया है। आधुनिक कुन्जीपटलों में यद्यपि कार्य प्रणाली यही रहती है तथापि कार्य गति को बढाने हेतु स्विचों की संरचना तथा संकेत प्रणाली को अधिक सक्षम बनाया जाता है। कुन्जीपटल का सम्बन्ध मदर बोर्ड पर स्थित एक सम्बन्धक से किया जाता है।

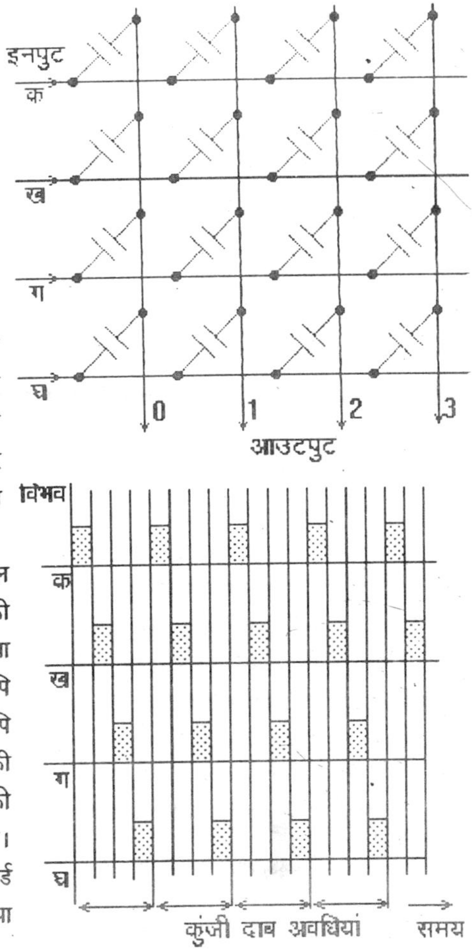


चित्र 4.3

**प्रश्न :- कम्प्यूटर प्रदर्श की कार्य पद्यति को समझाइये ?**

कम्प्यूटर द्वारा किये गये कार्यो को दिखाने हेतु जिस युक्ति का उपयोग किया जाता है उसे अभ्याक्ष/डिस्प्ले अथवा प्रेक्षक/मॉनीटर कहा जाता है। सामान्यतः यह मॉनीटर टी0 वी0 के प्रकार का ही होता है बस इसके संयमन में भिन्नता होती है। इस इकाई को दो सम्बन्ध प्रदान किये जाते हैं। एक इस इकाई को विद्युत शक्ति प्रदान करता है जो सामान्यतः 220 व 230 प्रत्यावर्ती धारा होती है। दूसरे सम्बन्धक पर कम्प्यूटर कार्य से सम्बन्धित डिजिटल संकेत होते हैं। ये संकेत मॉनीटर के प्रकार के अनुसार एक एडेप्टर कार्ड द्वारा व्यवस्थित किये जाते हैं। यह कार्ड मदरबोर्ड के एक खंच

में अवस्थित किया जाता है तथा कम्प्यूटर तन्त्र की संयुज्जी/बस से संकेत प्राप्त करता है।

पूर्व में एकवर्णी/मोनोक्रोम अथवा सी.जी.ए. प्रेक्षकों का उपयोग भी किया जाता था किन्तु अब केवल वीडियो ग्राफिक ऐरे/वी.जी.ए. का प्रचलन है। ये श्वेत व श्याम तथा रंगीन दोनों प्रकारों में उपलब्ध हैं। श्वेत वं श्याम पटल पर श्वेत व श्याम वर्णोके प्रतिशत में अन्तर करके 256 वर्णो की उपलब्धि हो जाती है।

**प्रश्न :- कम्प्यूटर तन्त्र में रिजोयूशन का क्या अर्थ है ?**

कम्प्यूटर तन्त्र में रिजोल्यूशन तन्त्र के मॉनीटर तथा मुद्रक के सन्दर्भ में प्रयुक्त होता है जिसका अर्थ प्रदर्श अथवा कागज पर प्रति इंच लम्बाई में बिन्दुओं की संख्या है। बिन्दुओं की संख्या का प्रदर्श पर उभरने वाले चित्र की स्पष्टता एवं सूक्ष्मता पर प्रभाव पड़ता है। यह बिन्दु संख्या जितनी अधिक होती है चित्र उतना ही अधिक स्पष्ट व सजीव होता है।

कम्प्यूटर तन्त्र के प्रदर्श का रिजोल्यूशन मॉनीटर तथा इसके एडेप्टर कार्ड पर निर्भर करता है।

**प्रश्न :- कम्प्यूटरों मे माउस/मूषक क्या है?**

कम्प्यूटरों में माउस/मूषक एक हथेली में समायी जा सकने वाली एक छोटी सी इनपुट युक्ति होती है जो प्रदर्श पर करसर को इधर उधर ले जाकर उस पर अंकित सूचनाओं के चुनाव करने के काम आता है। ये सूचनाएँ कोई पाठ्य अथवा प्रोग्राम के समादेश हो सकते हैं। माउस को एक समतल पट - माउसपैड- पर इधर-उधर सरकाया जाता है इससे प्रदर्श पर माउस का द्योतक भी उसी के अनुरूप चलन करता है।

माउस के ऊपरि तल पर दो तथवा तीन बटन होते हैं जो इसके अन्तर्निहित स्विचों को संचालित करते हैं। इनमें से बॉयें स्विच का कार्य सुनिश्चित होता है शेष स्विचों के कार्य प्रोग्राम निर्धारित करते हैं। बटन को दबाने से स्विच क्लिक ध्वनि करता है। इसलिये माउस द्वारा बटन दबाकर चुनाव की प्रक्रिया को क्लिकिंग कहा जाता है। माउस एक इलेक्ट्रॉनिक युक्ति है जिसको कम्प्यूटर तन्त्र से एक पोर्ट से सम्बन्धित किय जाता है। यह युक्ति करसर स्थिति को संयमित करती है। इसका विशेष लाभ यह है कि इससे करसर को एक बिन्दु से किसी भी दूसरे बिन्दु पर सहसा ही स्थानान्तरित किया जा सकता है जिससे समादेशों का चुनाव शीघ्रता से किया जा सकता है।

अध्याय

# ५

# कम्प्यूटर सैटअप व बूटिंग - प्रवर्तन

कम्प्यूटर सिस्टम बन्द की अवस्था से कमाण्ड स्वीकार करने की अवस्था तक आने की प्रक्रिया को कम्प्यूटर का प्रवर्तन (BOOTING) कहा जाता है। इस प्रक्रिया में कम्प्यूटर अनेक कियाएँ व उपकियाएँ करता है। इनमें सर्वप्रथम तथा सर्वप्रमुख कम्प्यूटर का स्वपरीक्षण (SELF TEST) है। इस किया में कम्प्यूटर के प्रत्येक अवयव व उपतंत्र का परीक्षण होता है तथा कोई दोष पाए जाने पर उसकी सूचना दी जाती है। इस अध्याय में उन सभी कियाओं की चर्चा की जायेगी जिन्हें कम्प्यूटर प्रॉम्प्ट/उद्योत होने तक करता है।

## 5.1 बायोस/बेसिक इनपुट आउटपुट सिस्टम

जैसे ही आप अपने कम्प्यूटर की विद्युत प्रदाय चालू करते हैं, सर्वप्रथम बायोस यूनिट अपना कार्य आरंभ करती है। यह एक रीड ऑन्ली मैमोरी/रोम होती है, जिसमें स्थायी रूप से एक प्रोग्राम अंकित होता है। यह प्रोग्राम तीन प्रारंभिक कार्य करता है -

***1. पावर ऑन सेल्फ टेस्ट/पोस्ट***

इस किया में बायोस यूनिट कम्प्यूटर के सभी अवयवों को परीक्षित करता है, यदि कोई दोषपूर्ण है तो यह उसकी सूचना मॉनीटर पर प्रदर्शित करता है। इस दोष के निवारण के बाद ही बायोस आगे का कार्य करता है। यदि सब कुशल है तो बायोस सेल्फ टेस्ट के आधार पर कम्प्यूटर के अवयवों की विशिष्टियाँ परदे पर अंकित कर देता है।

***2. इनपुट व आउटपुट युक्ति संयमन***

यह बायोस का मुख्य कार्य है तथा परदे के पीछे होता है।

***3. कम्प्यूटर परिचारण प्रणाली आरंभ***

कम्प्यूटर का वास्तविक परिचालन डिस्क ऑपरेटिंग सिस्टम के उपयोग के आरंभ से होता है। यह एक सॉफ्टवेयर होता है जो कम्प्यूटर में हार्ड डिस्क होने पर उस पर अथवा ए: फ्लॉपी डिस्क पर होता है। वर्तमान में दो ऑपरेटिंग सिस्टम अधिक प्रचलित

हैं, जिनमें से अत्यधिक लोग MS-DOS ( MICROSOFT- DISK OPERATING SYSTEM) का उपयोग करते हैं तथा कुछ अधिक प्रगतिशील यूनिक्स (UNIX) का। इस पुस्तक में डौस को आधार माना गया है।

बायोस सेल्फ टेस्ट के बाद A:, C: डिस्कों में डिस्क ऑपरेटिंग सिस्टम/डौस को खोजने का कार्य करता है। यदि उसे यह मिल जाता है तो उसका उपयोग आरंभ हो जाता है और कम्प्यूटर उपयुक्त डिस्क का नाम मॉनीटर पर दर्शाने के बाद कमाण्ड की प्रतीक्षा करता है। इस स्थिति को डॉस प्रॉम्प्ट (DOS PROMPT) कहते हैं जब मॉनीटर पर अंतिम पंक्ति में लिखा होता है-

**C:>\ अथवा A:>**

जहाँ A: तथा C: डिस्कों के नाम हैं।

## 5.2 सैटअप/स्थापन व्यवस्था (SETUP)

इस प्रक्रिया का संबंध कम्प्यूटर सिस्टम की व्यवस्था से है और यह बायोस का एक महत्वपूर्ण अंग है। यह कम्प्यूटर सिस्टम में अंतर्निहित एक सबसिस्टम है, जिसमें आप जब चाहें, प्रवेश कर सकते हैं। इसमें प्रवेश के दो मार्ग हैं -

1. कम्प्यूटर को चालू करने की प्रारंभिक अवस्था में सेल्फ टेस्ट के समय आप मॉनीटर परदे पर कुछ समय के लिए यह लिखा देखते हैं :

TO ENTER SETUP PRESS <DEL>

यदि उन कुछ क्षणों मे आप अपने कीबोर्ड पर DEL (DELETE) कुंजी दबा दें तो कम्प्यूटर सेल्फ टेस्ट का कार्य रोक कर मॉनीटर पर कम्प्यूटर सैटअप का प्रारंभिक द्वार दर्शाएगा। वहीं से आपको आगे के मार्ग निर्देशन भी प्राप्त होंगे।

2. कम्प्यूटर का जब सामान्य कार्य चल रहा हो तब भी सैटअप में प्रवेश संभव है किन्तु यह ऊपर में प्रदत्त मार्ग से ही हाता है। आप किसी भी सामान्य समय में इस मार्ग का उपयोग कर सकते हैं। यदि आप एक साथ <CTRL>,<ALT> & <DEL> कुंजियों को दबा दें तो कम्प्यूटर सब काम छोड़कर आप को प्रवर्तन के प्रथम प्रदर्श पर ले जायेगा जहाँ पर ऊपर का संदेश प्राप्त होने पर डेल कुंजी दबाने से सैटअप के प्रथम द्वार पर जाया जा सकता है।

सैटअप का उपयोग आप अग्रलिखित कार्यों के लिए कर सकते हैं -

क. कम्प्यूटर द्वारा प्रदर्शित दिनांक तथा समय में परिवर्तन,

ख. कम्प्यूटर का फ्लॉपी डिस्कों की विशिष्टियों तथा संबंधन में परिवर्तन,

ग. कम्प्यूटर की हार्ड डिस्क का वियोगन अथवा पुनः संबंधान अथवा विशिष्टियों में परिवर्तन,

घ. कम्प्यूटर की हार्ड डिस्क की विशिष्टियाँ ज्ञात करने,

च. मॉनीटर की विशिष्टियों में परिवर्तन,

छ. कम्प्यूटर की विविध परिचालन विधियों में परिवर्तन,

ज. कम्प्यूटर परिचालन अधिकरण के लिए पासवर्ड व्यवस्था।

### 5.2.1 स्पैसिफिकेशन सैटअप कियाएँ

बायोस में रीड-ऑनली मैमोरी में प्रोग्राम स्थायी रूप से अंकित होते हैं जो सिस्टम परिचालन की मूल आवश्यकताएँ पूरी करते हैं। सैटअप में प्रवेश के बाद जो दृश्य उपस्थित होता है वह लगभग निम्नांकित प्रकार का होता है :-

| BIOS SETUP PROGRAM-AMI BIOS SETUP UTILITIES<br>© 1990 American Megatrends, Inc., All Rights Reserved |
|---|
| STANDARD CMOS SETUP<br>ADVANCED CMOS SETUP<br>AUTOCONFIGURATION WITH BIOS DEFAULTS<br>AUTO CONFIGURATION WITH POWER-ON DEFAULTS<br>CHANGE PASSWORD<br>AUTO DETECT HARD DISK<br>HARD DISK UTILITY<br>WRITE TO CMOS AND EXIT<br>DO NOT WRITE TO CMOS AND EXIT |
| Advanced CMOS Setup for Configuring System Options |
| ESC:Exit ↓→↑← : Select F2/F3 Color F10 : Save and Exit<br>BIOS SETUP OPTIONS |

इनमें से सर्वप्रमुख कार्य STANDARD CMOS SETUP अर्थात प्रथम विकल्प के चुनाव से होता है। अतः दैशिक कुंजियों (DIRECTION KEYS) की सहायता से प्रथम विकल्प को चुनकर <ENTER> से निर्देश प्राप्त होते हैं। इन निर्देशों को पढ़कर एक बार और <ENTER> करने से जो दृश्य उपस्थित होता है उससे निम्नांकित सिस्टम अवयवों को निर्धारित किया जाता है -

क. दिनांक, माह तथा वर्ष,

ख. समय घण्टे, मिनट तथा सेकण्ड,

ग. हार्ड डिस्क - प्रयोगकर्ता 1 से 46 तक की स्टैण्डर्ड डिस्कों में से अपनी स्थापित डिस्क को चुन सकता है। यदि उसकी स्थापित डिस्क उन सभी से भिन्न है तो वह 47 संख्या पर अपनी डिस्क की विशिष्टताएँ अंकित कर सकता है।

घ. यदि डिस्क पर विभाजन (PARTITION) करके इसे दो भागों में बाँटा गया है तो डिस्कें क्रमशः सीः तथा डीः होंगी। अन्यथा डीः के सामने NONE अंकित करना होगा।

च. फ्लॉपी डिस्क ए: तथा बी: - प्रत्येक डिस्क संचाली की विशिष्टियाँ दी गई चार विशिष्टियों - 360 KB,5 1/4" / 1.2MB.5 1/4" / 720 KB,3 1/2" / 1.44MB, 3 1/2" में से एक को अथवा संचाली नहीं है तो NOT INSTALLED को चुनना होता है।

छ. मॉनीटर - मॉनीटर के बारे में भी MONOCHROME/COLOUR 40x25/ VGA/PGA/EGA/SVGA/COLOUR 80x25 /NOT INSTALLED में से एक को चुनना होता है।

ज. कीबोर्ड - इस बारे में INSTALLED / NOT INSTALLED में से एक को चुनना होता है।

सभी चुनाव डायरेक्शन कुंजियों तथा <PAGEUP> तथा <PAGEDOWN> कुंजियों से होते हैं।

### 5.2.2 स्थापन व्यवस्था के त्रुटि संदेश एंव निवारण

जैसा कि पहले कहा जा चुका है कि यदि बायोस सेल्फ टेस्ट में कोई त्रुटि पाता है तो वह आगे का परीक्षण त्यागकर त्रुटि को मॉनीटर पर अंकित करता है।

इन विविध संदेशों के विवरण व निवारण इस प्रकार हैं -

***1. सैल्फ टेस्ट त्रुटि बीप***

सैल्फ टेस्ट या स्वपरीक्षण में त्रुटि पाने पर मॉनीटर के परदे का उपयोग त्रुटि संदेश के लिए किया जाता है। किन्तु यदि मॉनीटर में ही दोष हो तो कोई भी त्रुटि संदेश प्राप्त नहीं हो सकता। इस स्थिति में कम्प्यूटर में अर्तर्निहित स्पीकर से संदेश देने की व्यवस्था है।

सामान्य अवस्था में एक छोटी अवधि की बीप होती है तथा कम्प्यूटर अपना आगे का कार्य करने लगता है। किन्तु यदि मॉनीटर में काई त्रुटि है तो एक लम्बी बीप के बाद दो छोटी छोटी बीपें होती हैं। यदि एक सा अनवरत बीप संकेत मिलता है तो मॉनीटर के संबंध व अवस्था को चैक करने की आवश्यकता होती है।

***2.** CMOS BATTERY HAS FAILED*

कम्प्यूटर समय, दिनांक तथा सैटअप की अन्य सूचनाएँ मदर बोर्ड स्थित बैटरी की शक्ति के कारण सुरक्षित रख पाता है। लम्बी अवधि के उपयोग अथवा किसी संबंधित दोष के कारण बैटरी शक्ति का क्षय हो जाता है। ऐसी स्थिति में बैटरी का विस्थापन ही आवश्यक होता है।

***3.** CMOS CHECKSUM ERROR*

कम्प्यूटर की पूर्व व्यवस्थित युक्तियों में कोई परिवर्तन होने से यह त्रुटि संदेश प्राप्त होता है। बैटरी की शक्ति के कम होने के कारण से भी यह त्रुटि संदेश प्राप्त हो सकता है। बैटरी का प्रतिस्थापन अथवा सैटअप में परिवर्तन ही इसका निराकरण है।

**4.** *DISK BOOT FAILURE, INSERT SYSTEM DISK AND PRESS ENTER*

स्वपरीक्षण के बाद कम्प्यूटर डिस्क ऑपरेटिंग सिस्टम (DOS) की खोज करता है। यदि उसे उपयुक्त सिस्टम नहीं मिलता है तो उपरोक्त संदेश आता है। इसके निवारण के लिए कम्प्यूटर के डिस्क संचाली में बूटेबल सिस्टम डिस्क लगाकर <ENTER> कुंजी दबाने से कम्प्यूटर चालू हो जाएगा। यदि कम्प्यूटर का बूट प्रोग्राम (DOS) C: डिस्क पर अंकित है तो डिस्क के कंट्रोल कार्ड, जो मदर बोर्ड के एक्स्पेंशन स्लॉट मे लगा होता है, अथवा संबंधित केबिल में कहीं दोष होने की संभावना है। इस परिपथ को पूरी तरह चैक किए जाने की आवश्यकता है।

**5.** *DISKETTE DRIVES OR TYPES MISMATCH ERROR - RUN SETUP*

यदि किसी डिस्क की विशिष्टियाँ सैटअप में प्रविष्ट विशिष्टियों से मेल न खाती हों तो यह संदेश प्राप्त होगा। इसका निराकरण सैटअप में प्रवेश विशिष्टियों में परिवर्तन करने से हो सकता है। डिस्क संचाली की केबिल आदि के ढीले होने से भी यह त्रुटि प्रदर्शन हो सकता है।

**6.** *DISPLAY SWITCH IS SET INCORRECTLY*

मदर बोर्ड पर मॉनीटर के एकरंगी अथवा बहुरंगी होने के लिए प्रथक-प्रथक जम्पर व्यवस्था होती हैं। इस संदेश का अर्थ है कि मदर बोर्ड का जम्पर समायोजन तथा सैटअप में इंगित मॉनीटर के प्रकार में विसंगति है। मॉनीटर की सही विशिष्टियों के अनुसार सैटअप में अथवा मदरबोर्ड में परिवर्तन की आवश्यकता है।

**7.** *DISPLAY TYPE HAS CHANGED SINCE LAST BOOT*

मॉनीटर अथवा उसके एडेप्टर कार्ड में परिवर्तन से ऐसा संदेश प्राप्त हो सकता है। एडेप्टर कार्ड अथवा सैटअप में मॉनीटर की वास्तविकता के अनुसार परिवर्तन की आवश्यकता है।

**8.** *ERROR ENCOUNTERED INITIALIZING HARD DRIVE*

यह संदेश हार्ड डिस्क संचाली के परिपथ से संबंधित है। संबंधित केबिलों, एडेप्टर कार्डों, डिस्क विशिष्टयों आदि को चैक करने की आवश्यकता है।

**9.** *ERROR INITILIZING HARD DISK CONTROLLER*

यह भी हार्ड डिस्क संचाली से ही संबंधित है। केबिल अथवा कार्ड के ढीले होने, सैटअप की विशिष्टियों में त्रुटि होने के कारण अथवा हार्ड डिस्क संचाली पर जम्पर समायोजन में त्रुटि होने की संभावना है।

**10.** *FLOPPY DISK CNTRLR. ERROR OR NO CNTRLR. PRESENT*

फ्लॉपी डिस्क संचाली से संबंधात केबिलों, एडेप्टर कार्डो के ढीले होने अथवा सैटअप में निर्धारित तथा वास्तविक विशिष्टियों में विसंगति से यह संदेश मिल सकता है। विभिन्न बिन्दुओं को चैक करने की आवश्यकता है।

*11. KEYBORAD ERROR OR NO KEYBOARD PRESENT*

कीबोर्ड की केबिल के ढीले होने, उसके एक्स.टी. तथा ए.टी. चुनाव में त्रुटि होने अथवा बूटिंग के समय किसी कुंजी के दबे होनें से यह संदेश आ सकता है।

*12. MEMORY ADDRESS ERROR AT.........*

मैमोरी में किसी विशेष बिन्दु के दोषपूर्ण होने से यह संदेश आता है। कम्प्यूटर के मैमोरी मैप/स्मृति मानचित्र की सहायता से दोषी चिप का पता लगाकर उसे विस्थापित करने की आवश्यकता है।

*13. MEMORY PARITY ERROR AT......*

किसी विशेष मैमोरी चिप में दोष होने पर यह संदेश आता है। चिप का विस्थापन ही प्राय: आवश्यक होता है।

*14. MEMORY SIZE HAS CHANGED SINCE LAST BOOT*

कम्प्यूटर की रैम (RAM) में कोई परिवर्तन करने से यह त्रुटि प्रदर्शित होती है। सैटअप रैम की परिवर्तित मात्रा के अंकन की आवश्यकता है।

*15. MEMORY VERIFY ERROR AT......*

मैमोरी चिप के दोषपूर्ण होने की संभावना है। मैमोरी मैप की सहायता से दोषी चिप के विस्थापन की आवश्यकता है।

*16. OFFENDING ADDRESS NOT FOUND*

यह संदेश मैमोरी संबंधी त्रुटि संदेशों के साथ उस समय आता है जब दोषी मैमोरी चिप का पता नहीं मिल पाता है।

*17. OFFENDING SEGMENT*

उपरोक्त की तरह यदि दोषी चिप का पता ज्ञात हो जाता है तो यह संदेश प्राप्त होता है।

*18. PRESS A KEY TO REBOOT*

यदि बूटिंग दोष अस्थायी है तो यह संदेश आता है। कीबोर्ड पर किसी भी कुंजी को दबाने से सिस्टम की रिबूटिंग (REBOOTING) आरंभ हो जाती है।

*19. PRESS F1 TO DISABLE NMI, F2 TO REBOOT*

यदि बूटिंग मे कोई दोष ऐसा परिलक्षित होता है जिसके रहते हुए भी कम्प्यूटर कार्य कर सकता है, तो यह संदेश आता है। <F1> कुंजी दबाने से दोषपूर्ण अवस्था छिपा दी जाती है तथा सिस्टम सामान्य कार्य करता है। <F2> कुंजी से दोषपूर्ण अवस्था को छिपाए बिना ही रिबूटिग की जा सकती है।

*20. RAM PARITY ERROR - CHECKING FOR SEGMENT.....*

कम्प्यूटर की रैम में दोषपूर्ण स्थिति है।

*21. SYSTEM HALTED.(CTRL - ALT - DEL) TO REBOOT*

यह संदेश इंगित करता है कि सिस्टम किसी अज्ञात कारण से बूट नहीं हो सका है। पुनः प्रयास के लिए इंगित कुंजियों को एक साथ दबाइए।

## 5.3 कम्प्यूटर रिबूटिंग/पुन:प्रवर्तन

कम्प्यूटर में कभी कभी दोषपूर्ण स्थिति के निवारण अथवा अध्ययन के लिए कम्प्यूटर के बार-बार पुनः प्रवर्तन की आवश्यकता हो जाती है। इसके तीन उपाय हैं।

### 5.3.1 मुख्य स्विच द्वारा ( BY MAIN SWITCH )

कम्प्यूटर के सी.पी.यू. के बक्से पर लगे मुख्य स्विच को बन्द करके इसे पुनः चालू किया जा सकता है। इसमें सदैव ध्यान रखिए कि अपने विद्युत प्रदाय पटल पर लगे साधारण स्विच से कम्प्यूटर को कभी भी बन्द या चालू नहीं करना चाहिए। इस कार्य के लिए कम्प्यूटर के स्विच का ही उपयोग किया जाना चाहिए। कम्प्यूटर का स्विच विशेष तीव्र गति से बन्द या चालू होता है। जिससे स्विच में स्पार्क की संभावना कम हो जाती है। कम्प्यूटर परिपथ में स्पार्क कम्प्यूटर अवयवों के लिए घातक हो सकते हैं। किन्तु मुख्य स्विच का बार-बार उपयोग करना अवांछित है। अतः कार्य आरंभ करते समय ही इसके उपयोग की सलाह दी जाती है।

### 5.3.2 रिसैट बटन द्वारा (BY RESET BUTTON)

कम्प्यूटर के मुख्य स्विच के पास ही दो छोटे बटन होते हैं, इनमें से एक पर RESET अंकित होता है। इस बटन को दबाकर छोड़ देने से कम्प्यूटर बन्द होकर पुनः चालू हो जाता है। मुख्य स्विच के स्थान पर इस बटन का उपयोग अधिक सुविधाजनक व तर्कसंगत है। किन्तु यह भी एक यांत्रिक स्विच है और इसे बार-बार उपयोग करने से इसके खराब होने का भय रहता है। इसे WARM RESET /सक्रिय रिसेट कहा जाता है।

### 5.3.3 कुन्जीपटल द्वारा (BY KEYBORAD)

कम्प्यूटर को बन्द करके पुनः चालू करने की सबसे अच्छी विधि कीबोर्ड के उपयोग से है। कीबोर्ड की कुन्जियों <CTRL> + <ALT> + <DEL> को एक साथ दबाकर छोड़ने से कम्प्यूटर परिचालन बन्द होकर पुनः चालू हो जाएगा। ये कुन्जियाँ कम्प्यूटर पर रिसेट जैसी प्रक्रिया ही करती है। इसे WARM REBOOT /सक्रिय पुनः प्रवर्तन कहा जाता है।

## प्रश्नोत्तरी :

**प्रश्न :- कम्प्यूटर के पुनः प्रवर्तन/रिबूट की आवश्यकता क्यों होती है तथा इसकी क्या विधि है ?**

कम्प्यूटर पर कार्य करते समय किसी संचिका में खराबी के कारण कम्प्यूटर असमंजस की अवस्था में पहुँचकर रूक जाता है। ऐसी अवस्था में कम्प्यूटर के

पुनःप्रवर्तन की आवश्यकता होती है। किसी समय सैटप में परिविर्तन की आदश्यकता के लिये भी कम्प्यूटर के पुनःप्रवर्तन की आवश्यकता होती है। कुछ दुष्कूट/वायरस भी कम्प्यूटर के परिचालन में बाधा डाल देते हैं। इस स्थिति में भी कम्प्यूटर के पुनःप्रवर्तन का आवश्यकता होती है।

कम्प्यूटर को पुनःप्रवर्तित करने के लिये तीन विधियॉ हैं -

1. विद्युत शक्ति पुनःप्रवर्तन -

इस विधि में कम्प्यूटर के मुख्य स्विच को बन्द करके पुनः चालू कर दिया जाता है। इससे कम्प्यूटर पूरी तरह बन्द होकर पुनः चालू होता है। इस विधि को न्यूनतम अपनाया जाना चाहिये क्योंकि विद्युत शक्ति के बार-बार बन्द या चालू करने से कम्प्यूटर के सूक्ष्म अवयवों पर विद्युत के झटके लगते हैं जिससे उनका जीवन कम होता है तथा वे खराब भी हो सकते हैं।

2. रिसैट पुनःप्रवर्तन

कम्प्यूटर की मुख्य पेटिका पर मुख्य स्विच के निकट ही एक रिसैट नामक बटन होता है। जिसका सम्बन्ध मदरबोर्ड पर दो बिन्दुओं से होता है। इस बटन को एक बार दबाकर छोड़ देने से कम्प्यूटर की मुख्य विद्युत धारा बन्द किये बिना कम्प्यूटर बन्द होकर पुनः प्रवर्तित होने लगता है।

3 सक्रिय पुनःप्रवर्तन

इस विधि में कुन्जी पटल की <alt> + <ctrl> + <del> कुन्जियों को एक साथ दबाकर छोड़ दिया जाता है। इससे कम्प्यूटर बन्द होकर पुनः प्रवर्तित होने लगता है। किन्तु कम्प्यूटर के रूक जाने की अनेक अवस्थाओं में इस विधि को अपनाना सम्भव नहीं होता है।

**प्रश्न :- कम्प्यूटर सैटअप क्या है, समझाइये?**

कम्प्यूटर सैटअप पूरे तन्त्र में उपस्थित हार्डवेयर की यथोचित व्यवस्थाओं को कहते हैं। यह व्यवस्था कम्प्यूटर के मदरबोर्ड पर स्थित एक चिप्पी द्वारा आयोजित की जाती है। इस चिप्पी को बायोस ईप्रोम कहते हैं क्योंकि यह एक रिप्रोग्रोबिल/पुनः प्रतिक्राम्य मात्रपठनीय स्मृति होती है। इसमें माइक्रोप्रोसैसर के इनपुट व आउटपुट अवयवों के परीक्षण का प्रोग्राम अंकित होता है। इसके मुख्यतः तीन कार्य होते हैं।

**क. स्वपरीक्षण/पॉवर-ऑन सैल्फ-टैस्ट/पोस्ट**

यह परीक्षण प्रक्रिया कम्प्यूटर को चालू करते ही प्रारम्भ हो जाती है। इस परीक्षण में मदरबोर्ड के अवयवों स्मृति आदि की परीक्षा की जाती है तथा कोई दोष पाये जाने पर उनकी सूचना प्रदर्श पर अंकित कर दी जाती है। यदि सब ठीक पाया जाता है तो सैटअप के अगले चरण की प्रकिया आरम्भ हो जाती है।

**ख. बेसिक इनपुट व आउट पुट सिस्टम/आधारिक अन्तर्गतन व बहिर्गतन प्रणाली/बायोस**

इस प्रकिया में कम्प्यूटर के अन्तर्गतन अवयवों, जैसे - कुन्जीपटल, फ्लॉपी डिस्क संचाली, स्थिर चकती संचाली तथा बहिर्गतन अवयवों जैसे मॉनीटर/प्रेक्षक की

परीक्षा करके तत्सम्बन्धित सूचनाओं को सुरक्षित रखा जाता है जिससे कि उनका उपयोग कम्प्यूटर परिचालन में होता रहे। इस चरण के सफल होने पर सैटअप परिणामों को प्रेक्षक पर दर्शाकर बूटिंग प्रक्रिया के अगले चरण पर स्वतः ही चला जाता है।

**ग. बूटस्ट्रैप लोडिंग/परिचालन प्रणाली आरंभ**

इस प्रकिया में सैटअप कम्प्यूटर की परिचालन प्रणाली जैसे - एम एस डॉस को चकती संचाली ए: तथा सी: पर खोजता है तथा पाई जाने पर उसे कम्प्यूटर की मुख्य स्मृति में अंकित कर देता है जिस से कम्प्यूटर प्रवर्तित होकर डॉस प्रॉम्प्ट/उद्योत पर पहुँचता है।

इस सैटअप व्यवस्था में संचालक को कुछ सूचनाएँ प्रदान करनी होती हैं जिसके लिये संचालक को सैटअप व्यवस्था के अन्दर प्रवेश करना होता है। कम्प्यूटर जब स्वपरीक्षण में स्मृति का परीक्षण कर रहा होता है तब DEL कुन्जी दबाने से सैटअप का प्रथम प्रदर्श उपस्थित होता है। भिन्न-भिन्न बायोस चिप्पियों की कार्य प्रणाली में थोड़ा अन्तर **होता है** किन्तु मूलतः एक जैसे ही तत्व होते हैं।

**सैटअप** के प्रथम प्रर्दश पर ही दिये गये निर्देशों का अनुपालन करते हुए सैटअप की आन्तरिक व्यवस्थाओं पर पहुँचकर उनमें परिवर्तन किये जाते हैं। संचालक को जिन परिवर्तनों को करने कि अनिवार्यता होती है उनमें चकती संचालियों की विशिष्टियाँ प्रदान करना होता है। फ्लॉपी चकतियों की सूचना परिचालक को निम्नांकित प्रकार के विकल्पों में से एक को चुनकर देनी होती है -

| DRIVE A: | DRIVE B: |
|---|---|
| ☐ NOT INSTALLED | ☐ NOT INSTALLED |
| ▣ 5.25", 360 KB | ▣ 5.25", 360 KB |
| ☐ 5.25", 1.2 MB | ☐ 5.25", 1.2 MB |
| ☐ 3.5", 720 KB | ☐ 3.5", 720 KB |
| ☐ 3.5", 1.44MB | ☐ 3.5", 1.44MB |
| ☐ 3.5", 2.88 MB | ☐ 3.5", 2.88 MB |

हार्ड डिस्क/स्थिर चकती संचाली के बारे में सूचनाएँ या तो परिचालक स्वयं दे सकता है अथवा सैटअप समुचित समादेश पर स्वयं ही हार्ड डिस्क संचाली के बारे में सूचनाएँ एकत्रित कर लेता है। इन सूचनाओं में हार्ड डिस्क संचाली के बेलन संख्या, हैड/शीर्ष संख्या, सैक्टर संख्या तथा संचाली की कुल क्षमता प्रमुख हैं।

आन्तरिक सैटअप में अनेक अन्य प्रावधान होते हैं जिनके सुनियोजन से कम्प्यूटर तन्त्र को उपयोक्ता के अधिक अनुकूल बनाया जा सकता है। यदि इनके बारे में कुछ न भी किया जाये तो भी कम्प्यूटर स्वयं अपने विवेक से इन व्यवस्थाओं को नियोजित कर लेता है।

सैटअप को प्रदत्त सूचनाओं को अन्तिम रूप देने के पश्चात् सैटअप में इन सूचनाओं की सुरक्षा हेतु उसे इन्हें सुरक्षित करने का निर्देश दिया जाता है। एक बार

नियोजित करने पर बायोस इन सूचनाओं को सदैव के लिये सुरक्षित कर लेता है। तथा प्रत्येक प्रवर्तन में इनका उपयोग करता है।

कम्प्यूटर तन्त्र की विद्युत प्रदाय बन्द होने पर भी बायोस सैटअप की सूचनाओं को सुरक्षित रखने हेतु कम्प्यूटर के मदरबोर्ड पर स्थित एक बैटरी से विद्युत शक्ति प्राप्त करता रहता है। इसी विद्युत शक्ति से कम्प्यूटर की अन्तर्निहित समय मापन व्यवस्था चालू रहती है। इस व्यवस्था में दिन तथा दिनांक एवं समय का निरन्तर मापन चलता रहता है। इसके लिये भी कम्प्यूटर को एक बार चालू समय तथा दिनॉक की सूचना देनी आवश्यक होती है जिन्हें सैटअप की आन्तरिक व्यवस्था से अथवा डॉस तत्पर पर डॉस के आन्तरिक समादेशों DATE तथा TIME के माध्यम सें दिया जा सकता है।

डॉस तत्पर पर अंकित वर्तमान दिनांक प्रदान करने के दो तरीके हैं – –

1. डॉस तत्पर पर समादेश DATE टंकित करके प्रविष्ट कीजिये। इस पर कम्प्यूटर उसके सैटअप में स्थित वर्तमान दिनांक प्रदान करके नवीन दिनांक प्रदान करने का आग्रह करेगा। नई वर्तमान दिनांक की प्रविष्टि करने पर सैटअप इस नई दिनांक को वर्तमान स्वीकार कर नित्यप्रति आगे बढ़ता रहता है।

2. दूसरी विधि में डॉस तत्पर पर सीधे समादेश दिया जा सकता है DATE-5,31,1999

इसे प्रविष्टि करने से सैटअप प्रदत्त दिनांक को स्वीकार कर लेता है। इसी प्रकार वर्तमान समय की प्रविष्टि उपरोक्त देानों में से किसी भी विधि से की जा सकती है। समय की प्रविष्टि करते समय ध्यातव्य यह है कि समय के साथ पूर्वान्ह AM तथा अपरान्ह में PM अवश्य अंकित कर देना चाहिये अन्यथा समय तथा दिनांक की संगणनाओं में 12 घन्टे का अन्तर हो सकता है।

**प्रश्न :– कम्प्यूटर के मॉनीटर परिपथ में ही कोई दोष हो तो कम्प्यूटर त्रुटि का सन्देश कैसे देता है?**

सामान्यत: कम्प्यूटर परिचालन में त्रुटि के सन्देश मॉनीटर पर अंकित करके देता है। किन्तु जब मॉनीटर में ही दोष हो तो कम्प्यूटर को त्रुटि सन्देश के लिये अन्य मार्ग अपनाना होता है। अत: स्वपरीक्षण में कम्प्यूटर सर्वप्रथम मॉनीटर का परीक्षण करता है। इसके दोषी पाये जाने पर कम्प्यूटर बीप संकेतों से मॉनीटर के दोषी होने की सूचना देता है। मॉनीटर के दोष को कम्प्यूटर एक लम्बी बीप के पश्चात् दो छोटी बीपों से इंगित करके अपना कार्य वहीं रोक देता है।

**प्रश्न :– सीमोस चैकसम एरर सन्देश का क्या अर्थ है?**

कम्प्यूटर की बायोस चिप्पी सीमोस प्रकार की होती है अत: इसे सीमोस भी कहा जाता है। कम्प्यूटर हार्डवेयर की व्यवस्था एवं प्रकार को अंक देकर अंको का कुलयोग सीमोस में अंकित कर दिया जाता है। जब कम्प्यूटर स्वपरीक्षण करता है तो उपस्थित अवयवों के अंकों का पुन: कुलयोग किया जाता है। दोनों कुलयोगों में अन्तर का अर्थ

है कि कम्प्यूटर हार्डवेयर तथा व्यवस्थित हार्डवेयर में अन्तर है। कम्प्यूटर स्वपरीक्षण के समय इस अन्तर को पाकर यह संदेश देता है -

CMOS CHECKSUM ERROR

इस सन्देश के आने पर यह आवश्यक है कि परिचालक सैटप में प्रवेश कर उसकी व्यवस्था को वास्तविक हार्डवेयर के अनुसार नियोजित करे।

**प्रश्न :- कम्प्यूटर प्रवर्तन स्वपरीक्षण प्रकिया को धाराचित्र के माध्यम से दर्शाइये?**

कम्प्यूटर स्वपरीक्षण का धाराचित्र निम्नांकित है -

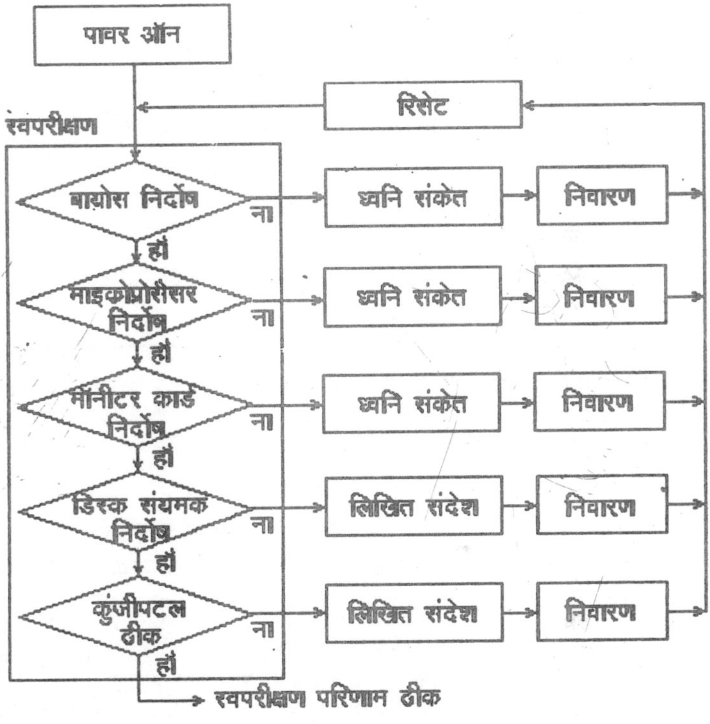


**प्रश्न :- कम्प्यूटर स्वपरीक्षण के पश्चात् की बायोस प्रकिया को धाराचित्र से दर्शाइये?**

प्रवर्तन काल में कम्प्यूटर स्वपरीक्षण के पश्चात् इनपुट एवं आउटपुट उपकरणों का परीक्षण करता है जिसे बायोस/बेसिक इनपुट व आउटपुट सिस्टम कहा जाता है। इस प्रक्रिया को नीचे दर्शाया गया है -

**प्रश्न :- कम्प्यूटर के बूटिंग से क्या तात्पर्य है?**

कम्प्यूटर तन्त्र को विद्युत शक्ति प्रदान करने पर इसके प्रवर्तन को बूटिंग कहा जाता है। यह प्रक्रिया कम्प्यूटर के मदरबोर्ड पर स्थित एक अवयव जिसे बायोस चिप

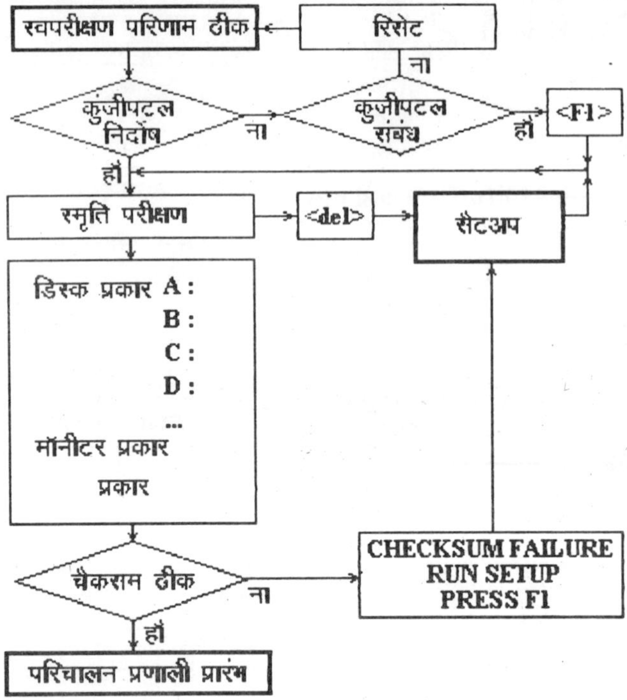


कहा जाता है, द्वारा सम्पन्न की जाती है। बायोस एक मात्र-पठनीय स्मृति/रोम होती है जिसमें कम्प्यूटर प्रवर्तन की प्रक्रिया की सूचनाएँ तथा समादेश संगृहित होते हैं। ये समादेश तन्त्र के प्रत्येक अंग का परीक्षण करते हैं, एवं सब सही पाये जाने पर परिचालन प्रणाली/ऑपरेटिंग सिस्टम को खोजते हैं। तदुपरान्त परिचालन प्रणाली तन्त्र को परिचालक के समादेशों को स्वीकारने हेतु उद्योत करती है। इस स्थिति को उद्योत/प्रॉम्प्ट कहा जाता है। अत: कम्प्यूटर प्रवर्तन हेतु बायोस तथा परिचालन प्रणाली स्वस्थ अवस्था में तन्त्र में यथास्थान उपलब्ध होने चाहिये ।

**प्रश्न :- कम्प्यूटर प्रवर्तन में बायोस के पश्चात् की प्रक्रिया को धाराचित्र से स्पष्ट कीजिये ?**

कम्प्यूटर प्रवर्तन में बायोस के पश्चात् की प्रक्रिया को बूटस्ट्रैप लोडिंग कहा जाता है। इसमें परिचालन प्रणाली को कम्प्यूटर स्मृति में स्थापित कर इसे चालू किया जाता है। इसका धाराचित्र निम्नांकित है -

**प्रश्न :- कम्प्यूटर प्रवर्तन में config. sys संचिका का क्या महत्व है ?**

प्रवर्तन काल में परिचालन तन्त्र के क्रियान्वयन के पश्चात् यदि उसी चकती पर config.sys संचिका भी उपस्थित होती है तो प्रवर्तन क्रिया में इस संचिका को भी

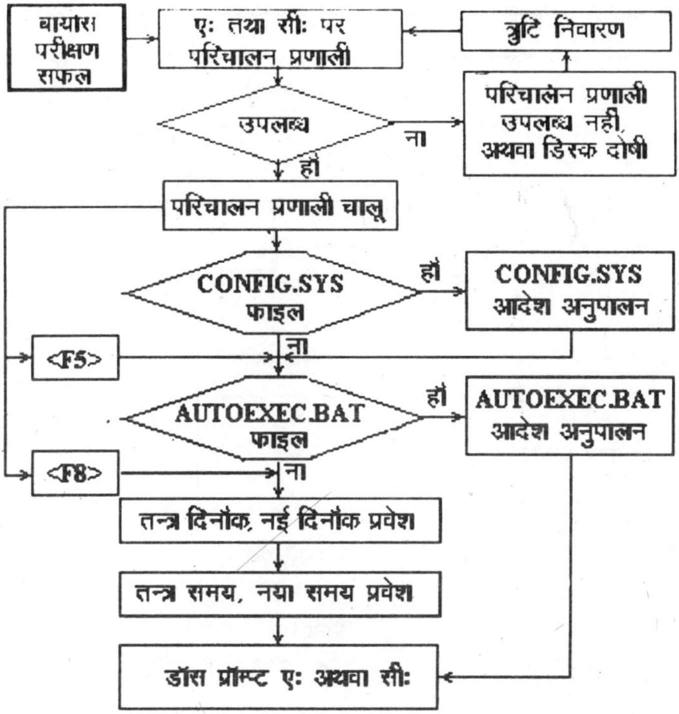


सम्मिलित कर लिया जाता है। यह संचिका डॉस के कम्प्यूटर तन्त्र की व्यवस्था से सम्बन्धित प्रोग्रामों का एक संगृह होती है। इस संचिका के कियान्वयन से वे सभी समादेश क्रियान्वित हो जाते हैं जो इस संचिका में सन्निहित होते हैं तथा जिनके क्रियान्वयन में कोई बाधा नहीं है। बाधा होने पर उसकी सूचना प्रदर्श पर अंकित करके प्रवर्तन क्रिया अग्रसर हो जाती है।

इस संचिका में एक पक्ति में केवल एक ही समादेश समाहित होना चाहिये। इस संचिका में समाहित किये जाने वाले समादेश मूलत: कम्प्यूटर स्मृति के उपयोग से सम्बन्धित होते हैं। इसके विवेक पूर्ण नियोजन से कम्प्यूटर की कार्यप्रणाली एवं गति पर अनुकूल प्रभाव पड़ता है। इस संचिका को डॉस के EDIT प्रोग्राम से सम्पादित किया जाता है। डॉस का memmaker प्रोग्राम इस संचिका के विवेकपूर्ण सम्पादन का कार्य स्वयमेव कर देता है।

**प्रश्न :– कम्प्यूटर प्रवर्तन में autoexec.bat संचिका का क्या महत्व है ?**

प्रवर्तन काल में परिचालन तन्त्र config.sys के कियान्वयन के पश्चात् यदि चकती पर autoexec.bat संचिका भी उपलब्ध होती है तो इस का क्रियान्वयन भी स्वयमेव हो जाता है। इस संचिका में एक पंक्ति में एक ही समादेश सम्पादित किया

जाता है। इन समादेशों में तन्त्र पर क्रियान्वित हो सकने वाला कोई भी समादेश समाहित किया जा सकता है। किसी समादेश के कियान्वयन में दोष पाये जाने पर उसकी सूचना प्रदर्श पर देकर प्रवर्तन कार्य अग्रसरित हो जाता है। इस संचिका को भी डॉस के edit प्रोग्राम से सम्पादित किया जाता है।

**प्रश्न :- कम्प्यूटर प्रवर्तन काल में विभिन्न बीप संकेतों के अर्थ दीजिये?**

कम्प्यूटर प्रवर्तन काल में यदि तन्त्र में कोई दोष पाया जाता है तो लिखित संकेत के साथ बीप संकेत भी दिये जाते हैं जिनका मानकीकरण कर दिया गया है। प्रायः सभी प्रवर्तन प्रोग्राम इन्हीं का अनुपालन करते हैं। ये संकेत व इनके अर्थ निम्नॉकित सूची के अनुसार होते हैं -

| बीप संकेत | सम्भव दोष |
|---|---|
| कोई बीप नहीं | 1. विद्युत प्रदाय दोषी,<br>2. स्पीकर मदरबोर्ड से सम्बंन्धित नही |
| अनवरत बीप | विद्युत प्रदाय दोषी |
| छोटी-छोटी अनेक बीपें | विद्युत प्रदाय दोषी |
| एक दीर्घ तथा एक लघु बीप | मदरबोर्ड दोषी |
| एक दीर्घ तथा दो लघु बीपें | मॉनीटर एडेप्टर कार्ड दोषी |
| एक लघु बीप | मॉनीटर अथवा इसका सम्बन्धन दोषी |
| एक लघु बीप | डिस्क, सम्बन्धन अथवा संयमक दोषी |

अध्याय

# ६

# आधारिक प्रोग्राम

सॉफ्टवेयर दो प्रकार के होते हैं - प्रथम, सिस्टम सॉफ्टवेयर तथा दूसरे, एप्लीकेशन सॉफ्टवेयर। सिस्टम साफ्टवेयर कम्प्यूटर हार्डवेयर को चलाने का कार्य करते हैं। उपयोगकर्ता द्वारा उनसे कोई व्यावसायिक उपयोग का कार्य नहीं लिया जा सकता, जबकि एप्लीकेशन साफ्टवेयर व्यावसायिक रूप से उपयोगी कार्य करते हैं। किन्तु सिस्टम सॉफ्टवेयर ही एप्लीकेशन सॉफ्टवेयरों को आधार प्रदान करते हैं। अत: कहा जा सकता है कि सिस्टम साफ्टवेयर हार्डवेयर तथा एप्लीकेशन सॉफ्टवेयरों के मध्य की कड़ी का कार्य करते हैं। प्रत्येक एप्लीकेशन सॉफ्टवेयर का एक आधार होता है जो कोई न कोई सिस्टम सॉफ्टवेयर ही होता है। इसलिए सिस्टम सॉफ्टवेयर को एप्लीकेशन सॉफ्टवेयरों का प्लेटफार्म कहा जाता है। डिस्क ऑपरेटिग सिस्टम - डॉस (DISK OPERATING SYSTEM - DOS) एक सिस्टम सॉफ्टवेयर है।

## 6.1 डिस्क ऑपरेटिंग सिस्टम/डॉस (DISK OPERATING SYSTEM - DOS)

वर्तमान में दो डॉस प्रचलित हैं, एक माइक्रोसॉफ्ट डॉस (MS - DOS) तथा दूसरा - यूनिक्स (UNIX)। एम.एस. डॉस बहुत लम्बे समय से प्रचलित है, किन्तु उसकी विशेषताएँ अब यूनिक्स के समक्ष फीकी पड़ती जा रही हैं। यूनिक्स एक डॉस होने के साथ साथ कम्प्यूटर की उच्च स्तरीय भाषा भी है। इसलिए भी इसका महत्व बढ़ रहा है। भारत में अभी यूनिक्स का प्रचलन नहीं है, इसलिए यहाँ हम एम.एस. डॉस का ही अध्ययन करेंगें जिसे सामान्यत: डॉस ही कहा जाता है।

जैसा कि नाम से ही स्पष्ट है, डॉस डिस्क पर वांछित सूचनाओं की खोज करने के लिए डिस्क संचाली की मोटरों तथा हैडों/शीर्षो को आवश्यकतानुसार गति प्रदान करता है। यह इसका प्रारंभिक तथा प्राथमिक कर्तव्य है। इसके लिए सिस्टम फाइलों में अंकित सूचनाओं व समादेशों का उपयोग किया जाता है। एम.एस. डॉस में तीन मुख्य

1- MS-DOS तथा UNIX अलग अलग निर्माताओं के व्यापारिक पूँजीगत नाम है।

फाइलें हैं जो कम्प्यूटर की बूटिंग एवं बाद में परिचालन का कार्य करती हैं। इन्हें सिस्टम फाइल कहा जाता है। ये हैं -

IO.SYS,

MSDOS.SYS तथा

COMMAND.COM ।

इनके अतिरिक्त इसमें सौ के लगभग अन्य फाइलें हैं, जो सिस्टम की सक्षमता सुधारने व अन्य सेवाओं के लिए उपयुक्त की जाती हैं।

### 6.1.1 बूटिंग (BOOTING)

विशेष प्रकार से तैयार एक डिस्क पर तीनों सिस्टम फाइलों से ही कम्प्यूटर को चालू अर्थात बूट किया जाता है। बायोस द्वारा कम्प्यूटर के सेल्फटैस्ट तथा इनपुट एवं आउटपुट व्यवस्थाओं के बाद सिस्टम इसी विशेष डिस्क को खोजता है और न मिलने पर त्रुटि संदेश दे देता है। इसके उपलब्ध होने पर कम्प्यूटर का संयमन इसे सौंप दिया जाता है। इस विशेष डिस्क को बूटेबिल सिस्टम डिस्क (BOOTABLE SYSTEM DISK) कहा जाता है।

कम्प्यूटर ऑपरेटरों को सलाह दी जाती है कि वे अपने सामान्य बूट डिस्क व्यवस्था के अतिरिक्त इस विशेष डिस्क की कम-से-कम दो प्रतियॉं भावी उपयोग के लिए सुरक्षित रखें। इसके निर्माण की प्रक्रिया आगे के विवरण में उपलब्ध होगी।

### 6.1.2 एम.एस. डॉस उपयोग के सामान्य नियम

1. प्रत्येक DOS कमाण्ड में प्रत्येक शब्द के बाद एक रिक्त स्थान छोड़ा जाता है अन्यथा कम्प्यूटर दो शब्दों को एक ही शब्द मानता है।

2. एम.एस. डॉस कमाण्डों में रोमन लिपि के छोटे, बड़े अथवा मिश्रित वर्ण उपयुक्त किए जा सकते हैं। एम.एस. डॉस सभी वर्णों को स्वयं बड़े वर्णों मे परिवर्तित करके कमाण्ड का अनुपालन करता है।

3. कम्प्यूटर किसी भी प्रकार के कार्य में कमाण्डों में वर्तनी की त्रुटियों को असह्य मानता है। अत: प्रत्येक कमाण्ड तथा फाइल की वर्तनी उनके मूल स्वरूप में ही उपयुक्त की जा सकती है। इस संबंध में अत्यधिक सावधान रहने की आवश्यकता है।

4. एम.एस. डॉस का एक सशक्त एवं बहूपयोगी प्रावधान है जिसमें वाइल्ड कैरैक्टरों (WILD CHARACTERS) का उपयोग करते हैं। एम.एस. डॉस कमाण्डों में फाइल नाम मे * तथा ? को WILD CHARATERS के रूप में उपयुक्त किया जा सकता है। * का अर्थ है **कोई भी कैरैक्टर समूह** तथा ? का अर्थ है **कोई भी एक कैरैक्टर**। उदाहरण के लिए, यदि कमाण्ड दी जाए -

c>\dir*.exe

तो EXE एक्स्टेशनों की समस्त फाइलें प्रदर्शित होंगी। अथवा कमाण्ड

**C>\DEL D*.***

D से प्रारंभ होने वाली समम्न फाइलों को मिटा देगा। इसी प्रकार

*.*

का अर्थ सभी फाइलों से है। तथा

**?COPY.PM?**

से अर्थ उन सभी फाइलों से जिनके नामों में 5 कैरेक्टर हैं तथा अंतिम चार कैरेक्टर COPY हैं तथा जिनके एक्स्टेशनों के प्रथम दो कैरेक्टर PM हों।

5. एम.एस. डॉस की अनेक कमाण्ड ऐसी होती हैं जिनमें किसी एक फाइल या फाइल प्रकार समूह को प्रोसेस करने मे दो डिस्कों का उपयोग होना है अथवा दो फाइल नामों का उपयोग होता हैं। COPY, MOVE तथा RENAME इस प्रकार की कमाण्डों में प्रमुख हैं। इस प्रकार की सभी कमाण्डों की संरचना में विभिन्न तत्वों का कम इस प्रकार होता है -

कमाण्डवर्ड सोर्स डेस्टीनेशन

जैसे

```
COPY A:/*.* B:
COPY C:\DOS\C???.* A:\DOS\
MOVE A:\*.EXE C:\DOS\
MOVE C:\DOS*.8 D:\DOS
RENAME C:\COMMAND.COM COM.COM
```

आदि।

इन कमाण्डों के स्वरूप में संशोधन इस बात पर निर्भर करता है कि कमाण्ड देते समय आपका संपर्क किस डायरेक्टरी से है। इसमें ध्यान रखने का बिन्दु यह भी है कि COPY कमाण्ड केवल फाइलों पर ही लागू होती हैं, डायरेक्टरियों पर नहीं।

### 6.1.3 एम.एस. डॉस के आन्तरिक कमाण्ड

एम.एस. डॉस में दो प्रकार की फाइलें होती हैं - सिस्टम फाइलें व अतिरिक्त फाइलें। सिस्टम फाइलें तीन होती हैं जिन्हें बूटेबिल डिस्क पर अंकित किया जाता है। ये है - IO.SYS, MSDOS.SYS, COMMAND.COM

COMMAND.COM फाइल में अनेक कमाण्डों का प्रावधान होता है। इन्हें एम. एस. डॉस की इण्टरनल कमाण्ड कहा जाता है।

## ***PROMPT***

कम्प्यूटर की बूटिंग पूर्ण होने के बाद परदे पर एक संकेत प्राप्त होता है जो इस प्रकार का होता है -

**C> अथवा A>**

इसे डॉस प्रॉम्प्ट कहा जाता है। यह COMMAND .COM फाइल के क्रियान्वयन का प्रभाव है। यह दर्शाता है कि कम्प्यूटर आपकी कमाण्ड के लिए उद्यत है।

डिस्कों के नाम A, B, C आदि होते हैं। जब ये वर्ण डिस्क नाम के लिए उपयुक्त होते हैं, तब इनके आगे एक कोलन चिन्ह (:) अवश्य लगाया जाता है, यथा - A:, B:,

C: आदि। किसी भी समय केवल एक डिस्क ही किन्तु अवश्य सक्रिय रहती है, उसका नाम स्क्रीन पर प्रॉम्प्ट चिन्ह के साथ प्रदर्शित होता है, जैसे-

**C:\>, A:\> अथवा B:\>**

डौस की प्रत्येक कमाण्ड के पूर्ण क्रियान्वयन के बाद जब यह चिन्ह आता है तभी अगली कमाण्ड दी जा सकती है।

डौस प्रॉम्प्ट का मूल स्वरूप

**C:>, A:> या B:>**

होता है। इस स्वरूप में यह संकेत केवल डिस्क का नाम दर्शाता है। किसी डायरेक्टरी में प्रवेश के बाद भी इसमें कोई परिवर्तन नहीं होता, अत: कार्य करने में असुविधा होती है। किसी भी समय PROMPT कमाण्ड से इसका स्वरूप बदला जा सकता है। जैसे

**PROMPT $p$g**

कमाण्ड से इसका स्वरूप निम्न प्रकार का किया जा सकता है -

**C:\>, A:\> अथवा B:\>**

इस स्वरूप में यह डिस्क के नाम के साथ उस डायरेक्टरी का नाम भी दर्शाता है जिसमें प्रवेश किया जा चुका होता है। जैसे -

**C:\>CD ALDUS <ENTER>**

**C:\ALDUS\>**

## *सक्रिय डिस्क परिवर्तन*

जिस डिस्क को कार्य करने के लिए सक्रिय बनाना हो उसका नाम प्रॉम्प्ट चिन्ह के बाद कोलन चिन्ह के आगे अंकित कर दिया जाता है यथा -

**C:\>A: <ENTER>**

यही डिस्क ए से सम्पर्क का समादेश है। इससे प्रॉम्प्ट चिन्ह हो जायेगा

**A:\>**

## *COPY*

किसी फाइल में अंकित सूचनाओं की कॉपी तैयार करने के लिए इस कमाण्ड का उपयोग किया जाता है। फाइल एक डिस्क से दूसरी डिस्क पर कॉपी की जा सकती है। यदि फाइल की कॉपी को कोई नया फाइल नाम नहीं दिया गया है तो सूचनाओं के साथ फाइल का नाम भी यथावत् कॉपी हो जाता है। इस कमाण्ड के दो स्वरूप हैं। मान लीजिए कि आप C:>\ पर हैं। आपको इसी डिस्क की फाइल SONU.JIN को डिस्क A: पर TONU.JIN नामक फाइल कॉपी करना है तो आपकी कमाण्ड होगी -

**C:\>COPY SONU.JIN A:\TONU.JIN <ENTER>**

शब्द COPY, फाइल नाम, तथा नई डिस्क व फाइल नाम के दोनों मध्यांतरों में रिक्त स्थान होना आवश्यक है। इस कमाण्ड से C डिस्क संचाली की SONU.JIN नामक फाइल A: डिस्क पर TONU.JIN नाम से कॉपी हो जाएगी ।

कमाण्ड का दूसरा स्वरूप उस समय उपयोग किया जाएगा जब आप A:\> पर हों तथा उपरोक्त कार्य संपन्न करना हो तो आपकी कमांड होगी -

**A:\>COPY TONU.JIN C:\SONU.JIN <ENTER>**

यह कमाण्ड भी वही कार्य करेगी जो पहली कमाण्ड ने किया था।

यदि SONU.JIN फाइल FAMILY नामक डायरेक्टरी में उपस्थित है तथा इसे **A** डिस्क की CLASS नामक डायरेक्टरी में कॉपी करना हो तो कमाण्ड का निम्नलिखित स्वरूप होगा -

**C:\>COPY C:\FAMILY\SONU.JIN A:\CLASS\TONU.JIN**

## ***MD***

यह MAKE DIRECTORY का संक्षिप्त रूप है। इस कमाण्ड से एक्टिव डिस्क पर एक नई डायरेक्टरी बनाई जाती है। MD शब्द के बाद नई डायरेक्टरी का नाम एक रिक्त स्थान छोड़कर दिया जाता है। जैसे -

**C:\>MD COMPUT**

कमांड से C: डिस्क में COMPUT नामक एक डायरेक्टरी निर्मित होगी।

## ***CD***

यह CHANGE DIRECTORY का संक्षिप्त रूप है। इस कमाण्ड से डिस्क पर उपस्थित डायरेक्टरी से संपर्क होता है। कमाण्ड शब्द के बाद एक रिक्त स्थान छोड़ कर उस डायरेक्टरी का नाम अंकित किया जाता है जिससे संपर्क स्थापित करना हो, जैसे -

**C:\>CD COMPUT**

इस कमांड से कम्प्यूटर का प्रत्युत्तर होगा -

**C:\COMPUT\>**

अर्थात अब आप C डिस्क की COMPUT नामक डायरेक्टरी में है।

## ***CD..***

इस चिन्हात्मक कमाण्ड से डायरेक्टरी से मूल की ओर एक कदम आगे जाया जाता है। जैसे - **C:\COMPUT\>CD..**

कमाण्ड पर कम्प्यूटर का प्रत्युत्तर होगा **C:\>**

## ***DIR***

यह DIRECTORY का संक्षिप्त रूप है। इस कमाण्ड से कम्प्यूटर एक्टिव डिस्क अथवा डायेरेक्टरी में उपस्थित फाइलों तथा डायेरेक्टरियों की सूची दर्शाता है। जैसे -

**C:\>DIR**

कमाण्ड पर कम्प्यूटर C: डिस्क पर उपस्थित फाइलों तथा डायरेक्टरियों की सूची प्रस्तुत करेगा। इस सूची में फाइल का नाम, बाइटों में आकार, तथा उसमें अंतिम परिवर्तन का समय तथा दिनांक भी दर्शाया जाएगा। डायेरेक्टरियों के नाम के आगे

[DIR] अंकित होगा, किन्तु इनके अन्दर की फाइलों के विवरण नहीं होंगे। सूची के अन्त में कुल फाइलों व डायरेक्टरियों की संख्या, उनके द्वारा बाइटों में लिया ग़या स्थान तथा डिस्क पर रिक्त स्थान भी अंकित होता है।

## *DIR/P*

यदि फाइलों की सूची इतनी विशाल हो कि उसको स्क्रीन पर एक साथ दर्शाना संभव न हो तो इस कमाण्ड का उपयोग किया जाता है। इसका अर्थ है प्रति पृष्ठ। इससे प्रथम बार में केवल स्क्रीन पर एक साथ दर्शाई जा सकने वाली सूचना ही प्रदर्शित होती है। इसके बाद किसी भी कुंजी को दबाने से अगली सूचना प्रदर्शित होती है।

## *DIR/W*

इस कमाण्ड से फाइलों के केवल नाम स्क्रीन पर पॉच कॉलमों में प्रदर्शित होते हैं अन्त में फाइलों की संख्या, उनके द्वारा घेरा गया स्थान तथा डिस्क पर रिक्त स्थान दर्शाया जाता है।

## *DIR/P/W तथा DIR/W/P*

इससे DIR/P तथा DIR/W दोनों के प्रभाव संयुक्त रूप से प्रस्तुत होते हैं।

## *TYPE*

इस कमाण्ड से फाइल में अंकित सूचना मॉनीटर की स्क्रीन पर अंकित हो जाती है। TYPE शब्द के बाद फाइल का नाम अंकित किया जाता हैं इस कमाण्ड के परिपालन के लिए फाइल का पूरा पता दिया जाना चाहिए, अथवा संपर्क उसी डिस्क तथा डायेरेक्टरी से होना चाहिए जिसमें फाइल उपस्थित हो।

## *DEL*

यह DELETE का संक्षिप्त रूप है। इससे किसी भी फाइल को डिस्क पर से मिटाया जाता है। DEL शब्द के बाद एक स्पेस छोड़कर फाइल का नाम लिखा जाता है जैसे – **C:\>DEL SONU.JIN**

## *RENAME*

फाइल का नाम बदलने के लिए यह सरल कमाण्ड है। इसे उपयोग करने के लिए फाइल का पुराना नाम तथा नया नाम देने होते हैं, जैसे –

**RENAME SONU.JIN TONU.JIN**

## *सिस्टम समय व दिनांक*

कम्प्यूटर में एक बार समय व दिनांक अंकित करने से वह इसे अपनी रीड ओनली मैमोरी (ROM) में अंकित कर लेता है तथा इसी के अनुसार कम्प्यूटर की घड़ी कार्य करती रहती है। समय व दिनांक का अंकन तथा परिवर्तन SETUP से अथवा TIME तथा DATE कमाण्डों से किया जा सकता है। कम्प्यूटर में उपयुक्त घड़ी तथा ROM कम्प्यूटर के मदरबोर्ड पर लगी बैटरी से संचालित होते हैं। कम्प्यूटर के समय व दिनांक का उपयोग पत्रादि पर अंकन के लिए प्रोग्राम या कमाण्ड द्वारा किया जा सकता है।

### 6.1.4 डौस एक्सटर्नल कमाण्ड एवं उपयोग

सिस्टम फाइलों के अतिरिक्त MS-DOS में बहुत सी अन्य फाइलें होती हैं। इन्हें दो वर्गों में रखा जा सकता है। एक वे जिनके उपनाम BATCH का संक्षिप्त रूप BAT, EXECUTION का संक्षिप्त रूप EXE, अथवा COMMAND का संक्षिप्त रूप COM हों। ये कमाण्ड फाइलें हैं। इनके नाम का उपयोग कमाण्ड देने के लिए किया जाता है। कमाण्ड में उपनाम का अंकन आवश्यक नहीं होता है, मुख्य नाम ही पर्याप्त होता है लेकिन इसकी वर्तनी (SPELLING) में कोई अन्तर नहीं होना चाहिए।

BAT, EXE तथा COM के अतिरिक्त फाइलें कमाण्ड फाइलों के उपयोगार्थ ही होती हैं। कम्प्यूटर ऑपरेटर स्वंय इनका कोई उपयोग नहीं कर सकता है।

BAT, EXE तथा COM फाइल कमाण्डों को DOS की एक्स्टर्नल कमाण्ड कहा जाता है। एक्स्टर्नल कमाण्डों के क्रियान्वयन के लिए तत्पर डिस्क पर संबंधित फाइल की उपस्थिति आवश्यक है। कुछ महत्वपूर्ण एक्स्टर्नल कमाण्ड आगे दी जा रही हैं -

## *हार्ड डिस्क की तैयारी एवं* **FDISK**

कम्प्यूटर परिचालन मे एम.एस. डॉस की आवश्यक्कता स्थायी रूप से होती है। अत: यदि कम्प्यूटर मे हार्ड डिस्क है तो कम्प्यूटर की सर्वप्रथम बूटिंग के बाद एम.एस. डॉस को हार्ड डिस्क पर संस्थापित किया जाता है। इसके लिए पहले हार्ड डिस्क को उपयोगार्थ तैयार किया जाता है। यह एक उच्च तकनीकी कार्य है, जिसे सावधानी से किया जाना चाहिए। हार्ड डिस्क को तैयार करने के लिए पहले डिस्क की फॉर्मेटिंग (FORMATTING) की जाती है।

फ्लॉपी तथा हार्ड, दोनों प्रकार की ही डिस्कें अपने नवीन स्वरूप में कोरी होती हैं। फॉर्मेटिंग प्रक्रिया में इनके चुम्बकीय माध्यम पर सैक्टरों (SECTORS) तथा लीकों/ट्रैकों (TRACKS) का निर्माण किया जाता है।

आगे बढ़ने से पहले सुनिश्चित कीजिए कि आपके पास पूरा इन्स्टालेबिल एम.एस. डॉस प्रोग्राम फ्लॉपी डिस्कों पर उपलब्ध है। संस्करणों (VERSIONS) की विविधता के अनुसार यह तीन से पॉच डिस्कों पर हो सकता है जिनमें से प्रथम डिस्क प्रवर्तन में समर्थ (BOOTABLE) होती है। अत: यदि आपका सिस्टम बिल्कुल नया है तो इसे चालू करने के बाद बायोस प्रक्रिया के बाद जब सिस्टम डिस्क (SYSTEM DISK) की मॉग करे तब कम्प्यूटर के A: फ्लॉपी डिस्क संचाली में एम.एस. डॉस की प्रथम डिस्क लगा दें। आपका सिस्टम आपके अगले समादेश गृहण करने के लिए तत्पर (PROMPT) हो जाएगा। इस प्रथम डिस्क में ही एक फाइल होती है FDISK.COM यही फाइल हार्ड डिस्क को उपयोग के लिए तैयार करती है। अत: जब आप परदे पर अंतिम पंक्ति में A: प्रॉम्प्ट चिन्ह (A:\>) पायें तब उसके आगे समादेश अंकित करें -

**FDISK** तथा <ENTER> कुंजी दबाएँ।

इसके बाद सब कुछ स्वचालित होता रहेगा। आप बस पूछे जाने वाले प्रश्नों के उत्तर सूझबूझ के साथ अंकित करते रहें। जब आपसे प्रश्न पूछा जाए कि क्या डिस्क

को प्रवर्तन में समर्थ या बूटेबिल (BOOTABLE) बनाना है तब आप निश्चित रूप से हॉ (YES) अंकित करें। कुछ ही देर में कम्प्यूटर की हार्ड डिस्क प्रोग्रामों के अंकन के लिए तैयार हो जाएगी।

## एम.एस. डॉस संस्थापन एव SETUP

अब आपका सर्वप्रथम कार्य एम.एस. डॉस को कम्प्यूटर की हार्ड डिस्क पर इंस्टॉल करना है। अतः एम.एस. डॉस की प्रथम डिस्क को A: संचाली में लगे हुए ही कमाण्ड टाइप कीजिए -**A:\>SETUP <ENTER>**

तथा प्रतीक्षा कीजिए और मॉनीटर की स्क्रीन पर दृष्टि रखिए। फिर एक बार आपको अनेक प्रश्नों के उत्तर अपनी सूझबूझ से देने हैं। इंस्टॉलेशन आगे चलता रहेगा। स्क्रीन पर जब भी आपको फ्लॉपी डिस्क बदलने के लिए निर्देश मिले आप डिस्कों को कम से बदलते रहिये। अंतिम डिस्क लगाने के कुछ समय बाद ही आप पाएंगे कि एम. एस. डॉस आपकी हार्ड डिस्क पर अंकित हो गया है। अब आप सुविधापूर्वक बूटेबिल सिस्टम डिस्क (BOOTABLE SYSTEM DISK) तैयार कर सकते हैं तथा एम.एस. डॉस से हो सकने वाले अन्य कार्य कर सकते हैं।

## MSD

यह MICROSOFT DIGNOSTIC का संक्षिप्त रूप हैं। इस कमाण्ड से कम्प्यूटर सिस्टम में स्थापित अवयवों का विवरण प्राप्त होता है। इससे प्रत्येक इकाई के विवरणों को परीक्षित भी किया जा सकता है। इससे कम्प्यूटर सिस्टम की विशिष्टियॉं ज्ञात हो जाती हैं।

## डिस्क पर फाइलों की रचना

प्रत्येक डिस्क पर सूचनाओं को फाइलों के रूप में अंकित करने के संबंध में दो प्रमुख बिन्दु हैं - प्रथम, फैट/संचिका स्थिति सारणी (FAT - FILE ALLOCATION TABLE) तथा द्वितीय - फाइल सूचनाओं के पते/ADDRESSES।

प्रत्येक डिस्क के कुछ प्रारंभिक स्थान को डिस्क का बूट सैक्टर/प्रवर्तन खंड कहते हैं, इसमें डिस्क पर अंकित प्रत्येक फाइल का नाम व पता अंकित होता है। इसे FAT भी कहते हैं।

डिस्क के प्रत्येक़ सैक्टर को एक संख्या दी जाती है तथा प्रत्येक सैक्टर में लीकों/ट्रैकों तथा सिलेंडरों के पते निर्धारित होते हैं। इन प्रावधानों से फाइल में अंकित सूचनाओं को पुनः प्राप्त करने में सुविधा होती है। जब भी किसी फाइल की मॉग की जाती है कम्प्यूटर तभी FAT को पढ़कर उसके पते पर डिस्क ड्राइव के रीड व राइट हैड को ले जाता है तथा फाइल को पढ़ लिया जाता है।

जब किसी फाइल को SAVE किया जाता है, सर्वप्रथम इसकी प्रविष्टि डिस्क की FAT - FILE ALLOCATION TABLE में होती है। यहॉं फाइल के नाम के साथ इसका आकार बाइट में तथा SAVE करने का समय व दिनांक भी अंकित होता है।

## सूचनाओं को मिटाना तथा पुन: प्राप्त करना

जब डिस्कों पर अंकित फाइल को मिटाने ( DELETE ) का समादेश दिया जाता है तो केवल FAT में फाइल के नाम का प्रथम अक्षर मिटा दिया जाता है। इससे उससे संबंधित सूचनाएँ लावारिस हो जाती हैं। इसके बाद उन स्थानों पर अन्य सूचनाएँ अंकित की जा सकती हैं।

यदि सूचनाएँ गलती से मिटाई गई हैं तथा उनके स्थानों पर अन्य सूचनाएँ अंकित नहीं की गई हैं तो डौस की UNDELETE कमाण्ड से उन्हें पुन: प्राप्त किया जा सकता है।

### *CHKDSK*

यह कमाण्ड अंकित डिस्क की क्षमता तथा उसके उपयोग का विवरण प्रदान करती है।

### *EDIT*

यह कमाण्ड DOS के पुराने संस्करणों में EDLIN के नाम से होती थी। इस की सहायता से किसी पाठ्य फाइल की सूचनाओं को संपादित किया जाता है।

### *SCANDISK*

यह डॉस के वर्तमान संस्करणों का एक उपयोगी प्रोग्राम है। इससे डिस्कों के चुबंकीय माध्यम की स्थिति, डिस्क पर अंकित सूचनाओं की अवस्था, आदि पता चलती है। यदि डिस्क पर कोई भाग नष्ट हो गया है तो उस भाग पर अंकित सूचना को भी यह प्रोग्राम पुन: प्राप्त करने का प्रयास करता है। यह पूरी डिस्क का छोटे छोटे भागों में परीक्षण करता है।

### *MOVE*

इस कमाण्ड का उपयोग किसी फाइल को एक स्थान से दूसरे अन्य स्थान पर ले जाने के लिए किया जाता है। इससे फाइल एवं डायेरेक्टरी का नाम भी बदला जा सकता है, जैसे -

**MOVE A:\SONU.JIN B:\TONU.JIN**

कमाण्ड से A: डिस्क की SONU.JIN फाइल की सभी सूचनाएँ डिस्क B: पर TONU.JIN के नाम से अंकित हो जाएंगी। इसी कमाण्ड को इस प्रकार भी उपयोग किया जा सकता है -**MOVE A:\SONU.JIN A:\TONU.JIN**

इससे केवल नाम परिवर्तन ही होता है।

### *TREE*

कम्प्यूटर की डिस्क पर उपस्थित सभी डायेरेक्टरियों तथा सब डायेरेक्टरियों की यथास्थिति इस कमाण्ड से मॉनीटर पर अंकित हो जाती है, जैसे --

## ***DELTREE***

यह DELETE TREE का संक्षिप्त रूप है। इस कमाण्ड से पूरी डायेरेक्टरियाँ

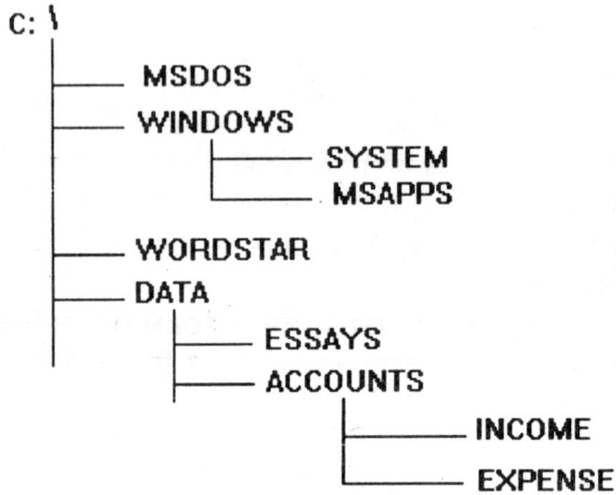


फाइलों सहित मिट जाती हैं। DELTREE शब्द के बाद डायेरेक्टरी का नाम अंकित किया जाता हैं।

## ***ATTRIB***

यह ATTRIBUTE का संक्षिप्त रूप है। इस कमाण्ड से फाइलों को गुण प्रदान किए जाते हैं अथवा उनमें परिवर्तन किया जाता है। इस शब्द के बाद गुण संकेत अक्षर R - READ ONLY, A - ARCHIVE आदि के साथ + चिन्ह गुण बढ़ाने के लिए तथा - चिन्ह गुण को हटाने के लिए उपयोग किया जाता है। इसके बाद फाइल का पूरा पता दिया जाता है, जैसे -

**ATTRIB R + C:\DOS\COMMAND.COM**

यह कमाण्ड C डिस्क की DOS डायरेक्टरी की COMMAND.COM नामक फाइल को केवल पठनीय फाइल बना देगा। इसी कमाण्ड से फाइलों के गुण भी ज्ञात किए जा सकते हैं। इसके लिए ATTRIB शब्द के बाद बस फाइल का नाम अंकित करना होता है यथा -

**ATTRIB A:\SONU.JIN**

कमाण्ड से A: डिस्क की फाइल SONU.JIN के गुण स्क्रीन पर प्रदर्शित होंगे।

एक से अधिक फाइलों को WILD संकेतों के उपयोग से इंगित किया जाता है, जैसे -

**ATTRIB A:*.***

कमाण्ड A: डिस्क की सभी फाइलों के गुण प्रदर्शित करेगा। इसी प्रकार

**ATTRIB R + B:*.EXE**

कमाण्ड B: डिस्क की सभी उन फाइलों को केवल पठनीय फाइल बना देगा जिनके एक्स्टेंशन EXE हैं।

## *FORMAT*

यह कमाण्ड डिस्कों पर सैक्टर व ट्रैक्स (SECTORS & TRACKS) बनाने के काम आती है। किसी नई डिस्क को FORMAT करने के बाद ही उपयुक्त किया जा सकता है। पुरानी उपयोग की जा रही डिस्कों को भी पुन: फॉरमेट किया जा सकता है। ऐसी अवस्था में यह कमाण्ड डिस्क पर पहले से अंकित सूचनाओं को सूक्ष्म रूप में डिस्क पर ही अंकित कर देती है। इस सूचना के आधार पर डिस्क को पुन: अपनी पूर्वावस्था में लाया जा सकता है।

FORMAT कमाण्ड के कई स्वरूप हैं, जैसे - FORMAT/U से डिस्क की पुरानी सूचनाओं को सुरक्षित नहीं रखा जाता। FORMAT/S से डिस्क बूटेबिल BOOTABLE बनाने के लिए फॉरमेट की जाती है।

## *SYS*

यह कमाण्ड सिस्टम फाइलों IO.SYS, MSDOS.SYS तथा COMMAND.COM को डिस्क पर अंकित करके डिस्क को बूटेबिल बनाती है।

## *DISKCOPY*

इस कमाण्ड से एक डिस्क की समस्त सूचनाओं को यथावत् उसी प्रकार की दूसरी डिस्क पर कॉपी करने के लिए उपयुक्त किया जाता है। यह कार्य दो बार में होता है। पहले सोर्स डिस्क को ड्राइव में लगाया जाता है, इससे इस डिस्क की सभी सूचनाएँ कम्प्यूटर की मैमोरी में अंकित हो जाती हैं इसके बाद कम्प्यूटर द्वारा आग्रह किए जाने पर ड्राइव में उस डिस्क को लगाया जाता है जिस पर सूचनाओं को अंकित करना हो।

## *HELP*

डौस एक विशाल प्रोग्राम है, अत: इसके सभी प्रावधानों को याद रखना तथा उपयोग करना कठिन कार्य है। इसलिए डौस में HELP कमाण्ड की सहायता से इसके किसी भी विषय पर सहायता ली जा सकती है।

### 6.1.5 डौस बूट समर्थक फाइलें

कम्प्यूटर बूटिंग में डौस की भूमिका पिछले अध्याय में बताई गई थी जिसमें कुछ फाइलों के नाम भी बताये गये थे।

### *CONFIG.SYS फाइल*

यह एक बूटिंग फाइल है, जिसके द्वारा कम्प्यूटर के उपयोगों में सुविधा के लिए इसके सबसिस्टम/उपतन्त्र कन्फिगर/सुव्यवस्थित किए जाते हैं। इस फाइल की कुछ प्रमुख प्रविष्टियाँ आगे दी जा रही हैं -

```
DEVICE = C:\DOS\HIMEM.SYS
DEVICE = C:\DOS\EMM 386.EXE NO EMS
BUFFERS = 15.0
FILES = 30
DOS = UMB
LASTDRIVE = E
FCBS = 40
DEVICE HIGH = C:\DOS\SETVER.EXE
STACKS = 9,256
```

डिवाइस शब्द से प्रारंभ प्रविष्टियों का उद्देश्य सिस्टम को डौस में स्थित विशेष उपयोगी फाइलों के उपयोग से सिस्टम का कन्फिगरेशन करना है। शेष प्रविष्टियॉ सिस्टम की क्षमताओं के निर्धारण के लिए हैं इनके बारे में विशेष जानकारी डौस की HELP कमाण्ड से प्राप्त की जा सकती है। उपयोगकर्ता स्वंय भी इन प्रविष्टियों में परिवर्तन कर सकता है।

### *AUTOEXEC.BAT फाइल*

यह एक बैच फाइल है जो अन्य बैच फाइलों, जिनकी पहचान उनके एक्स्टेंशन में BAT शब्द से की जा सकती है, की तरह ही एक कमाण्ड फाइल है। इस फाइल के अतिरिक्त अन्य बैच फाइल नामों का कमाण्डों के रूप मे उपयोग किया जा सकता है किन्तु इस बैच फाइल का उपयोग स्वत: ही होता है। इसलिए इसे AUTOEXEC (AUTO EXECUTION का संक्षिप्त) कहा जाता है। इस फाइल के बूटिंग टाइम में क्रियान्वयन से सिस्टम को सुविधाजनक बनाया जाता है तथा उपयोगकर्ता स्वयं इस फाइल में प्रविष्टियॉ कर सकता है अथवा प्रविष्टियों में परिवर्तन कर सकता है। इसकी कुछ प्रमुख प्रविष्टियॉ इस प्रकार हो सकती हैं –

```
LH C:\DOS\SMARTDRV.EXE
@ ECHO OFF
PROMPT $P $G
PATH C:\DOS; C:\MOUSE; C:\WINDOWS; C:\PM4
SET TEMP = C:\DOS
```

LH LOADHIGH का संक्षिप्त रूप है। इस कथन से DOS में उपस्थित उपयोगी सुविधाओं का उपयोग किया जाता है।

इसमें पाथ PATH कथन सबसे अधिक महत्वपूर्ण है। इस कथन से उन डायरेक्टरियों (DIRECTORIES) की स्थिति दर्शाई गई है जिनकी फाइलों से किसी भी स्थान से सीधे संपर्क किया जा सकता है। यह उसी प्रकार है जैसे व्यक्तियों के अलग अलग समूह अलग अलग कमरों में बन्द हों, तथा PATH में अंकित कमरों के मध्यस्थ द्वार खोल दिए गये हों जिससे इन सभी कक्षों को एक विशाल हॉल माना जा सकता हो। कुछ बहूपयोगी तथा महत्वपूर्ण डायेरेक्टरियों को इसमें अंकित कर दिया जाता है। इसके बारे में भी विस्तृत जानकारी डौस की HELP से प्राप्त की जा सकती है।

## 6.2 विण्डोज (WINDOWS[1])

डौस के निर्माता माइक्रोसॉफ्ट कॉरपोरेशन द्वारा निर्मित यह प्रोग्राम कम्प्यूटर के वर्तमान प्रोग्रामों में अति विशिष्ट स्थान रखता है और सर्वाधिक लोकप्रिय है। इसको लोकप्रियता इसके संस्करण 3.1 से मिली जो डौस पर आधारित था। उसके बाद इसके संस्करण WINDOWS/NT, WINDOWS 95, WINDOWS 98 आ चुके हैं जो सभी स्वयं ऑपरेटिंग सिस्टम हैं।

इनकी प्रमुख विशिष्टताएँ ये हैं -

1. इसमें ग्राफिक्स यूजर इंटरफेस (GUI) तकनीक का उपयोग किया जाता है अर्थात कमाण्डों आदि को अंकित नहीं करना होता है। उनका चुनाव किया जाता है जो माउस से सरलता से तथा तीव्रता से होता है।

2. इसे आधार बनाकर अनेक प्रोग्राम चलाए जाते हैं। इन प्रोग्रामों को नामों के अतिरिक्त प्रतिमाओं/आइकन से दर्शाया जाता है। इसमें प्रोग्राम का उपयोग रूचिकर होने के साथ परिचालन अत्यधिक सरल होता है।

3. विण्डोज में प्रस्तुति को अनेक विविध रूपों में किया जा सकता है। इन रूपों को विण्डोज से दर्शाया जाता है। किसी भी विण्डो को छोटा या बड़ा किया जा सकता है तथा एक ही समय में कई विण्डोज में काम किया जा सकता है। इसे बहुकार्य या मल्टीटास्किंग (MULTI TASKING) कहा जाता है।

4. विण्डोज के अन्दर ही सिस्टम कन्फिगरेशन सुविधाओं के अतिरिक्त अनेक सुविधाजनक उपादयन प्रोग्राम जैसे - केलकुलेटर, समय, चित्रकारी, टेलिफोन तथा फैक्स, विजिटिंग कार्ड संग्रह, फाइल एडिटिंग, पत्र लेखन आदि की अनेक सुविधाएँ हैं।

5. MS-DOS सामान्यत: 640 किलो बाइट की मैमोरी ही उपयोग कर पाता है विण्डोज में अनेक ऐसी सुविधाएँ उपस्थित हैं, जिनके कारण कम्प्यूटर की संपूर्ण मैमोरी का सही ढंग से उपयोग होता है।

विण्डोज एक विशाल प्रोग्राम है, अत: इसके लिए हार्ड डिस्क पर 6 से 8 मेगा बाइट स्थान होना चाहिए। 80286 सिस्टम पर यह प्रोग्राम बहुत धीरे चलता है, इसलिए 80386 या उच्च कम्प्यूटरों पर ही इसके लाभ उठाए जा सकते हैं।

### 6.2.1 विण्डोज संस्थापन (WINDOWS SETUP)

अन्य प्रोग्रामों की भाँति ही विण्डोज का सैटअप हार्डडिस्क पर करना आवश्यक होता है। इसकी सैटअप फाइल का नाम SETUP है। विण्डोज के सैटअप के लिए अधिकृत प्रोग्राम डिस्कों पर उपलब्ध होता है। विण्डोज की डिस्कों पर फाइल संक्षिप्त होती हैं। अत: इसका विधिवत् सैटअप किया जाना चाहिए। अन्य प्रोग्रामों की भाँति ही इसके सैटअप में निम्नलिखित बिन्दु हैं।

1. प्रोग्राम की डिस्क संख्या 1 को उपयुक्त ड्राइव में लगाइए।

---

1. WINDOWS माइक्रोसॉफ्ट कार्पोरेशन का रजिस्टर्ड नाम है।

2. डिस्क ड्राइव A: अथवा B: पर आइए।

3. डौस प्रॉम्प्ट पर SETUP कमाण्ड दीजिए।

4. सैटअप फाइल अपना कार्य प्रारंभ कर देगी।

5. अपनी आवश्यकतानुसार मॉनीटर पर उभरते हुए प्रश्नों के सूझबूझ से उत्तर देते रहिए तथा कम्प्यूटर के आग्रह पर डिस्कें क्रमानुसार बदलते रहिए।

6. सभी डिस्कों के उपयोग के कुछ समय बाद सैटअप पूर्ण हो जाएगा। कम्प्यूटर के निर्देश का पालन कीजिए। यह आपको कंम्प्यूटर को रीबूट REBOOT का निर्देश देगा।

7. अब आप विण्डोज पर कार्य कर सकते हैं। विण्डोज के दस्तावेजों तथा इसमें उपलब्ध HELP का अच्छी तरह अध्ययन कीजिए तभी आप विण्डोज का पूरा लाभ उठा पाएँगे।

### 6.2.2 विण्डोज3 परिचालन (WINDOWS OPERATION)

विण्डोज की ऑपरेटिग कमाण्ड जो प्रॉम्प्ट पर अंकित करनी होती है WIN है। WIN कमाण्ड देकर थोड़ी प्रतीक्षा कीजिए। बदलते परिदृश्य में अनेक परिवर्तनों के बाद परदा स्थिर होगा और आपके सम्मुख विण्डोज का मुख्य प्रबंधक प्रोग्राम PROGRAM MANAGER अपने आइकन अथवा विंडो के रूप में उपस्थित होगा। विण्डो स्वरूप में यह दृश्य चित्र 6.1 में दर्शाया गया है।

विण्डो के प्रमुख अवयव निम्नांकित हैं -

**क- कंट्रोल बॉक्स (CONTROL BOX)**

प्रथम पंक्ति के बॉए कोने पर आयताकार आकृति बनी है, यह इस विण्डो का कंट्रोल बॉक्स है। करसर को इसमें लाकर माउस के बॉए बटन को दबाने से विभिन्न संभावनाओं का चित्र उपस्थित होता है जैसा कि चित्र 6.2.क में दर्शाया गया है। इसे पुल डाउन मीनू कहते हैं। इसमें अंकित विकल्पों से किसी एक को चुन कर इस विंडो को बन्द, छोटा अथवा बड़ा कर सकते हैं।

**ख- मैक्जीमाइज या मिनीमाइज (MAXIMISE / MINIMISE)**

प्रथम पंक्ति के दॉए कोने पर दो त्रिभुज बने होते हैं। एक में शीर्ष ऊपर की ओर है, इस पर करसर लाकर बॉए बटन को दबाने से विण्डो अपने अधिकतम आकार में हो जाती है। दूसरे त्रिभुज, जिसका शीर्ष नीचे की ओर है, इस विण्डो को लघुतम आकार में अर्थात आइकन मे बदल देता है।

**ग- मेन मैन्यू (MAIN MENU)**

स्क्रीन की दूसरी पंक्ति में इस विण्डो के मेन मैन्यू के विकल्प अंकित हैं जो File, Options, Window, Help हैं। प्रत्येक विकल्प में एक अक्षर अधोरेखित है। इन विकल्पों में किसी एक का चुनाव दो प्रकार से किया जा सकता है, करसर को इनमें से किसी के पास लाकर माउस के बॉए बटन को दबाने से अथवा अधोरेखित अक्षर

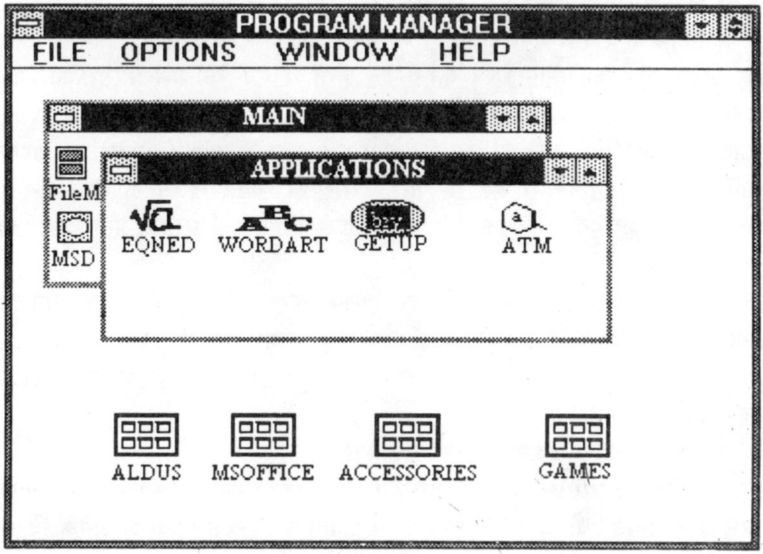


कुंजी दबाने से। इस चुनाव के बाद चुने गए विकल्प की विकल्प सूची खुल जाती है, जिसमें से अगला चुनाव करना होता है। पुल डाउन मैन्यू के विकल्पों में से एक को चुनने के तीन तरीके हैं।

1. दैशिक कुंजियों से विकल्प को चुनकर <ENTER> करने से,

2. करसर को विकल्प के पास लाकर माउस के बॉए बटन को दबाने से, अथवा।

3. विकल्प के आगे उसके चुनाव के लिए कुंजियों के नाम उनके आगे अंकित होते है, इन कुंजियों के उपयोग से ।

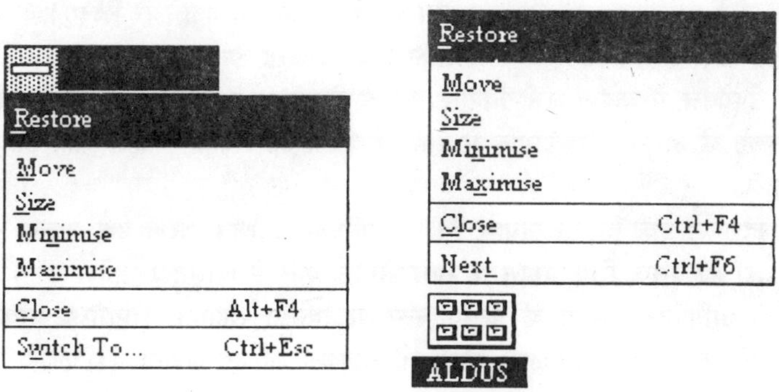


क. कण्ट्रोल बॉक्स

ख. प्रोग्राम ग्रुप

चित्र ६.२

घ- प्रतिमा/आइकन (ICONS)

स्क्रीन पर सबसे नीचे की पंक्ति में अनेक आइकन बने होते हैं। इनमें से प्रत्येक एक प्रोग्राम ग्रुप का प्रतिनिधित्व करता है। इनमें से एक के पास करसर को लाकर माउस के बॉए बटन को शीघ्रता से दो बार दबाने से उस आइकन की विण्डो खुलकर स्क्रीन पर अंकित हो जाती हैं। इस विण्डो में इस समूह में अंकित प्रोग्रामों के आइकन उपस्थित होते हैं। इनमें से एक के पास करसर को लाकर माउस के बॉए बटन को शीघ्रता से दो बार दबाने से चुना गया प्रोग्राम खुल जाता है, जिस पर आगे कार्य किया जाता है।

किसी भी आइकन को एक बार क्लिक करने से उसे मात्र चुना जाता है। प्रोग्राम ग्रुप के चुनाव से उससे एक पॉपअप मैन्यू प्रस्तुत होता है, जैसा कि चित्र 6.2. ख में दर्शाया गया है, उसके विकल्पों में से चुनने से भी प्रोग्राम ग्रुप पर कार्यवाही की जा सकती है।

विण्डोज में दो प्रकार के प्रोग्राम होते है -

1. **सिस्टम प्रोग्राम** - इनमें कम्प्यूटर तथा विण्डाजे के बीच समन्वय को स्थापित करने तथा परिवर्तन के प्रावधान होते हैं। इन प्रोग्रामें की प्रत्येक क्रिया के अनेक विकल्प होते हैं तथा प्रत्येक विकल्प को चिन्हों अथवा संकेतों अथवा पुल डाउन मीनू की सहायता से चुना जा सकता है।

2. **एप्लीकेशन प्रोग्राम** - ये वे प्रोग्राम है जिनके उपयोग से उपयोगी कार्य सम्पन्न किए जा सकते हैं आवश्यकतानुसार इनमे नए प्रोग्राम जोड़े जा सकते हैं अथवा अंकित प्रोग्रामों को हटाया जा सकता है।

च- स्क्रोल बार (SCROLL BAR)

जब विण्डो क्षेत्र में उसके निर्धारित सभी आइटम नहीं समा पाते हैं तब विण्डो के दॉए तथा नीचे के किनारे पर दो पट्टियॉ बन जाती हैं -चित्र 6.3 - जिनके दोनों छोरों पर बाहर की ओर दर्शाते तीर चिन्ह बने होते हैं, इन्हें स्कोल बार कहते हैं। इनके सिरो पर बने तीरों पर करसर को लाकर माउस के बॉए बटन को दबाने से खिड़की के अन्दर का पृष्ठ बॉए दॉए या उपर नीचे खिसकाया जा सकता है।

उपरोक्त में वर्णित सभी कियाएँ प्रत्येक विण्डो पर समान रूप से लागू होती हैं। अतः इन्ही के अनुसार इस प्रोग्राम मे कहीं भी जाया जा सकता है तथा कार्य किया जा सकता है।

विण्डोज एक विस्तृत प्रोग्राम है। इसे पूरी तरह वर्णित करना एक पुस्तक में भी संभव नहीं है। इसके लिये प्रोग्राम के साथ निर्माता कम्पनी विस्तृत दस्तावेज प्रदान करती है इसके अतिरिक्त प्रोग्राम के प्रत्येक स्तर पर विस्तृत सहायता HELP उपलब्ध है। जिससे प्रोग्राम का उपयोग करते समय भी सहायता ली जा सकती है।

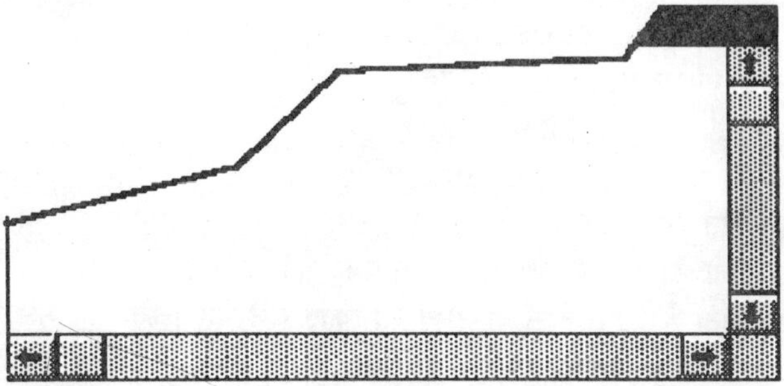

चित्र 6.3

## प्रश्नोत्तरी :

**प्रश्न :- कम्प्यूटर परिचालन प्रणाली क्या है?**

कम्प्यूटर तन्त्र के प्रवर्तन एवं इसे प्रदत्त समादेशों के अनुपालन हेतु की गई प्रक्रियाओं को कम्प्यूटर का परिचालन कहा जाता है। यह कार्य एक प्रोग्राम द्वारा सम्पन्न किया जाता है जिसे सामान्यत: डिस्क ऑपरेटिंग सिस्टम/चकती परिचालन प्रणाली -डॉस अथवा मात्र परिचालन प्रणाली/ऑपरेटिंग सिस्टम कहा जाता है। यह कम्प्यूटर तन्त्र में प्राणतुल्य कार्य करती है अर्थात् निर्जीव कम्प्यूटर हार्डवेयर को संवेदनशील बनाती है। कम्प्यूटर के स्वपरीक्षण के पश्चात् यह प्रणाली कार्य करना प्रारम्भ करती है तथा तन्त्र की संपूर्ण परिचालन अवधि में सक्रिय रहती है।

अमेरिका की माइक्रोसॉफ्ट कम्पनी का डॉस सर्वाधिक लोकप्रिय एवं प्रचलित है। इसमें सर्वप्रमुख एक प्रोग्राम होता है जो COMMAND.COM कमाण्ड.कॉम नामक फाइल के रूप में होता है। यह प्रोग्राम अपनी दो सहायक फाइलों IO.SYS, MSDOS.SYS के साथ कार्य करता है। कम्प्यूटर के प्रवर्तन काल में इन तीनों फाइलों की उपलब्धि तन्त्र की ए: अथवा सी: चकती पर होनी आवश्यक होती है। इन फाइलों के साथ इन चकतियों को बूट डिस्क कहा जाता है। वर्तमान में माइक्रोसॉफ्ट डॉस में अनेक सहायक प्रोग्राम प्रदान कर इसे अधिक सक्षम उपयोगी एवं विस्तृत बना दिया गया है। इसके अतिरिक्त इसी कम्पनी ने अपने विशाल एवं अत्यन्त सक्षम प्रोग्राम विण्डोज को भी कम्प्यूटर प्रवर्तन एंव परिचालन में सक्षम बना दिया है। इनको विण्डोज एनटी, विण्डोज95, व विण्डोज98 कहा जाता है। कम्प्यूटर की अन्य परिचालन प्रणालियाँ - जैसे ओएस-2, नोवेल, पीसीडॉस, आईबीएमडॉस, यूनिक्स आदि हैं।

**प्रश्न :- डॉस परिचालन प्रणाली की प्रवर्तन संचिकाओं के बारे में टिप्पणी कीजिये?**

डॉस परिचालन प्रणाली में तीन प्रवर्तन संचिकाऐं अनिवार्य रूप से तथा दो ऐच्छिक रूप से होती हैं। तीन अनिवार्य संचिकाओं में से दो तन्त्रीय संचिकाऐं

IO.SYS

MSDOS.SYS

तथा एक समादेश परक संचिका

COMMAND.COM

होती हैं। command.com संचिका में डॉस के अनेक आन्तरिक समादेश सन्निहित होते हैं। इसके अतिरिक्त अन्य समादेशों के क्रियान्वयन में भी यही संचिका उपयुक्त होती है। इन कारणों से इस संचिका को कमॉण्ड प्रोसेसर/समादेश संस्कारक भी कहा जाता है। प्रवर्तन में दो अन्य संचिकाएँ यदि बूट डिस्क की मूल निदेशिका में ही उपस्थित हों तो उनका उपयोग भी स्वत: ही हो जाता है। ये संचिकाऐं हैं -

config.sys

autoexec.bat

config.sys संचिका कम्प्यूटर तन्त्र को कनफिगर/संरूपित करने का कार्य करती है। चूँकि कम्प्यूटर क्रियान्वयन में माइक्रोप्रोसैसर/सूक्ष्मसंस्कारक के पश्चात् कम्प्यूटर स्मृति की केन्द्रीय भूमिका रहती है अत: config.sys के अधिकांश अनुदेश कम्प्यूटर स्मृति को उसके उपयोग के संरूप बनाने का कार्य करते हैं। प्रवर्तन काल में डॉस प्रारम्भ होने पर कुन्जी <F5> के एक दोल से config.sys संचिका का उपयोग वर्जित हो जाता है।

autoexec.bat संचिका भी स्वत: ही सक्रिय होने वाली दूसरी संचिका है जो कम्प्यूटर तन्त्र पर स्वत: ही क्रियान्वित हो जाने वाले समादेशों का समुच्य है। इन समादेशों में डॉस के समादेश होते हैं जो तन्त्र को भावी कार्यों हेतु तैयार करते हैं। इनमें सर्वाधिक महत्व के समादेश path, prompt तथा temp हैं जो कम्प्यूटर स्मृति में अंकित हो जाते हैं एवं तन्त्र इनका उपयोग प्राय: करता है। इन्हें डॉस के पर्यावरण चर कहा जाता है।

**प्रश्न :- डॉस तत्पर क्या है ?**

कम्प्यूटर की परिचालन प्रणाली कम्प्यूटर को सफल रूप से प्रवर्तित करने के पश्चात् कम्प्यूटर को परिचालक से समादेश प्राप्त करने हेतु प्रस्तुत करती है। इस स्थिति को कम्प्यूटर की तत्परता प्रॉम्प्टनैस कहा जाता है। इस स्थिति में प्रदर्श पर सम्पर्क में होने वाले चकती संचाली का नाम A:, B:,C:, D: आदि के पश्चात बैक स्लैश का चिन्ह तथा टिमटिमाता करसर अर्थात् कुल मिलाकर A:\, B:\ अथवा C:\ आदि प्रदर्श पर उपस्थित होता है। PROMPT समादेश से इस स्थिति की संरचना में परिवर्तित किया जा सकता है। इस तत्पर चिन्ह का आशय है कि कम्प्यूटर प्रदर्शित चकती संचाली की मूल निदेशिका के सम्पर्क में है। इसके पश्चात् कम्प्यूटर को किसी दूसरी चकती पर A:,B: अथवा C: आदि समादेश देकर ले जाया जा सकता है अथवा उसी चकती की किसी निदेशिका के सम्पर्क में ले जाया जा सकता है। इसके लिये समादेश

**CD** निदेशिका नाम

दिया जाता है। इसी प्रकार निदेशिका के अन्तर्गत किसी उपनिदेशिका से सम्पर्क हेतु

**CD** उपनिदेशिका नाम

समादेश दिया जाता है। किसी भी निदेशिका या उपनिदेशिका के सम्पर्क से वापिस मूल की ओर एक सोपान जाने हेतु

**CD..**

अथवा डिस्क के मूल पर एक साथ जाने हेतु

**CD**

समादेश दिया जाता है। कम्प्यूटर तन्त्र जिस निदेशिका अथवा उपनिदेशिका के सम्पर्क में रहता है सामान्यत: बाह्य समादेश हेतु केवल उसी निदेशिका या उपनिदेशिका में निहित संचिकाओं का उपयोग किया जा सकता है।

**प्रश्न :- डॉस को कम्प्यूटर पर स्थापित कैसे किया जाता है?**

सम्पूर्ण डॉस को स्थापित करने के लिये कम्प्यूटर में स्थिर चकती संचाली का होना आवश्यक है। वर्तमान डॉस लगभग 6 मैबा चकती स्थान घेरता है। डॉस के स्थापन हेतु इस प्रोग्राम की मूल चकतियाँ, जिन्हें स्थापन चकतियाँ **setup disk** 1, 2 तथा 3 कहा जाता है, की अथवा उनकी प्रतिलिपियों की आवश्यकता होती है। चकतियों की प्रतिलिपियाँ डॉस के **diskcopy** समादेश से निर्मित की जा सकती हैं। इसके लिये प्रति वाली चकतियों की विशिष्टियाँ मूल स्थापन चकतियों जैसी ही होनी चाहिये ।

डॉस के स्थिर चकती पर स्थापन हेतु कम्प्यूटर को बन्द करके प्रथम स्थापन चकती को ए: चकती संचाली में लगाकर कम्प्यूटर को चालू कर दीजिये। इससे कम्प्यूटर प्रवर्तित होगा तथा कुछ क्षणों के पश्चात् डॉस का स्थापन प्रोग्राम प्रारम्भ हो जायेगा । इसके आगे प्रदर्श पर उपलब्ध सूचनाओं एवं निर्देशों को ध्यान से पढ़ते हुए उनका अनुपालन करना होता है। इसमें स्थापन चकती-2, 3, .... को संचाली में लगाने के निर्देश प्राप्त होते हैं। उनका अनुपालन करने से अन्तत: डॉस स्थिर चकती पर स्थापित हो जाता है। इसके बाद डॉस के सहायता प्रोग्राम से डॉस के बारे में विस्तृत जानकारी प्राप्त की जा सकती है।

**प्रश्न :- डॉस के बारे में वाछित ज्ञान कैसे प्राप्त किया जा सकता है?**

कम्प्यूटर तन्त्र पर डॉस परिचालन के पूर्णत: स्थापित हो जाने के पश्चात् इसी प्रोग्राम से इसके विभिन्न समादेशों एंव सुविधाओं के बारें में पूर्ण ज्ञान प्राप्त किया जा सकता है। इसके लिये डॉस में परिचालक की सहायतार्थ एक विशाल हैल्प **HELP** अथवा सहायता नामक प्रोग्राम है।

डॉस से सर्वप्रथम जानकारी प्राप्त करने हेतु डॉस तत्पर पर **help** अंकित कर **<enter>** कीजिये । इससे प्रदर्श पर डॉस समादेशों की एक विशाल सूची उपलब्ध होती है। करसर को किसी भी समादेश पर ले जाकर **<enter>** करने से इस के समादेश बारे में जानकारी प्रदर्श पर उपलब्ध हो जाती हैं। इसी के ऊपर **<examples>**

भी अंकित होता है। करसर को इस पर ले जाकर **<enter>** करने से चुने गये विषय के उदाहरण प्रस्तुत होते हैं।

डॉस से किसी विषय पर सहायता पाने की एक विधि और भी है। इस विधि में डॉस तत्पर पर **help विषय**

अंकित करके प्रवेश करने पर यदि विषय का चुनाव सही है तो सहायता उपलब्ध हो जाती है। सहायता की तीसरी विधि किसी समादेश के क्रियान्वयन के दौरान **<F1>** कुन्जी दबाने से उस विषयक सहायता उपलब्ध हो जाती है।

**प्रश्न :- कम्प्यूटर के आन्तरिक समादेश क्या होते हैं?**

डॉस परिचालन प्रणाली के अन्तर्गत इस प्रणाली की संचिका **command.com** कम्प्यूटर की स्मृति में सक्रिय रहती है। यह संचिका अनेक उपयोगी समादेशों का एक संग्रह है जिन्हें कम्प्यूटर के आन्तरिक समादेश कहा जाता है। परिचालन प्रणाली के इन आन्तरिक समादेशों को कम्प्यूटर तन्त्र का सम्पर्क किसी भी चकती संचाली अथवा उसकी किसी भी निदेशिका या उपनिदेशिका से भी होने पर दिया जा सकता है। इन समादेशों में कुछ प्रमुख समादेश ये हैं -

**copy** संचिका की एक स्थान से दूसरे स्थान पर प्रतिलिपि हेतु

**a:, b:, c:** किसी चकती संचाली से सम्पर्क हेतु,

**dir** चकती अथवा निदेशिका या उपनिदेशिका में सूचित संचिकाओं की सूची हेतु,

**cd or chdir** चकती मूल या निदेशिका या उपनिदेशिका से किसी अन्य चकती या निदेशिका या उपनिदेशिका से सर्म्पक हेतु,

**md** नई निदेशिका या उपनिदेशिका के निमार्ण हेतु,

**type** संचिका की समस्तियॉं प्रदर्श पर टकित करने हेतु,

**rename** संचिका के नाम में परिवर्तन करने हेतु,

**del** संचिका के मिटाये जाने हेतु।

**प्रश्न :- कम्प्यूटर परिचालन प्रणाली के बाह्य समादेश क्या होते हैं?**

कम्प्यूटर परिचालन प्रणाली में **command.com** के आन्तरिक समादेशों के अतिरिक्त अनेक उपयोगी व्यवस्थाओं के समादेश भी सन्निहित होते हैं। इनमें से प्रत्येक समादेश हेतु एक समादेशात्मक संचिका अवश्य होती है जिसका उपनाम **exe, com** अथवा **bat** होना आवश्यक होता है। वर्तमान **msdos** में लगभग 100 ऐसी समादेशपरक संचिकाएँ है। इनमें से कुछ की सहयोगी संचिकाऐं भी होती हैं जिनके नाम मूल समादेश परक संचिका मे सन्निहित होते हैं तथा इनका उपयोग समादेशपरक संचिकाएँ ही कर सकती हैं। इन बाह्य समादेशों में कुछ प्रमुख समादेश इस प्रकार हैं

**format.com** नई चकती के प्रारूपण हेतु,

**diskcopy.com** एक चकती की समस्तियों को दूसरी उसी प्रकार की चकती पर प्रतिलिप्यन हेतु,

**msd.com** कम्प्यूटर तन्त्र के बारे में जानकारी प्राप्त करने हेतु

**trec.com** चकती पर स्थित निदेशिकाओं एंव उपनिदेशिकाओं को वृक्ष की शाखा, उपशाखा के रूप में प्रस्तुत करने हेतु

**deltree.exe** चकती की सभी निदेशिकाओं व उपनिदकशिकाओं को मिटाने हेतुं,

**move.exe** संचिका को एक स्थान से दूसरे स्थान पर ले जाने हेतु

**undelete.exe** चकती से मिटाई गई संचिका की पुनः प्राप्ति हेतु

**scandisk.exe** चकती के बारे में छानबीन करने हेतु

**attrib.exe** संचिकाओ को विशेष गुण, जैसे मात्र-पठन, प्राचीन, गुप्त, आदि, जानने, प्रदान करने अथवा उन्हें हटाने हेतु

**sys.com** किसी चकती पर परिचालन तन्त्र की मूख्य संचिकाओं -

**io.sys, msdos.com, command.com**

को अंकित करने हेतु

**chkdsk.com** चकती के सम्बन्ध में सामान्य जानकारी प्राप्त करने हेतु

**edit.com** नई संचिकाओं के सम्पादन हेतु इसके लिये इसकी सहयोगी संचिका की उपस्थिति आवश्यक है,

**help.com** डॉस समादेशों के बारें में विस्तृत जानकारी प्राप्त करने हेतु

**प्रश्न :- कम्प्यूटर को समादेश देने के सामान्य नियम क्या हैं?**

कम्प्यूटर परिचालन प्रणाली के आन्तरिक समादेश तो कम्प्यूटर प्रवर्तन के पश्चात् किसी भी अवस्था से दिये जा सकते हैं किन्तु अन्य समादेशों के सफल क्रियान्वयन हेतु कुछ नियमों का अनुपालन आवश्यक होता है, जो इस प्रकार हैं- -

1. डॉस परिचालन प्रणाली के अन्तर्गत समादेश केवल डॉस तत्पर स्थिति से ही दिये जा सकते हैं।

2. एक बार में केवल एक ही समादेश दिया जा सकता है।

3. जो समादेश दिया जाना है उसकी समादेशपरक संचिका तथा उसकी सहयोगी संचिकाएँ उसी निदेशिका में होनी चाहिये जिसके सम्पर्क में समादेश दिया जा रहा है।

4. समादेश के लिये समादेशपरक संचिका के मुख्य नाम की एकदम सही वर्तनी के साथ उपयोग किया जाना चाहिये।

5. समादेश के अंकन के पश्चात् उसे प्रवेश कुन्जी दबाकर सक्रिय करना आवश्यक होता है।

6. जब तक एक समादेश का अनुपालन पूर्ण होकर पूनः डॉस तत्पर चिन्ह प्रकट नहीं होता, तब तक अन्य समादेश नहीं दिया जा सकता।

7. समादेश के अनुपालन मे कम्प्यूटर परिचालक के समक्ष प्रश्न अथवा विकल्प प्रस्तुत कर सकता है। परिचालक को इनके समुचित प्रत्युत्तर प्रदान करने चाहिये।

8. डॉस सहित कम्प्यूटर के सभी समादेशों को अंकित करने में अग्रेजी के छोटे बड़े अक्षरों का ध्यान रखना आवश्यक नहीं है क्योकि डॉस प्रत्येक समादेश को बड़े अक्षरों में परिवर्तित करके ही उपयुक्त करता है।

9. किसी समादेश की पुनरावृति के लिये उसे पुन: टंकित करना आवश्यक नहीं होता है। दॉयी दैशिक कुन्जी को दबाये रखने से समादेश अंकित हो जाता है।

**प्रश्न :- कम्प्यूटर की प्रवर्तन चकती/बूट डिस्क क्या होती है? इसे कैसे निर्मित किया जाता है?**

जैसा कि पूर्व में कहा जा चुका है कम्प्यूटर का बायोस स्वपरीक्षण के पश्चात् **A:** अथवा **C:** चकती पर कम्प्यूटर की परिचालन प्रणाली को खोजता है। इसके लिये **A:** अथवा **C:** चकती पर

**IO.SYS**
**MSDOS.SYS**
**COMMAND.COM**

संचिकाओं का होना आवश्यक होता है। इन संचिकाओं को संयुक्त रूप से परिचालन प्रणाली कहा जाता है। जिस चकती पर ये संचिकाएँ उपलब्ध होती हैं, उसे प्रवर्तन चकती/बूट डिस्क कहा जाता है। इनमें से प्रथम दो गुप्त होती हैं।

किसी चकती को प्रवर्तन चकती बनाने की दो विधियॉ हैं --

1. चकती को **FORMAT** समादेश से प्रारूपित करके उस पर **SYS** समादेश से परिचालन प्रणाली संचिकाएँ अंकित की जाती हैं।

2. चकती को सीधे **FORMAT /S** समादेश से प्रारूपित किया जाता है इससे प्रारूपण के पश्चात् परिचालन प्रणाली संचिकाएँ स्वमेव अंकित हो जाती हैं।

**प्रश्न :- डॉस के समादेश FORMAT/U के बारे में समझाइये ?**

सामान्य **FORMAT** समादेश से प्रारूपित चकती को **UNFORMAT** समादेश से पुन: मूल स्थिति में लाया जा सकता है क्योंकि **FORMAT** समादेश चकती के प्रारूपण से पूर्व उस पर अंकित प्रमुख सूचनाओं को सुरक्षित रखता है **FORMAT /U** समादेश से प्रारूपित चकती को पुन: मूल स्थिति में नहीं लाया जा सकता क्योंकि यह समादेश पुरानी सूचनाओं को सुरक्षित नहीं रखता। चकती पर कोई दुष्कूट/वायरस की सम्भावना होने पर उसे **FORMAT/U** समादेश से प्रारूपित कर देने से चकती पर दुष्कूट नष्ट किया जा सकता है जबकि **FORMAT** तथा **FORMAT /S** समादेशों से इसके अवशेष रहने की सम्भावना बनी रहती है।

**प्रश्न :- डॉस के PATH समादेश का क्या महत्व है?**

डॉस में पथ एक पर्यावरण वैरियेबिल है जो यह निर्धारित करता है कि कम्प्यूटर यन्त्र को किन-किन निदेशिकाओं में उपस्थित संचिकाओं को उनकी निदेशिकाओं को

कार्यकारी निदेशिका बनाये बिना ही उपयोग में लाया जा सकता है। जिसको दूसरे शब्दों में इस प्रकार कहा जाता है कि तन्त्र की किन किन निदेशिकाओं को स्थायी रूप से कार्यकारी निदेशिका होने की मान्यता प्रदान करनी हैं। डॉस का **PATH** समादेश इन निदेशिकाओं को स्थायी मान्यता प्रदान करता है। इसका स्वरूप निम्नॉकित प्रकार का होता है।

**path=c:\dos; c:\windows ; c:\data**

जो चकती सी की तीन निंदेशिकाओं को स्थाई रूप से कार्यकारी निदेशिका की मान्यता प्रा्प्त करता हैं। इस समादेश को **AUTOEXEC.BAT** संचिका में रखा जाता है जिससे प्रवर्तन काल में यह समादेश कम्प्यूटर का पर्यावरण चर बन जाता है। स्थायी रूप से कार्यकारी निदेशिका का अर्थ स्पष्ट करने हेतु एक उदाहरण लेते हैं। मान लीजिये कि **C:\DOS\SCANDISK.EXE** एक समादेशपरक संचिका है। सामान्यत: इस संचिका समादेश का उपयोग तभी हो सकता है जब कम्प्यूटर परिचालक प्रदर्श पर **C:\DOS** डॉस तत्पर चिन्ह पाये अर्थात **C:\DOS** कार्यकारी निदेशिका हो। किन्तु **C:\DOS** को **PATH** समादेश के माध्यम से कम्प्यूटर के पर्यावरण चर **PATH** में सम्मिलित कर लेने से **SCANDISK.EXE** संचिका का उपयोग करने हेतु **C:\DOS** निदेशिका को कार्यकारी निदेशिका बनाने की आवश्यकता नहीं है। उदाहरणार्थ **C:\WS** डॉस तत्पर होने पर भी **SCANDISK** समादेश दिया जा सकता है। ऐसा करने से कम्प्यूटर स्वमेव **C:\DOS** निदेशिका को कार्यकारी निदेशिका मानकर इस समादेश का अनुपालन करता है।

**प्रश्न :– डॉस में पर्यावरण/एनवायरोनमेण्ट से क्या तात्पर्य है?**

परिचालन प्रणाली डॉस उन मुख्य तत्वों को पर्यावरण कहता है जिनकी आवश्यकता कम्प्यूटर परिचालन में प्रत्येक समय अथवा किसी भी समय हो सकती है। इन तत्वों में से प्रत्येक को एक पर्यावरण चर/एनवायरोनमेण्ट वैरियेबिल कहा जाता है तथा प्रत्येक चर को एक नाम दिया जाता है।

डॉस कम्प्यूटर प्रवर्तन के समय इन पर्यावरण तत्वों को स्वमेव कम्प्यूटर स्मृति के एक भाग में अंकित कर लेता है तथा परिचालन में जब भी आवश्यकता होती है, इनका उपयोग करता है। परिचालक कभी इन तत्वों का अवलोकन एवं संपादन कर सकता है। उनके अवलोकनार्थ डॉस तत्पर पर **SET** समादेश अंकित कर प्रवेश करने से कम्प्यूटर की स्मृति में अंकित पर्यावरण चर व उनके मान प्रदर्श पर अंकित हो जाते हैं। यह सूचना जिन स्वरूपों में उपलब्ध होती है उसके दो निदर्श निम्नॉकित हैं –

```
COMSPEC = A: \ COMMAND.COM
PATH = A:\DOS ; B:
PROMT = $P  $G
```

कम्प्यूटर के ए चकती से प्रवर्तित होने पर तथा ए चकती पर ही AUTOEXEC.BAT संचिका में PATH तथा PROMPT समादेश अंकित हैं। अथवा

| ENVIRONMT. VARIABLE NAME | पर्यावरण चर मान |
|---|---|
| COMSPEC | कमाण्ड प्रोसैसर फाइल कमाण्ड कॉम का पथ |
| PATH | तन्त्र में उपस्थित वे निदेशिकाएँ जिनकी फाइलों को किसी भी निदेशिका के संपर्क से प्रयुक्त किया सके। इन निदेशिकाओं की सूची ऑटोएक्जीक फाइल में पाथ आदेश से दी जाती है। |
| PROMPT | डौस प्रॉम्प्ट का प्रारूप |
| TEMP | अस्थायी फाइलों हेतु निदेशिका |

comspec = c:\command.com
path = c:\dos; d:\windows; d:\viroscan
prompt =$t $p

कम्प्यूटर सी चकती से प्रवर्तित हुआ है तथा AUTOEXEC.BAT संचिका में TEMP समादेश भी सन्निहित है। कम्प्यूटर इन सूचनाओं को प्रवर्तन काल में समादेश संस्कारक की स्थिति से तथा AUTOEXEC.BAT संचिका से प्राप्त करता है। अत: इनमें स्थायी परिवर्तन हेतु AUTOEXEC.BAT संचिका को सम्पादित करना चाहिये।

प्रवर्तन के पश्चात् स्मृति में अंकित इन सूचनाओं में अस्थायी परिवर्ततन हेतु भी SET समादेश का ही उपयोग किया जाता है, यथा

SET COMSPEC = C:\DOS\COMMAND.COM

समादेश से डॉस निदेशिका में स्थित COMMAND.COM संचिका प्रयुक्त की जायेगी। इसी प्रकार

SET PROMPT = $ OUM NAMOH SHIVAYA $_ $p

समादेश डॉस तत्पर की प्रथम पंक्ति में OUM NAMOH SHIVAYA अंकित होगा तथा दूसरी पंक्ति में चकती तथा निदेशिका व उपनिदेशिका का नाम अंकित होगा।

**प्रश्न :– विण्डोज प्रोग्राम क्या है ?**

विण्डोज अमेरिका की माइक्रोसॉफ्ट कम्पनी का एक प्रतिष्ठित प्रोग्राम है। इसके अनेक संस्करण प्रचलित एवं लोकप्रिय हैं इसकी दो विशेषताएँ हैं -

1. इसके माध्यम से एक साथ कई प्रोग्रामों में कार्य किया जा संकता है जिनमें से प्रत्येक को एक खिड़की प्रदान की जाती है। सूचनाओं को एक प्रोग्राम से दूसरे प्रोग्राम में सरलता से भेजा जा सकता है।

2. इसमें ग्राफिक यूजर इण्टरफेस तकनीक का उपयोग किया जाता है जिससे उपयोक्ता को अपने समादेश टंकित करने की आवश्यकता नहीं होती है। उसे प्रदत

विकल्पों में से एक विकल्प को चुनना होता है। इससे कार्य में शीघ्रता, सुरूचिता तथा सुविधा होती है। विकल्पों का चुनाव माउस के माध्यम से और भी अधिक शीघ्रता से किया जाता है।

विण्डोज के प्रारम्भिक संस्करण, अर्थात संस्करण संख्या 3.1 तक, डॉस पर आधारित हैं। अत: कम्प्यूटर का परिचालन डॉस द्वारा ही होता है तथा विण्डोज डॉस तथा उपादयन प्रोग्रामों में मधयस्थता का कार्य करता है। इस प्रकार के विण्डोज संस्करणों को इण्टरमीडियेट सॉफ्टवेयर कहा जाता है।

विण्डोज के तीन नवीनतम संस्करण विण्डोज/एनटी, विएडोज95, तथा विण्डोज98 स्वंय ही परिचालन प्रणालियॉ है जिससे इनके उपयोगार्थ डॉस की आवश्यकता नहीं रह गई है। साथ ही इन्हें और भी अधिक सक्षम बनाया गया है। इससे इँनके आकार भी विशाल हो गये हैं विशेषकर विण्डोज98 को अत्यधिक सुविधासम्पन्न कम्प्यूटर तन्त्र की आवश्यकता होती है।

अध्याय

७

# कम्प्यूटर कार्यप्रणाली

## 7.1 मुख्य कियाएँ

विभिन्न अवयवों के उपयोग से कम्प्यूटर मुख्यत: निम्नलिखित कियाएँ करता है

**1. सूचना संगृहण व पुन:प्राप्ति** (DATA STORAGE & RETRIEVAL)

यह कार्य चुम्बकीय संगृहण माध्यम (MAGNETIC STORAGE MEDIUM) द्वारा किया जाता है। यह माध्यम फ्लॉपी तथा हार्ड डिस्क के रूप में इनके संचाली सिस्टम द्वारा उपयोग किया जाता है।

**2. सूचना तत्काल उपलब्धि** (DATA READINESS)

तीव्र गति से डेटा प्रोसेसिंग के लिए इनका उपलब्ध होना आवश्यक होता है। यह कार्य कम्प्यूटर की मुख्य स्मृति रैम (RAM) द्वारा किया जाता है जिसके माध्यम से तन्त्र का प्रत्येक सूचना प्रवाह होता है।

**3. समादेश एवं सूचना इनपुट** (COMMAND / DATA INPUT)

यह कार्य मुख्यत: कुन्जीपटल/कीबोर्ड द्वारा किया जाता है। इसके कुछ अन्य साधन भी हैं, जिनका विवरण बाद में दिया जाएगा।

**4. किया/सूचना प्रस्तुति** (ACTIONS / DATA PRESENTATION)

कम्प्यूटर परिचालक को क्षण प्रति क्षण यह जानना आवश्यक होता है कि कम्प्यूटर को सही निर्देश दिये जा रहे हैं या नहीं एवं कम्प्यूटर अपना कार्य ठीक कर रहा है या नहीं। यह कार्य मॉनीटर द्वारा किया जाता है।

**5. सूचना संस्कारण** (DATA PROCESSING)

सूचना संस्कारण/डेटा प्रोसेसिंग ही कम्प्यूटर का उद्देश्य होता है। अत: यही सबसे महत्वपूर्ण किया है। यह कार्य कम्प्यूटर के मदरबोर्ड पर स्थित माइक्रोप्रोसेसर द्वारा अपने अन्य सहायकों की सहायता से किया जाता है।

कार्य विधि के आधार पर कम्प्यूटर के मुख्य भागों का संयोजन सूचना प्रवाह पथों के साथ चित्र 7.1 में दर्शाया गया है।

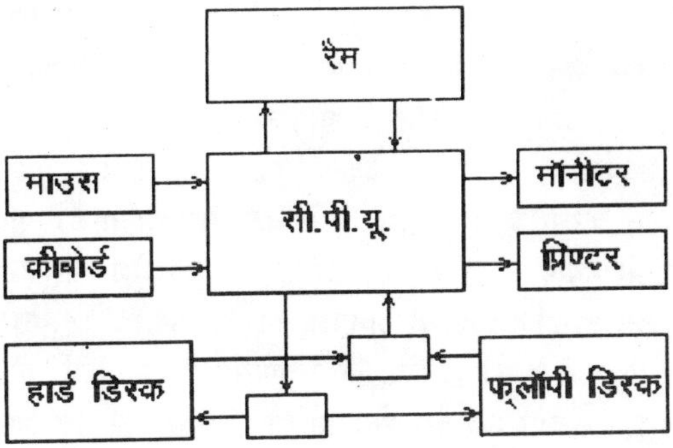


चित्र 7.1

## 7.2 सूचना सुरक्षा (DATA SAFETY)

कम्प्यूटर सूचनाओं को अपनी चकतियों के चुम्बकीय माध्यम पर अंकित करके ही सुरक्षित रखता है जिसके लिये उसे स्पष्ट समादेश देने की आवश्यकता होती है। किसी भी पुरानी सूचना में परिवर्तन व नई सूचना का अंकन तब तक नहीं करता है जब तक कि उसे इस बारे में स्पष्ट समादेश नहीं दिया जाता। सूचनाओं को सुरक्षित करने के इस कमाण्ड को SAVE कहा जाता है। यहँ एक सामान्य कमाण्ड है, जो प्रत्येक प्रोग्राम में अनिवार्य रूप से होती है।

उदाहरणार्थ, आपने कम्प्यूटर पर एक पत्र लिखा है तथा इसे SAVE किए बिना ही यदि आप कम्प्यूटर बन्द कर देते हैं तो आपका लिखित पत्र कम्प्यूटर डिस्क पर अंकित न होकर नष्ट हो जाएगा। इसी प्रकार सूचनाओं में वास्तविक परिवर्तन भी तब तक ही नहीं होते हैं जब तक कि इन परिवर्तनों को SAVE नहीं किया जाता है। अतः अनेक प्रोग्रामों में ऐसी व्यवस्था होती है कि यदि सूचनाओं के अंतिम स्वरूप को SAVE न किया गया हो तो कम्प्यूटर कार्य के बाद कम्प्यूटर बन्द करने से पहले परिचालक को चेतावनी दी जाती है। कुछ आधुनिक प्रोग्रामों, जैसे MSWORD, में पूवनिर्धारित मध यान्तरों पर स्वयमेव SAVE करने का प्रावधान होता है। इसी प्रकार dBASE में ऑकड़ों के संपादन स्वंय ही सुरक्षित हो जाते हैं। कुछ प्रोग्रामों में विशेष व्यवस्था होती है, जिससे SAVE करने के बाद भी SAVE करने से पहले की स्थिति पर वापस आया जा सकता है। PAGEMAKER में यह विशिष्ट व्यवस्था है जिसके लिये REVERT आदेश दिया जाता है।

सुरक्षा का अर्थ सूचनाओं को रैम से लेकर मैग्नेटिक डिस्कों पर अंकित कर देना है, जिससे सूचना स्थायी रूप से स्टोर हो सके अर्थात कम्प्यूटर **SAVE** कमाण्ड संबंधि त डिस्क पर रिक्त स्थान खोजकर सूचनाओं को वहाँ अंकित करता है। कम्प्यूटर में सभी प्रकार की सूचनाएँ फाइलों (FILES) के स्वरूप में ही सेव की जाती हैं।

## 7.3 कार्यविधि

कम्प्यूटर के चालू होने के अन्तिम चरण में सी.पी.यू. अनिवार्य रूप से एक डिस्क के संपर्क में होता है एवं अंत में इसी डिस्क के नाम को प्रॉम्प्ट संकेत में दर्शाता है।

कम्प्यूटर के कीबोर्ड के माध्यम से प्रदत्त संकेतों को सी.पी.यू. गृहण करके उन्हें यथावत रैम पर अंकित करता है तथा साथ ही मानीटर पर दर्शाता है। यदि इन संकेतों के पश्चात एण्टर कुंजी दबाई जाती है तो सी.पी.यू. इन्हें समादेश मानकर दो भागों - अनुदेश तथा डेटा - में विभाजित करके अनुदेश का डेटा पर कियान्वयन करता है एवं परिणाम को मॉनीटर पर दर्शाता है। अनुदेश के अनुपालन हेतु सी.पी.यू. को विस्तृत दिशा निर्देश किसी प्रोग्राम फाइल द्वारा उपलब्ध होने चाहिये। इसके लिये यह आवश्यक है कि प्रोग्राम फाइल उस डिस्क पर होनी चाहिये जिसके संपर्क में सी.पी.यू. उस समय होता है।

किसी भी आदेश फाइल को कियान्वित करने के लिये यह आवश्यक है कि फाइल कम्प्यूटर की रैम में कॉपी हो। इससे कियान्वयन गति भी अच्छी बनी रहती है।

कम्प्यूटर सूचना प्रवाहों का समुच्चय है। ये सूचनाएँ दो प्रकार की होती हैं।

1. संयमन/कण्ट्रोल सूचनाएँ - अनुदेश या समादेश इत्यादि जो कम्प्यूटर अवयवों को परिचालक की इच्छानुसार कार्य करने को विवश करते हैं, तथा

2. डेटा, वे सूचनाएँ जो कम्प्यूटर परिचालक कम्प्यूटर को स्वरूप परिवर्तन हेतु प्रदान करता है। संयमन सूचनाओं का उपयोग इन्हीं सूचनाओं के संस्कारण हेतु होता है।

सूचनाओं के ये दो प्रकार कम्प्यूटर के प्रत्येक अवयव में प्रवाहित होते हैं ताकि पूरा तंत्र वांछित कियाएँ कर सके। इस आधार पर संपूर्ण कम्प्यूटर तंत्र को भी दो विभागों में बॉटा जा सकता है तथा इसी आधार पर कम्प्यूटर के प्रत्येक उपतंत्र को दो विभागों में बॉटा जा सकता है। इस प्रकार अवयव स्तर पर विभाजित कम्प्यूटर तंत्र चित्र 7.2 में दर्शाया गया है।

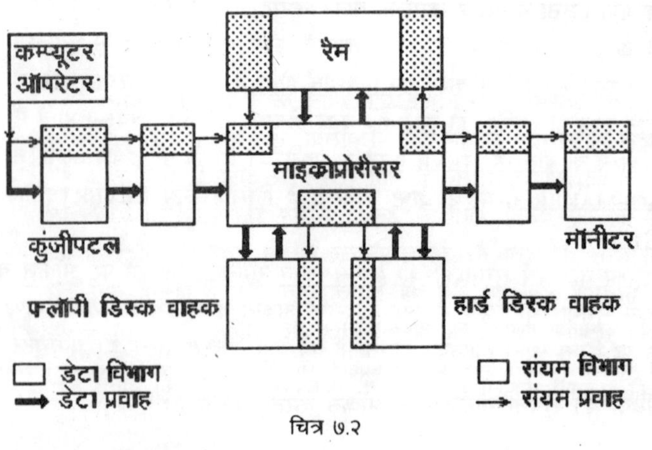


चित्र ७.२

### 7.3.1 संयमन संकेत प्रवाह

कम्प्यूटर तंत्र मं संयमन संकेतों के मूलत: दो स्रोत होते हैं कुंजीपटल के माध यम से कम्प्यूटर परिचालक तथा डिस्कों के माध्यम से उन पर अंकित प्रोग्राम। दोनों ही स्रोतों से जनित ये संयमन संकेत डेटा आइटमों के साथ मिश्रित होते हैं क्योंकि कोई भी अनुदेश मात्र अनुदेश होकर प्रभावी नहीं हो सकता है। अत: प्रत्येक अनुदेश के साथ उस डेटा का उल्लेख अवश्य होता है जिस पर इसे लागू किया जाना होता है। इसी प्रकार प्रत्येक डेटा आइटम अकेला प्रवाहित नहीं होता। इस डेटा पर क्या क्रिया की जानी है इसका उल्लेख भी इसके साथ ही होता है।

इस प्रकार माइक्रोप्रोसेसर का प्रथम कर्त्तव्य यह होता है कि वह जाने कि उसको प्रदत्त सूचना में कौन सा भाग संयमन संकेत है तथा कौन सा भाग डेटा आइटम। इस स्पष्ट विभाजन के बाद ही माइक्रोप्रोसेसर इन दो भागों को रैम के प्रथक खण्डों में अंकित करता है। इस क्रिया को पार्सिंग कहते हैं। सूचना विभाजन का यह महत्वपूर्ण कार्य प्रोग्राम ही करते हैं।

मशीनी भाषा के प्रोग्रामों में इसका दायित्व प्रोग्रामर का होता है अत: उसे कम्प्यूटर की कार्यविधि का विशेषज्ञ होना होता हैं। एसेम्बली भाषा के प्रोग्राम में यह कार्य एसेम्बलर प्रोग्राम करता है तथा उच्चस्तरीय भाषायी प्रोग्रामों में यह कार्य इण्टरप्रैटर अथवा कम्पाइलर करता है। अत: कम्प्यूटर तन्त्र में जो एप्लीकेशन प्रोग्राम संगृहित किये जाते हैं उनमें यह विभाजन पहले से ही किया होता है। जब कम्प्यूटर डिस्क पर संगृहित कोई प्रोग्राम चालू करना होता है तो सर्वप्रथम कुंजीपटल से इसके लिये संयमन संकेत प्रदान किया जाता है तथा पूरे प्रोग्राम को डेटा माना जाकर इसे रैम पर अंकित कर दिया जाता है। तदुपरान्त प्रोग्राम चालू होकर अपना वातावरण स्थापित करता है तथा परिचालक के समादेशों के अनुसार रैम पर अंकित प्रोग्राम से संयमन संकेत व डेटा आइटम लेकर माइक्रोप्रोसेसर वांछित क्रिया करता है।

### 7.3.2 डेटा प्रवाह

मूलत: कम्प्यूटर तन्त्र को डेटा प्रदान करने के दो माध्यम संभव हैं - एक कुंजीपटल के माध्यम से कम्प्यूटर परिचालक, तथा दूसरा डेटा युक्त चकती। इन दोनों विधियों में डेटा माइक्रोप्रोसेसर के मार्ग से रैम पर अंकित किया जाता है। इस डेटा पर जो भी क्रियाएँ करनी होती हैं उनका निर्णय कम्प्यूटर परिचालक कुंजीपटल द्वारा माइक्रोप्रोसेसर को देता है। माइक्रोप्रोसेसर रैम से एक-एक डेटा आइटम लेकर उसे प्रौसैस करता है तथा पुन: रैम को भेजता रहता है। परिचालक जब डेटा को सुरक्षित करने का समादेश देता है तो माइक्रोप्रोसेसर डेटा को रैम से लेकर निर्धारित डिस्क पर अंकित करके सुरक्षित कर देता है। इस के साथ साथ माइक्रोप्रोसेसर अपनी सभी गतिविधियों की सूचना मॉनीटर पर अंकित करता चलता है।

## 7.4 स्मृति योग (MEMORY USE)

यद्यपि कम्प्यूटर के परिचालन में मैमोरी के उपयोग के बारे में जानना आवश्यक नहीं होता है किन्तु इस विषय पर एक विहंगम दृष्टिपात कम्प्यूटर की कार्य प्रणाली को समझने में सहायक हो सकता है। पर्सनल कम्प्यूटरों की मुख्य मैमोरी दो स्वरूपों में उपयुक्त की जाती है-

रैम (RAM) — रूढ (CONVENTIONAL),
विलम्बित (EXTENDED) तथा
विस्तारित (EXPANDED)

कैश (CACHE)

### 7.4.1 कनवेंशनल/रूढ स्मृति (CONVENTIONAL MEMORY)

यह मैमोरी का उच्च प्राथमिकता वाला उपयोग है। यह शून्य से 1024 किलो बाइट अर्थात 1 मैगा बाइट तक उपयुक्त की जा सकती है। इसमें से 640 किलोबाइट डिस्क ऑपरेटिंग सिस्टम के लिए तथा शेष 384 किलो बाइट मॉनीटर, बायोस तथा अन्य युक्तियों, जैसे डिस्क कंट्रोलर आदि, के उपयोगार्थ सुरक्षित रहती है। इसे नीचे चित्र में दर्शाया गया है।

| बायोस सिस्टम सूचनाएँ | डॉस | एप्लीकेशन प्रोग्राम | वीडियो रैम | बायोस विस्तार | | बायोस रोम |
|---|---|---|---|---|---|---|

0      640 KB      1MB

चित्र 7.3

इसमें कुछ भाग अप्रयोजित भी रह जाता है, किन्तु कुछ विशेष सॉफ्टवेयरों से इस भाग को भी उपादयन के उपयोग में लिया जा सकता है। उपरोक्त चित्र में बायोस को तीन भागों में उपयोग करके दर्शाया गया है, जो सूचित करता है कि बायोस के विभिन्न भागों को मैमोरी उपयोग में अलग-अलग प्राथमिकताएँ प्रदान की जाती हैं।

### 7.4.2 एक्सटेण्डिड/विलम्बित स्मृति (EXTENDED MEMORY)

एक्सटेंडेड कम्प्यूटर, जिनमें 8086 तथा 8080 माइक्रोप्रोसेसर उपयुक्त किए जाते हैं, 1 मैगाबाइट से अधिक मैमोरी का उपयोग करने में असक्षम होते हैं। अत: उनके मदरबोर्ड पर अधिकतम 1 मैगाबाइट मैमोरी ही स्थापित की जाती है। 80286 तथा उच्चतर, एडवांस्ड कम्प्यूटर 1 मै.बा. से अधिक मैमोरी को एक्स्टेंडेड मैमोरी के रूप में उपयोग करते हैं। इनमें 1 मै.बा. तक की मैमोरी पिछले चित्र की भाँति ही कन्वेंशनल

मैमोरी के रूप में उपयुक्त होती है तथा शेष एक्स्टेंडेड मैमोरी में परिवर्तित करके कम्प्यूटर के उपयोग में आती है। यह कार्य कुछ विशेष प्रोग्राम संपन्न कराते हैं।

आधुनिक मशीनों में एक्स्टेंडेड मैमोरी उपयोग का प्रचलन है।

### 7.4.3 एक्सपैण्डिड/विस्तारित स्मृति (EXPANDED MEMORY)

एक्स्पेंडेड मैमोरी 64 किलोबाइट के टुकडों में बॉटकर उपयोग की जाती है। इस प्रकार के प्रत्येक टुकड़े को एक पेजफ्रेम कहते हैं। एक्स्पेंडेड मैमोरी के इस प्रकार के पेजफ्रेम आवश्यकतानुसार कन्वेशनल मैमोरी में जुड़ते रहते हैं, जिससे कन्वेशनल मैमोरी की क्षमता 640 किलोबाइट की सीमा से आगे बढ़ाई जाती है। इस प्रक्रिया में जब भी एक्स्पेंडेड मैमोरी का कोई पेजफ्रेम सक्रिय प्रोग्राम के लिए कन्वेशनल मैमोरी में जुड़ता है तभी कन्वेशनल मैमोरी से 64 किलोबाइट का टुकड़ा जिसपर प्रोग्राम का अक्रिय भाग रहता है, एक्स्पेंडेड मैमोरी से स्थानांतरित हो जाता है। यह प्रक्रिया ठीक उसी तरह है जैसे डिस्क संचाली में डिस्क की अदला बदली करके स्टोरेज क्षमता कितनी भी बढ़ाई जा सकती है। अतः प्रत्येक समय प्रोग्राम के सक्रिय भाग कन्वेशनल मैमोरी में निश्चित परिमाण के ही होते हैं, किन्तु प्रोग्राम के 64 किलोबाइट में पेज फ्रेमों की अक्रियता तथा सक्रियता उपयोगानुसार परिवर्तित होती रहती है।

आधुनिक मशीनों में एक्स्पेंडेड मैमोरी उपयोग का प्रचलन नहीं है। एडवांस्ड मशीनों (AT) में एक्स्टेंडेड मेमोरी को ही एक्स्पेंडेड मेमोरी के रूप में उपयोग किया जाता है, जबकि एक्स्टेंडेड टेक्नोलॉजी (XT) मशीनों में एक्स्टेंडेड मैमोरी के लिए अलग से मैमोरी कार्ड लगाने की आवश्यकता होती है।

### 7.4.4 कैश मैमोरी (CACHE MEMORY)

बहुधा माइक्रोप्रोसेसर तीव्र गति से कार्य करते हैं तथा स्मृति का पठन व लेखन उतनी तीव्र गति से नहीं हो पाता है। इस प्रकार माइक्रोप्रोसेसर की तीव्र गति का लाभ नहीं उठाया जा सकता क्योंकि कम्प्यूटर की प्रत्येक क्रिया में स्मृति का पठन अथवा लेखन अनिवार्य होता है। इस समस्या के निवारण हेतु माइक्रोप्रोसेसर तथा रैम के मध्यस्थ एक तीव्र गति की स्मृति का उपयोग किया जाता है जो क्षमता में मुख्य स्मृति से छोटी तथा गति सक्षमता में उससे बहुत आगे होती है। इस स्मृति को कैश स्मृति कहा जाता है।

80286 तथा 80386 SX तक के माइक्रोप्रोसेसरों की गति तथा रैम की गति में कोई विषमता नहीं है, अतः सामंजस्य के लिए प्रयास की आवश्यकता नहीं होती। किन्तु 80386 DX तथा बाद के माइक्रोप्रोसेसरों की गति तीव्र होने के कारण रैम की गति उनकी तुलना में धीमी रह जाती है। अतः सामंजस्य के लिए अतिरिक्त प्रयास की आवश्यकता होती है। कैश मैमोरी इसी अतिरिक्त प्रयास का कार्य करती हैं।

कैश तथा रैम स्मृतियॉं उसी प्रकार कार्य करती हैं जैसे महिलाओं के छोटे तथा बड़े पर्स। महिलाएँ अपना मुख्य धन बड़े पर्स में रखती हैं तथा कुछ काम चलाऊ धन

छोटे पर्स में। जब व्यय करते रहने से छोटा पर्स खाली हो जाना है तो वे बड़े पर्स से कुछ धन छोटे पर्स में रख लेती हैं। महिलाएँ तो ऐसा प्रायः दो कारणों से करती हैं -बच्चों की मांगों से बचने के लिये तथा पति को अपना धनाभाव दर्शाने के लिये। किन्तु कम्प्यूटर इस व्यवस्था को कार्य गति बढाने हेतु करते हैं। चित्र 7.4 में इस व्यवस्था से पठन क्रिया को दर्शाया गया है। कैश मैमोरी अपनी क्षमता के अनुसार रैम से डेटा लेती है। माइक्रोप्रोसेसर कैश मैमोरी से एक एक डेटा आइटम प्राप्त करता है तथा इसे संस्कारित करता है। इस संस्कारण के समय कैश मैमोरी रैम से और डेटा प्राप्त कर लेती है। चूँकि इसकी पठन गति तीव्र होती है यह माइक्रोप्रोसेसर की गति के अनुसार उसे डेटा प्रदान करने मे सक्षम होती है। इस कार्य के अतिरिक्त इसे जो भी समय मिलता है उसमें रैम से डेटा प्राप्त करती रहती है। इस प्रकार धीमी गति से कार्य करने वाली रैम का प्रभाव माइक्रोप्रोसेसर की गति पर नहीं पड़ता है एवं उसे अपनी आवश्यकतानुसार डेटा उपलब्ध रहता है।

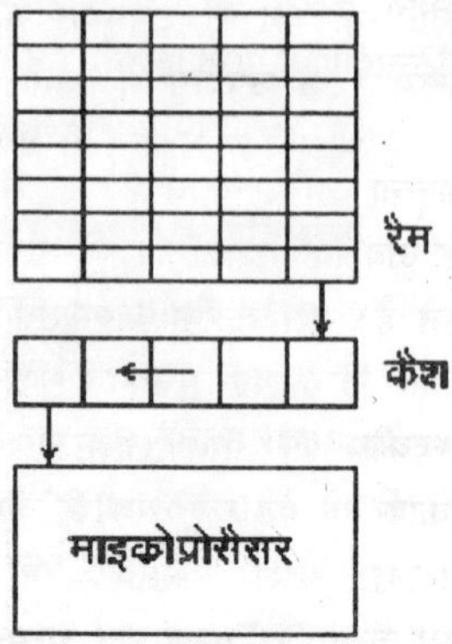

चित्र 7.4

उपरोक्त में जो प्रक्रिया रैम पठन के लिये वर्णित है, ठीक इसके विपरीत क्रिया रैम पर लेखन में होती है। प्रायः रैम लेखन उसकी पठन क्रिया से अधिक धीमा होता है इसलिये अनेक कम्प्यूटर तन्त्र कैश मैमोरी का उपयोग रैम पर लेखन के लिये ही करते हैं। ऐसी अवस्था में कैश मैमोरी को राइटबैक कैश मैमोरी कहा जाता है। यह मैमोरी चिप सामान्यतः 64 केबी अथवा 128 केबी की होती है।

## 7.5 डिस्क संचाली ( DISK DRIVES )

सूचनाओं का स्टोरेज व आवश्यकता के समय उन्हें उपलब्ध कराना कम्प्यूटरों का उद्देश्य कहा जाता है। कम्प्यूटरों में स्टोरेज प्रक्रिया चुम्बकीय माध्यम से होती है। अर्थात एक तल पर चुम्बकीय पदार्थ की तह जमी होती है। इन चुम्बकीय कणों का आवश्यकतानुसार चुम्बकन कर दिया जाता है। जब तक इनके चुम्बकन में कोई परिवर्तन न किया जाए तब तक ये चुम्बकित रहते हैं। इस चुबंकन को किसी भी समय उपयुक्त यंत्र की सहायता से ज्ञात किया जाता है।

चुम्बकीय पदार्थो को जिस तल पर जमाया जाता है वह प्लास्टिक की एक महीन फिल्म होती हैं। इस फिल्म का आकार टेप अथवा डिस्क के रूप में हो सकता है। कम्प्यूटरों में डिस्क का उपयोग अधिक सामान्य है। यद्यपि अधिक मात्रा में सूचनाओं का संगृह टेपों (TAPES) पर भी किया जाता है।

टेप तथा डिस्क, दोनों के अलग-अलग लाभ वं हानियॉ हैं। टेप की लम्बाई बहुत अधिक होना संभव है तथा इसे रील पर सुविधापूर्वक लपेट कर रखा जा सकता है।

जबकि डिस्क का आकर बहुत बड़ा करने से इसे संभालकर रखने में व्यावहारिक कठिनाईयाँ हैं तथा इसके मुड़ने के कारण सूचनाएँ विकृत होने का भय बना रहता है।

टेप के उपयोग में सबसे बड़ी असुविधा यह है कि इसमें वांछित सूचना को खोजना जटिल कार्य है। हो सकता है पूरे टेप को एक रील से दूसरी रील पर लपेटना पड़े जब कि डिस्कों के पूरे तल किसी भी स्थान पर संपर्क के लिए सभी समय उपलब्ध रहते हैं। इस कारण कम्प्यूटरों में डिस्क का उपयोग अधिक किया जाता है।

डिस्क पर चुम्बकीय माध्यम पर लेखन के लिए तथा बाद में उसके पठन के लिए चुम्बकीय शीर्ष (MAGNETIC HEAD) का उपयोग किया जाता है जो सामान्य टेप रिकार्डर के हेड की तरह ही कार्य करता है। कार्य के अनुसार इसे पठन व लेखन शीर्ष (READ/ WRITE HEAD) भी कहते हैं। इस हैड में विद्युत धारा प्रवाह से डिस्क पर जमे चुम्बकीय कणों का चुम्बकन किया जाता है तथा बाद में आवश्यकतानुसार इस चुम्बकन के प्रभाव से विद्युत धारा उत्पन्न की जाती है जो पठन प्रक्रिया होती है।

स्टोरेज की सुविधा के लिए प्रत्येक डिस्क को सैक्टरों/त्रिज्य खंडों (SECTORS) में बॉटा जाता है। प्रत्येक सैक्टर में आर्क रूपी रूट बनाए जाते हैं। इन रूटों पर ही जमे चुम्बकीय पदार्थ कणों का चुम्बकन किया जाता है।

डिस्क में डेटा स्टोरेज तथा बाद में इनकी उपलब्धि के लिए डिस्क को इनके केंद्र पर घुमाकर संबंधित सैक्टर पॉइंट को हैड के सम्मुख लाया जाता है। साथ ही हैड को डिस्क की त्रिज्या की दिशा में आगे - पीछे खिसकाकर संबंधित रूट को रीड व राइट हैड के नीचे लाना होता है। हैड तथा डिस्क के सामंजस्य पूर्ण परिचालन के लिए संचाली सिस्टमों का उपयोग किया जाता है।

***क- फ्लॉपी डिस्क संचाली*** *(FLOPPY DISK DRIVE - FDD)*

इन संचालियों में मैग्नेटिक डिस्क को किसी भी समय निकालने तथा लगाने की व्यवस्था होती है। अत: उनके माध्यम से सूचनाओं को एक के बाद एक डिस्क पर स्टोर किया जा सकता है। सूचनाओं की मात्रा का निर्धारण कोई आवश्यक नहीं है, जितनी अधिक सूचनाएँ होंगी उतनी ही अधिक डिस्कों का उपयोग होगा।

प्रत्येक डिस्क की डेटा स्टोरेज की क्षमता होती है जो मुख्यत: डिस्क के पथ घनत्व पर निर्भर करती है। विकास के अनेक आयामों के फलस्वरूप वर्तमान में दो आकार की डिस्कों का प्रचलन है - 3.5 इंच व्यास तथ 5.25 इंच व्यास। दोनों ही आकार की डिस्कें विभिन्न घनत्वों में उपलब्ध हैं। इसके अतिरिक्त डिस्कों के एक ओर अथवा दोनों ओर के तलों का उपयोग किया जा सकता है। वर्तमान में डिस्कों के दोनों ओर के तलों का ही उपयोग होता है। इनके संचालियों में ऊपर तथा नीचे दो रीड व राइट हैड होते हैं तथा दोनों हैड एक साथ गति करते हैं।

डिस्क संचाली चार मानक विशिष्टियों में उपलब्ध हैं। इसमें विशेष ध्यान देने योगय तथ्य यह है कि उच्च घनत्व के संचाली दोगुने घनत्व की डिस्कों का उपयोग कर सकते हैं, किन्तु दोगुने घनत्व के संचाली उच्च घनत्व की डिस्कों का उपयोग नहीं कर

सकती हैं। अत: वर्तमान मे उच्च घनत्व की डिस्कों अर्थात 1.2MB तथा 1.44MB के संचाली ही लोकप्रिय हैं। यद्यपि कुछ पुराने सिस्टमों में 360KB तथा 720KB के संचाली भी उपयुक्त किये जा रहे हैं।

वर्तमान के संदर्भ में डिस्कों तथा संचालियों के बारे में दूसरा महत्वपूर्ण किन्तु विषम तथ्य यह है कि 1.2 MB (5.25") की डिस्क अधिक विश्वसनीय पाई जा रही है जबकि 1.44MB (3.5") की डिस्कें गुणता में इतनी विश्वसनीय नहीं हो पाई हैं। किन्तु 1.44MB (3.5") का संचाली 1.2MB (5.25") के संचाली की तुलना में अधिक विश्वसनीय है।

***ख– हार्ड डिस्क संचाली*** *(HARD DISK DRIVE - HDD)*

फ्लॉपी डिस्क संचाली में चुम्बकीय माध्यम युक्त डिस्क आवश्यकता के अनुसार लगाई या निकाली जा सकती है किन्तु हार्ड डिस्क संचाली में अनेक डिस्कें स्थायी रूप से लगी रहती हैं। इसी अवस्था में इन पर सूचनाएँ अंकित की जा सकती हैं अथवा पढ़ी जा सकती हैं। संचाली की स्टोरेज क्षमता बढाने के उद्‌देश्य से एक ही धुरी पर अनेक डिस्कें लगाई जाती हैं, जिनके दोनों ओर रीड व राइट हैड लगे होते हैं। फ्लॉपी डिस्क संचाली की भाँति ही हैडों को आगे पीछे चलाने की व्यवस्था होती है। डिस्कों के स्थायी होने के कारण प्रत्येक संचाली की क्षमता पूर्व निर्धारित होती है जो डिस्कों की संख्या तथा प्रकार पर निर्भर करती है। अब तक कुल छियालिस प्रकार की स्टैंडर्ड यूनिटें विकसित की गई हैं। कम्प्यूटर इन छियालिस प्रकार की यूनिटों के उपयोग के लिए तो तैयार होता ही है, इसके नए प्रकार को परिभाषित नहीं किया गया है तथा उपयोगकर्ता प्रयुक्त यूनिट की विशिष्टियों की सूचना कम्प्यूटर को प्रदान कर सकता है। हार्ड डिस्क संचालियों की स्टोरेज क्षमताएँ 20 MB से लेकर 10 GB तक उपलब्ध हैं।

यह उपकरण अत्यंत जटिल एंव सूक्ष्म कल पुरजों के संयोजन से बना होता है। अत: इसके लाने ले जाने व उपयोग मे अत्यधिक सावधानी की आवश्यकता होती है। मामूली से झटके से भी यह खराब हो सकता है। हार्ड डिस्क संचाली अधिक तीव्र गति से कार्य करता है। इनका चुम्बकीय माध्यम डिस्कें लचीली प्लास्टिक फिल्मों पर न होकर सुदृढ पदार्थों की बनी होती हैं। रीड व राइट हैड इन्हें बिना छुए इनकी सतह पर अति तीव्र गति से आगे पीछे खिसकते हैं।

## प्रश्नोत्तरी :

**प्रश्न :- कम्प्यूटर तन्त्र के अंगों के बारे में समझाइये ?**

जैसा कि सर्व विदित है कि कम्प्यूटर तन्त्र के दो अनिवार्य अंग होते हैं - हार्डवेयर तथा सॉफ्टवेयर। दोनों के सामंजस्य से ही कम्प्यूटर कार्य करता है। कम्प्यूटर हार्डवेयर सूक्ष्म इलेक्ट्रॉनिक/वैद्युत्यिक अवयवों का संयोजन अर्थात द्रव्यात्मक है।

कम्प्यूटर सॉफ्टवेयर केवल वर्ण संचय है जो कम्प्यूटर की किसी भाषा में होता है। ये कोई पदार्थ नहीं हैं किन्तु अनुदेशात्मक सूचनाएँ हैं जिनके अनुसार कम्प्यूटर

हार्डवेयर अवयव कार्य करते हैं। इन अनुदेशात्मक सॉफ्टवेयरों के प्रत्येक भाग को एक प्रोग्राम कहा जाता है।

**प्रश्नः - कम्प्यूटर तन्त्र की कार्य पद्यति की विवेचना कीजिये?**

कम्प्यूटर तन्त्र के प्रमुख भाग निम्नॉकित हैं

1. माइक्रोप्रोसैसर/सूक्ष्म संस्कारक
2. मैमोरीज़/स्मृतियॉं : रैम तथा डिस्क
3. बस/संयुज्जी
4. इनपुट डिवाइस/अन्तर्गतन युक्ति
5. आउटपुट डिवाइस/बहिर्गतन युक्ति

इन अंगों के समन्वय से निर्मित कम्प्यूटर तन्त्र को चित्र 7.5 के अनुसार दर्शाया जा सकता है। जैसा कि चित्र से स्पष्ट है कम्प्यूटर का माइक्रोप्रोसैसर इसका सर्वाधिक महत्वपूर्ण अंग है। यह इनपुट को प्राप्त कर स्मृति में अंकित करता है तथा स्मृति से सूचनाओं को यथावश्यकता प्राप्त कर आउटपुट माध्यमों को भेजता है। सूचनाओं के इनपुट तथा आउटपुट हेतु प्रभावात्मक सॉफ्टवेयर, जिन्हें सामान्यतः प्रोग्राम कहा जाता है, का उपयोग किया जाता है। इन्ही प्रोग्रामों के दिशा निर्देशों के अनुसार सूचनाओं की प्रस्तुति वांछित स्वरूपों में की जाती है। अतः कम्प्यूटर तन्त्र सूचना संस्कारण हेतु एक बोध-सम्पन्न मशीन है।

**प्रश्न :- कम्प्यूटर की मुख्य स्मृति के उपयोग पर टिप्पणी कीजिये?**

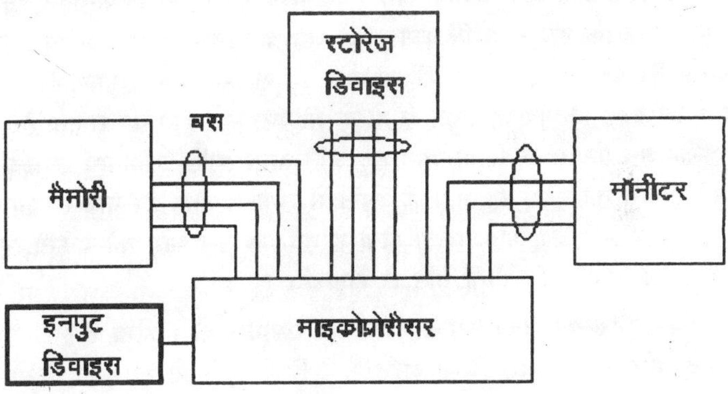


चित्र 7.5

कम्प्यूटर की मुख्य स्मृति को रैम कहा जाता है। से तीन खण्डों में विभाजित किया जा सकता है।

उच्च स्मृति क्षेत्र

कन्वैन्शनल स्मृति-अनिवार्य तथा ऐक्सटैण्डिड स्मृति-ऐच्छिक

रैम के प्रथम 640 किलोबाइट के भाग को कन्वैन्शनल स्मृति कहा जाता है।

विशेष प्रोग्राम व्यवस्थाओं के बिना कोई भी डौस कम्प्यूटर तन्त्र 640 किलो बाइट से अधिक स्मृति का उपयोग नहीं कर सकता। प्रत्येक कम्प्यूटर तन्त्र को स्मृति के इस रूढ भाग की अनिवार्य रूप से आवश्यकता होती है। 640 किलो बाइट से अधिक 1 मैगाा तक की स्मृति को उच्च स्मृति खण्ड कहा जाता है। स्मृति के 1 मैगा से अधिक भाग को ऐक्सटैण्डिड स्मृति कहा जाता है। इस भाग का उपयोग विशेष प्रोग्रामों, जैसे-**himem sys, emm 386** के माध्यम से 80386 अथवा उच्चतर संस्कारकों के साथ ही किया जा सकता है। 80286 के प्रोटैक्टिक मोड में परिचालन से भी ऐक्सटैण्डिड स्मृति का उपयोग किया जा सकता है।

ऐक्सटैण्डिड स्मृति व्यवस्था में 1 मैगाबाइट से अधिक स्मृति को छोटे-छोटे भागों में विभक्त कर दिया जाता है। जिन्हें स्मृति पृष्ठ कहा जाता है। कम्प्यूटर परिचालन में कम्प्यूटर प्रोग्राम इन पृष्ठों की अदला बदली रूढ स्मृति के पृष्ठों से करते रहते हैं। ऐसा करना तभी सम्भव होता है जब परिचालित प्रोग्राम में ऐक्सटैण्डिड स्मृति के उपयोग की व्यवस्था हो। यदि ऐसा न हो तो एक्सटैण्डिड स्मृति का उपयोग करने वाले प्रोग्राम भी एक्सटैण्डिड स्मृति की तरह ही उपयुक्त करते हैं।

**प्रश्न :- कम्प्यूटर 640 किलो बाइट की रूढ स्मृति का उपयोग कैसे करता है?**

कम्प्यूटर की 640 किलो बाइट की रूढ स्मृति के दो भाग होते हैं, प्रथम-तन्त्रीय, जिसमें तन्त्र सम्बन्धी महत्वपूर्ण सूचनाएँ जैसे बायोस, परिचालन प्रणाली, मॉनीटर संयमन संचिकाऐं आदि होती हैं तथा द्वितीय भाग एप्लीकेशन प्रोग्राम के कियान्वयन हेतु होता है। वस्तुतः संस्कारक इस 640 किलोबाइट के क्षेत्र को अपना सूचना आदान प्रदान का क्षेत्र मानता है। इसलिये इस भाग की अनिवार्य रूप से आवश्यकता होती है। कम्प्यूटर में यदि केवल 640 किलोबाइट स्मृति ही हो तो भी कम्प्यूटर कार्य कर सकता है। किन्तु इससे एप्लीकेशन प्रोग्राम के कियान्वयन हेतु अति अल्प स्मृति उपयोगार्थ उपलब्ध होती है जिससे प्रोग्राम का छोटा सा भाग ही स्मृति में संगृहित होता है। जब संस्कारक को प्रोग्राम के अन्य भाग की आवश्यकता होती है तब वह उस भाग को चकती से प्राप्त करता है इससे कियान्वयन धीमी गति से होता है।

**प्रश्न :- कम्प्यूटर की उच्च स्मृति खण्ड का उपयोग कैसे होता है?**

जब कम्प्यूटर में 640 किलो बाइट से अधिक स्मृति हो तो 640 किलो बाइट से 1 मैगा का भाग उच्च स्मृति क्षेत्र कहलाता है। इस क्षेत्र का उपयोग तन्त्रीय संचिकाओं जैसे परिचालन प्रणाली की अतिरिक्त संचिकाएँ, मॉनीटर संयमन संचिकाएँ, बायोस संचिकाएं आदि के संगृहण हेतु किया जाता है। जिससे कम्प्यूटर की रूढ स्मृति का अधि कांश भाग एप्लीकेशन प्रोग्राम के कियान्वयन हेतु उपलब्ध हो जाता हैं एवं कियान्वयन अधिक तीव्रता से सम्पन्न होता है। कम्प्यूटर का प्रदर्श प्रोग्राम इसी खण्ड में रहता है।

संचिका **himem .sys** को उच्च स्मृति खण्ड के उपयोग में सहायक होने के लिये इस संचिका के पथ को CONFIG.SYS संचिका में दर्शाना आवश्यक होता है।

इससे कम्प्यूटर प्रवर्तन काल में **himem.sys** उच्च स्मृति खण्ड का परीक्षण कर इसका उपयोग सुनिश्चित करता है। डौस के प्रोग्राम **MEMMAKER** को एक बार संचालित कर देने से यह संचिकाओं का संपादन इस प्रकार कर देती है कि उच्च स्मृति खण्ड अधिकतम उपयुक्त होने लगता है तथा उपादयन प्रोग्राम को रूढ स्मृति का वांछित भाग उपलब्ध हो पाता है।

**प्रश्न :- कम्प्यूटर की ऐक्सपैण्डिड स्मृति का उपयोग कैसे होता है?**

जैसा कि पूर्वोक्त है सामान्यत: कम्प्यूटर तन्त्र 640 किलो बाइट की रूढ स्मृति तथा 360 किलो बाइट की उच्च स्मृति का ही उपयोग कर पाते हैं। अत: 1 मैगा बाइट से अधिक की स्मृति का उपयोग करने हेतु अतिरिक्त व्यवस्था की आवश्यकता होती है। इनमें से एक व्यवस्था अतिरिक्त स्मृति को एक्सपैण्डिड स्मृति के रूप में उपयोग करने की है। यह व्यवस्था संचालित करने वाले प्रोग्राम द्वारा की जाती है। अत: इसमें कम्प्यूटर परिचालक को कुछ करना नहीं होता है। यदि प्रोग्राम में यह व्यवस्था होती है तो अतिरिक्त स्मृति का उपयोग हो जाता है।

इस व्यवस्था में उपादयन प्रोग्राम को रूढ तथा अतिरिक्त स्मृति में अंकित करके स्मृति को 64 किलो बाइट के भागों में विभाजित कर दिया जाता हैं ऐसे प्रत्येक भाग को एक स्मृति पृष्ठ कहा जाता है। प्रोग्राम में यह व्यवस्था होती है कि प्रोग्राम के जिस भाग का उपयोग होना होता है, उसी पृष्ठ को रूढ स्मृति कें एक पृष्ठ से विनिमय कर दिया जाता है। इससे लाभ यह होता है कि प्रोग्राम के उपयोगी भाग को पाने को चकती पर खोजने की आवश्यकता नहीं रहती एवं स्मृति में विनिमय अति-शीघ्रता से हो जाता है। इस प्रकार से अतिरिक्त स्मृति का उपयोग प्रोग्राम के आकार के अनुसार किया जाता है।

**प्रश्न :- कम्प्यूटर एक्सटैण्डिड स्मृति का उपयोग कैसे करता है?**

1 मैबा से अधिक की स्मृति का एक्सटैण्डिड स्मृति के रूप में उपयोग करने हेतु एप्लीकेशन प्रतिक्रम में व्यवस्था करने की आवश्यकता नहीं होती। यह व्यवस्था कम्प्यूटर के प्रवर्तन काल में कुछ विशेष प्रोग्रामों, जैसे **emm386.exe** द्वारा की जाती है। इसके लिये इन विशेष प्रोग्रामों को सक्रिय करने हेतु इन्हें कम्प्यूटर की **config.sys** संचिका में सन्निहित करना होता है। ये प्रोग्राम प्रत्येक एप्लीकेशन प्रोग्राम के संचालन की भाँति ही उपयुक्त होतें हैं।

अत: एक्सटैण्डिड स्मृति तथा एक्सपैण्डिड स्मृति में केवल व्यवस्थापन में ही अन्तर होता है। एक्सटैण्डिड स्मृति की व्यवस्था एप्लीकेशन प्रोग्राम स्वंय करता है। एक्सपैण्डिड स्मृति की व्यवस्था डॉस में उपलब्ध प्रोग्रामो के माध्यम से होती है।

**प्रश्न:- एक आदर्श बहूपयोगी CONFIG.SYS संचिका की प्रविष्टियाँ दिखाते हुए उनके महत्व समझाइये?**

एक बहुपयोगी **config.sys** संचिका इस प्रकार की हो सकती है -

DEVICE = C:\DOS\SMARTDEV.EXE

```
DEVICE = C:\DOS\HIMEM.SYS
DEVICE = C:\DOS\EMM386.EXE NOEMS
BUFFERS= 50,0
FILES = 50
DOS = HIGH,UMS
LASTDRIVE = E
FEBS = 4, 0
DEVICE HGH = C:\DOS\SETVER.EXE
SHELL = C:\DOS\COMMAND.COM  C:\DOS\   /P
```

इस संचिका की प्रत्येक पंक्ति एक समादेश है जिनमें से कुछ COMMAND.COM संचिका के आन्तरिक समादेश हैं तथा कुछ बाह्य समादेश। प्रथम समादेश **device** समादेश है जो सी चकती की **dos** निदेशिका की **smartdrv.exe** संचिका को क्रियान्वित करता है। **smartdrv** संचिका कम्प्यूटर की चकतियों के लिये कम्प्यूटर की एक्सटैण्डिड स्मृति के एक भाग को कैश स्मृति के रूप में उपयोग करने हेतु निर्धारित करती है जिससे चकतियों की सूचनाओं को तीव्रता से प्राप्त किया जाता है तथा तीव्रता से उन पर अंकित किया जाता है।

दूसरी पंक्ति भी **device** समादेश है जो सी चकती की **dos** निदेशिका की **EMM386.EXE** संचिका को सक्रिय करती है। इससे कम्प्यूटर की 1 मैबा से अधिक की स्मृति एक्सटैण्डिड स्मृति के रूप में उपयुक्त होती है। इस पंक्ति के अन्त में **noems** कम्प्यूटर में एक्सपैण्डिड स्मृति के प्रावधान को वर्जित करता है।

चौथी पंक्ति का **buffers** समादेश है जो चकती की सूचनाओं को 50 अंशों में स्मृति में अंकित कर रहा है। प्रत्येक अंश 512 बाइट का होता है। इससे एप्लीकेशन प्रोग्राम के संचालन में चकती से बार-बार सूचना प्राप्त करने की आवश्यकता नहीं होती हैं। बफरों की संख्या अत्यधिक होने से स्मृति के दुरूपयोग होने की सम्भावना रहती है।

**files** समादेश यह निर्धारित करता है कि कम्प्यूटर एक समय में अधिक से अधिक कितनी संचिकाओं को खोलकर रख सकता है। **dos = high,umb** समादेश कम्प्यूटर की परिचालन प्रणाली डॉस को उच्च स्मृति क्षेत्र में स्थापित करता है जिससे कि रूढ स्मृति एप्लीकेशन प्रोग्राम के अधिकतम भाग को सकिय रख सके।

**lastdrive = e** समादेश निर्धारित कर रहा है कि कम्प्यूटर तन्त्र में **a:, b:, c:, d:** तथा **e:** पॉच चकती संचाली सम्बन्धित हो सकते हैं। **fcbs = 4,0** समादेश कम्प्यूटर तन्त्र द्वारा संचिका के चार खण्डों को एक साथ सक्रिय रखने का प्रावधान करता है।

कुछ उपादयन प्रोग्रामों को यह जानना आवश्यक होता है कि उसे परिचालन प्रणाली के समादेशों के किन संस्करणों के साथ कार्य करना है। अत: **devicehigh** समादेश **setver.exe** संचिका को उच्च स्मृति खण्ड में रखकर सक्रिय रखता है जिससे एप्लीकेशन प्रोग्रमों को डॉस की विभिन्न सचिकाओं के संस्करणों का ज्ञान हो जाता है।

**shell** समादेश कम्प्यूटर तन्त्र को परिचालन प्रणाली की मुख्य संचिका **command.com** की स्थिति की सूचना प्रदान करता है।

**प्रश्न :- कम्प्यूटर में उच्च स्मृति क्षेत्र किसे कहा जाता है?**

कम्प्यूटर की 1 मैबा से अधिक की स्मृति एक्सटैण्डिड स्मृति के रूप में प्रयुक्त होती है। इसके प्रथम 64 किलो बाइट भाग को उच्च स्मृति क्षेत्र कहते हैं। डॉस का **memmaker** प्रोग्राम इस क्षेत्र के सदुपयोग में सहायक होता है। इस क्षेत्र में परिचालन तन्त्र की संचिकाएँ स्थित कर दी जाती हैं जिससे रूढ स्मृति एप्लीकेशन प्रोग्रामों हेतु उपलब्ध हो जाती है।

**प्रश्न :- कम्प्यूटर तन्त्रों में टाइमर/कालद का क्या महत्व है?**

प्रत्येक कम्प्यूटर तन्त्र में एक निश्चित आवृत्ति पर पल्स प्रदान करने वाला परिपथ होता है। तन्त्र का प्रत्येक अवयव इन्ही पल्सों से समकालित होकर कार्य करता है। अन्तर केवल इतना है कि कोई युक्ति इस मूल आवृत्ति पर कार्य करता है, कोई अन्य 1/3 आवृत्ति पर तो कोई 1/4 आवृत्ति पर....। इस प्रकार तन्त्र की प्रत्येक युक्ति अपनी कार्यगति की सक्षमता के अनुसार मूल आवृत्ति तथा उसकी पल्सों से सामंजस्य बनाये रखती है। तन्त्र की यही मूल आवृत्ति समय पालन का कार्य भी करती है इसलिये इसे टाइमर कहा जाता है।

**प्रश्न :- कम्प्यूटर तन्त्रों में कैश/मध्यमा स्मृति का क्या कार्य है?**

सामान्यत: कम्प्यूटर का माइक्रोप्रोसैसर अति तीव्र गति से कार्य करता है जबकि अधिकतर स्मृतियाँ धीमी गति से सूचनाओं का आदान प्रदान करती हैं अत: माइक्रोप्रोसैसर का अमूल्य समय नष्ट होता है। इससे बचने के लिये कम्प्यूटरों में एक तीव्र गति से कार्य करने वाली मध्यमा/कैश स्मृति का प्रावधान किया जाता है। सूचनाएँ मुख्य स्मृति से इस स्मृति में भेजी जाती हैं जहाँ से माइक्रोप्रोसैसर तीव्रता से सूचनाएँ प्राप्त कर लेता है। इसी प्रकार चकतियों से सूचना अन्तरण में चकती मध्यमा स्मृति का उपयोग किया जाता है जो smartdrv जैसे प्रोग्रामों से व्यवस्थित होती है।

**प्रश्न :- कम्प्यूटर तन्त्रों में पते का क्या अर्थ है?**

कम्प्यूटर तन्त्रों के माइक्रोप्रोसैसर को प्रकिया की आवश्यकतानुसार तन्त्र के अनेकानेक युक्तियों में से एक समय पर किसी एक को चुनना होता है। जिससे उससे सूचना प्राप्त की जा सके अथवा उसको सूचना प्रदान की जा सके। इस चुनाव को सुविधासम्पन्न करने हेतु प्रत्येक अवयव हेतु एक स्मृति क्षेत्र निर्धारित कर दिया जाता है। इस क्षेत्र आसार के प्रारम्भ को उस युक्ति का पता कहा जाता है। जब माइक्रोप्रोसैसर को किसी युक्ति को कोई सूचना भेजनी होती है अथवा उससे प्राप्त करनी होती है तब वह सर्वप्रथम उस युक्ति के पते को बस पर प्रवाहित करता है जिससे वांछित युक्ति से सम्पर्क सध जाता है। इसके पश्चात् ही उससे सूचना का आदान प्रादान होता है।

यद्यपि युक्तियों के पते किसी भी क्रम में निर्धारित किये जा सकते हैं तथापि इनका मानकीकरण कर दिया गया है। यहाँ यह ध्यातव्य है कि किसी एक पते क्षेत्र को दो युक्तियों को प्रदान नहीं किया जा सकता है।

**प्रश्न :- कम्प्यूटर तन्त्र की युक्तियों के मानक पते क्या निर्धारित हैं?**

कम्प्यूटर की विभिन्न युक्तियों के पते निम्न लिखित तालिका में प्रदत्त हैं जिन्हें लेखन की सुविधा के लिये हैक्साडैसीमल प्रणाली में लिखा गया है।

| युक्ति | पता | युक्ति | पता |
|---|---|---|---|
| हार्ड डिस्क ए.टी. मशीन | 1FO-1F8 | हार्ड डिस्क एक्स.टी. मशीन | 320-32F |
| खेल पोर्ट | 200-207 | फ्लॉपी डिस्क संयमक | 3FO-3F7 |
| लोकल एरिया नेटवर्क कार्ड | 240-26F | वाइड एरिया नेटवर्क कार्ड | 3CO-3CF |
| मुद्रक पोर्ट–२ | 278-27F | मुद्रक पोर्ट–२ | 378-37F |
| सी.जी.ए. एडेप्टर कार्ड | 2BO-2DF | सी.जी.ए. एडेप्टर कार्ड | 3DO-3DF |
| सीरियल पोर्ट–२ | 2F8-2FF | सीरियल पोर्ट–२ | 3F8-3FF |

**प्रश्न :- कम्प्यूटर तन्त्र में माइक्रोप्रोसैसर युक्तियों की आवश्यकताओं को कैसे जानता है?**

कम्प्यूटर की कार्य प्रणाली में अधिकतर परिचालनीय आवश्यकताएँ कम्प्यूटर की युक्तियों में उदित होती हैं। जैसे–कुन्जीपटल की किसी कुन्जी का दबाया जाना, मुद्रक द्वारा मुद्रण सामग्री समाप्त हाने पर और सामग्री की मांग करना, मॉनीटर में कोई दोष आ जाना आदि। युक्तियों की इन आवश्यकताओं को माइक्रोप्रोसैसर द्वारा जाना जाना आवश्यक होता है। माइक्रोप्रोसैसर उनका ज्ञान दो प्रकार के कर सकता है-

1. युक्ति चुनाव/पौलिंग विधि

इस विधि में माइक्रोप्रोसैसर सम्बन्धित युक्तियों से समय-समय पर सम्पर्क करके उनकी आवश्यकताओं के बारे मे ज्ञान प्राप्त करता रहता है। किसी युक्ति की कोई आवश्यकता होने पर माइक्रोप्रोसैसर उसके बारे में समुचित कार्यवाही करता है।

2. युक्ति इण्टरप्ट विधि

इस विधि में युक्ति स्वयं माइक्रोप्रोसैसर का ध्यान अपनी ओर आकृष्ट करने हेतु एक संकेत भेजती है जो माइक्रोप्रोसैसर के एक बिन्दु पर पहुँचता है। संस्कारक अपनी चालू क्रिया पूर्ण करने के पश्चात् इस बिन्दु का परीक्षण करता है। वहाँ संकेत पाये जाने पर संस्कारक समुचित कार्यवाही करता है। युक्तियों से इस प्रकार के संकेत को इण्टरप्ट कहा जाता है। यह विधि- चुनाव विधि से अधिक सक्षम है क्योंकि इसमे सूक्ष्म

संस्कारक का समय व्यर्थ नष्ट नहीं होता है। प्रत्येक इण्टरप्ट संकेत का प्रथम अंक युक्ति का परिचायक होता है। सूक्ष्म संस्कारक इस अंक से जान लेता है कि उसका ध्यान किस युक्ति ने आकृष्ट किया है। इन इण्टरप्ट अंकों का मानकीकरण कर दिया गया है जो निम्नानुसार है --

| इण्टरप्ट संख्या | युक्ति |
|---|---|
| 0 | तन्त्र कालद टाइमर |
| 1 | कुन्जी पटल |
| 2 | आन्तरिक उपयोग |
| 3 | सीरियल पोर्ट -2 |
| 4 | सीरियल पोर्ट -1 |
| 5 | समानान्तर पोर्ट -2 |
| 6 | फ्लॉपी डिस्क संयमक |
| 7 | समानान्तर पोर्ट -1 |
| 8 | घड़ी व पंचॉग |
| 9 | आन्तरिक उपयोग |
| 10,11,12 | अतिरिक्त व अप्रयुक्त |
| 13 | सांख्यिक सह संस्कारक |
| 14 | हार्ड डिस्क संयमक |
| 15 | अतिरिक्त व अप्रयुक्त |

अध्याय

# ८

# सुरक्षा एवं संरक्षा

कम्प्यूटर तंत्रों के उपयोग में चार प्रकार के सुरक्षा उपायों पर विचार किया जाता है।

1. कम्प्यूटरों के उपयोक्ता व्यक्तियों की स्वास्थ्य रक्षा,
2. कम्प्यूटरी सूचनाओं की अनधिकृत व्यक्तियों को उपलब्धि,
3. कम्प्यूटर तंत्र की सुरक्षा, तथा
4. कम्प्यूटर प्रोग्रामों एवं सूचनाओं का वायरसों द्वारा प्रदूषण।

## 8.1 कम्प्यूटर परिचालक स्वास्थ्य रक्षा

जहाँ एक ओर कम्प्यूटर मानव जाति के लिए एक बहुत महत्त्वपूर्ण सुविधा हुए हैं, वहीं दूसरी ओर इनके नियमित उपयोग करने वालों के स्वास्थ्य पर इनका दुष्प्रभाव पड़ा है। इन दुष्प्रभावों के चार महत्वपूर्ण क्षेत्र हैं -

नेत्र, गर्दन,

हाथ, तथा पीठ।

कम्प्यूटरों का लम्बे समय तक उपयोग इन क्षेत्रों में व्याधियाँ उत्पन्न कर सकता है।

### 8.1.1 नेत्र व्याधि

कम्प्यूटरों की कार्य प्रणाली में अति तीव्र गति एवं बलशाली इलेक्ट्रॉन कम्प्यूटर पर्दे पर पीछे की ओर से आते हुए टकराते रहते हैं। यही इलेक्ट्रॉन पर्दे पर आकृतियाँ बनाते हैं, अतः कम्प्यूटर कार्य प्रणाली के लिये महत्वपूर्ण एवं आवश्यक हैं। पर्दे पर लगे रसायन इन इलेक्ट्रॉनों को पूरी तरह अवशोषित नहीं कर पाते, जिससे पर्दे से सामने की ओर को निरन्तर विकिरण होते रहते हैं जो सामने बैठे परिचालक की आखों से टकराते रहते हैं तथा उनमें आघात करते रहते हैं। इससे परिचालक में दृष्टि दोष उत्पन्न होने की संभावना रहती है।

इसके निराकरण के लिये निम्नलिखित उपाय अपनाये जाने चाहिए -

1. परिचालक के नेत्रों का स्तर पर्दे के मध्य से न्यूनतम चार इंच ऊपर अथवा नीचे होना चाहिए।

2. कम्प्यूटर मॉनीटर की पीछे से आगे की ओर अक्षीय रेखा परिचालक के चेहरे की दिशा में न रखी जाकर कुछ दॉये अथवा बॉये रखी जानी चाहिए।

3. परिचालक को अपनी दृष्टि पर्दे पर निरन्तर नहीं रखकर बीच बीच में इध र-उधर घुमाते रहना चाहिये।

4. यथासंभव तथा कम्प्यूटर के प्रयेक चार घन्टे के सघन उपयोग के बाद परिचालक को अपने नेत्र शीतल जल से धोते रहना चाहिए।

### 8.1.2 गर्दन व्याधि

कम्प्यूटर पर सघन कार्य करने वाले की दृष्टि अधिकतर समय पर्दे पर टिकी रहने के कारण उसकी गर्दन का रूख भी एक ही ओर अधिक रहता है जिससे गर्दन में दर्द, ऐंठन आदि हो सकती हैं। ऐसा उस स्थिति में अधिक होता है जब कम्प्यूटर का पर्दा परिचालक के वक्षस्थ, के सामने न होकर उपर-नीचे या दॉये-बॉये होता है जिससे गर्दन सदैव अप्राकृत अवस्था में रखनी पड़ती है।

इसके निराकरण का उपाय यही है कि परिचालक अपनी कुर्सी तथा शरीर का सामना सीधे कम्प्यूटर पर्दे की ओर रखे तथा कुंजी पटल पर्दे के नीचे तथा मध्यस्थ हो।

### 8.1.3 हाथ व्याधि

जो व्यक्ति कम्प्यूटरों पर टंकण का कार्य अधिक करते हैं उनकी उगंलियों को तीव्र गति से एक जैसी गतियॉ करनी पड़ती हैं जिससे उगंलियों, मांसपेशियों एवं नसों पर कमगत आघात होते रहते हैं। ये आघात कितने भी न्यून परिमाण के क्यों न हो, अत्यधिक बार होने के कारण अंगो को आहत करते रहते हैं तथा उनमें व्याधियॉ उत्पन्न करते हैं। चिकित्साशास्त्र में इस प्रकार की व्याधि को आर. एस .आई रिपिटिटिव स्ट्रेन इन्जुरी/पुनरावर्तित आघात हति कहा जाता है। कम्प्यूटरों के दुष्प्रभावों में यह सर्वाधिक महत्वपूर्ण है।

### 8.1.4 पीठ व्याधि

निरन्तर एक ही स्थिति में बैठे रहने से पीठ में दर्द उत्पन्न होना स्वाभाविक है। कम्प्यूटर के लम्बे उपयोग में भी यही होता है। यह दर्द प्राय: पीठ में नाभिपृष्ठ में होता है। इसका निराकरण भी कार्य में मध्यान्तर, लेटकर कुछ विश्राम, तथा कार्य करते समय स्थिति में परिवर्तन करते रहना चाहिए।

## 8.2 कम्प्यूटरी सूचना अधिकरण

जहॉ कम्प्यूटरों में अति महत्वपूर्ण सूचनाएँ, जैसे - राष्ट्रीय सुरक्षा, व्यावसायिक प्रतिस्पर्धा सम्बन्धी नीतियॉ, पुस्तक पाण्डुलिपियॉ आदि संचित रहती हैं वहॉ यह आवश्यक है कि ये सूचनाएँ सुरक्षित एवं संरक्षित रखी जायें तथा केवल अधिकृत व्यक्तियों को ही उपलब्ध हों। अनधिकृत व्यक्ति इन महत्वपूर्ण सूचनाओं को नष्ट कर सकते हैं अथवा अपने पक्ष में उपयोग कर सकते हैं। कम्प्यूटरों के नेटवर्कों में इस प्रकार की सुरक्षा का और भी अधिक महत्व है।

इस प्रकार के उपायों में से कुछ इस प्रकार हैं -

### 8.2.1 सूचना संरक्षा

डिस्कों पर अंकित सूचनाओं की रक्षा के लिए सावधानियॉ आवश्यक हैं, इनमें से प्रमुख निम्नलिखित हैं -

***क. लेखन संरक्षा (WRITE PROTECTION)***

प्रत्येक प्रकार की फ्लॉपी डिस्क पर ऐसी व्यवस्था होती है जिसके उपयोग से डिस्क पर सूचना अंकित करना सभंव नहीं रहता है। अत: यदि डिस्क पर ऐसी सूचनाएँ अंकित की गई हैं जिनमें परिवर्तन करना हानिकारक हो सकता हो तो ऐसी सूचनाओं की संरक्षा के लिए डिस्कों पर राइट प्रोटेक्शन के प्रावधान का उपयोग कर लेना चाहिए। 5.25 इंच की डिस्क में दॉए किनारे पर एक खॉचा बना होता है जैसा कि दॉये चित्र में दर्शाया गया है। इस खॉचे को कागज की चिपकी से दोनों ओर से ढक देने से डिस्क राइट प्रोटेक्ट हो जाती है। यदि डिस्क की अंकित सूचना में कोई परिवर्तन आवश्यक हो तो पहले इस चिपकी को हटाना आवश्यक होगा ।

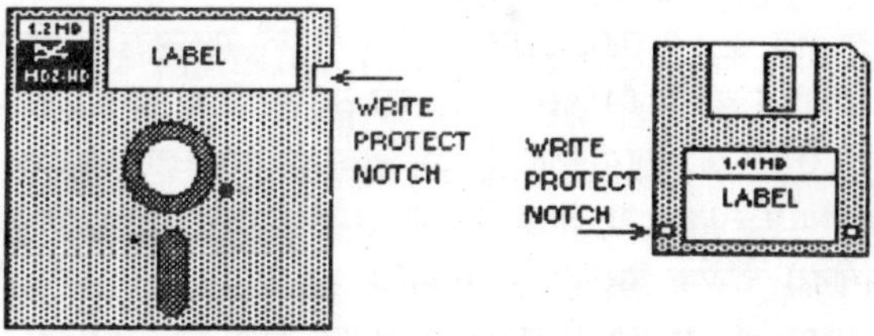


3.5 इंच की डिस्क में नीचे बॉए कोने पर एक वर्गाकार छिद्र होता है। डिस्क को पलटकर देखने से इस खिड़की को बन्द रखने अथवा खोलने के लिए खिसकाने वाला कपाट दिखाई देता है। इस कपाट की सहायता से डिस्क राइट प्रोटेक्ट हो जाती है, इसे बन्द करने से ही डिस्क पर अंकित सूचना में परिवर्तन किया जा सकता है।

***ख. भौतिक सुरक्षा (PHYSICAL PROTECTION)***

डिस्क पतली प्लास्टिक की फिल्म से बनी होती है। जिसपर चुबंकीय पदार्थ की परत जमी होती है। अत: डिस्क को मोड़ने तोड़ने से यह तह नष्ट हो सकती है। उच्च ताप पर फिल्म में विकृति आ सकती है जिससे डेटा नष्ट हो सकता है। फिल्म पर उँगली अथवा किसी अन्य वस्तु के स्पर्श से भी इस पर जमी परत नष्ट हो सकती है। इसके अतिरिक्त चुंबकीय पदार्थ का चुंबकन डिस्क के किसी अन्य चुंबक के पास आने से परिवर्तित हो सकता है जिससे डेटा परिवर्तित तथा नष्ट हो सकता है। अत: डिस्कों के स्टोरेज में इन बिन्दुओं का विशेष ध्यान रखा जाना चाहिये।

### 8.2.2 एकल कम्प्यूटर तंत्र सुरक्षा

जहॉ कम्प्यूटर तंत्र किसी नेटवर्क ने संयोजित नहीं है एवं कम्प्यूटर का उपयोग सीमित व्यक्तियों द्वारा ही किया जाता है उन कम्प्यूटरों के प्रारंभन में ही ऐसे उपाय किये जा सकते हैं कि अनधिकृत व्यक्ति कम्प्यूटर तंत्र को चालू न कर सके। यह उपाय दो प्रकार से संभव है -

***क. कीबोर्ड ताला***

प्रत्येक कम्प्यूटर तंत्र की मुख्य पेटिका पर मुख्य स्विच के पास ही एक ताला होता है जो एक चाबी से प्रभावी अथवा अप्रभावी किया जाता है। इस ताले को कुंजी पटल ताला अथवा कीबोर्ड लॉक कहा जाता है। इसको प्रभावी करने से कम्प्यूटर को चालू करना असंभव हो जाता है। यह कुंजीपटल को अप्रभावी बना देता है। कम्प्यूटर के प्रारभन में तंत्र जब स्वपरीक्षा करता है तब वह कुंजीपटल परीक्षा के समय इस ताले प्रभावी पाकर ऑपरेटर से कुंजीपटल ताले को खोलने का आग्रह करता है। यदि ऑपरेटर अधिकृत व्यक्ति है तो उसके पास इस ताले की चाबी होनी चाहिए, जिसके उपयोग से वह कम्प्यूटर को चालू कर सकता है।

*–ख. सैटअप पासवर्ड*

कम्प्यूटर तंत्र में एक सैटअप प्रोग्राम होता है। जो कम्प्यूटर के प्रारंभ एवं उपयोग के पैरामीटर निर्धारित करता है। इस प्रोग्राम को कम्प्यूटर के चालू होने के समय जिस समय कम्प्यूटर स्मृति की जॉच की जा रही होती है उस समय डिलीट कुंजी दबाकर छोड़ने से यह प्रोग्राम सक्रिय हो जाता है तथा इसके पैरामीटर निर्धारित किये जा सकते हैं। इन्ही पैरामीटरों में एक पासवर्ड के निर्धारण का प्रावधान भी होता है।

इस प्रावधान के उपयोग से उपयोक्ता अपना कोई गुप्त पासवर्ड इस प्रोग्राम को घोषित कर सकता है। ऐसा करने से जब भी कम्प्यूटर को प्रारंभ किया जायेगा, तभी कम्प्यूटर तंत्र पासवर्ड का आग्रह करेगा। यदि कम्प्यूटर उपयोगकर्ता सही पासवर्ड अंकित कर देता है तो कम्प्यूटर आगे चालू होता है अन्यथा वहीं ठहर जाता है। इस प्रकार अनधिकृत व्यक्तियों को कम्प्यूटर को चालू करने से रोका जा सकता है।

*ग. फाइल सुरक्षा*

बहुत से कम्प्यूटर उपयोगी प्रोग्रामों में इनके अधीनस्थ फाइलों को खोलने से पूर्व पासवर्ड देने का प्रावधान होता है। इस प्रावधान को सक्रिय कर देने से कोई व्यक्ति जब इनमें से किसी फाइल को खोलने का प्रयास करता है तभी प्रोग्राम पासवर्ड की मॉग करता है। उपयोक्ता द्वारा सही पासवर्ड प्रदान करने पर ही संचिका को उपयोग के लिए प्रस्तुत किया जा सकता है। यह प्रावधान एकल कम्प्यूटर तंत्र तथा नेटवर्क से संबन्धित कम्प्यूटर तंत्र दोनो पर लागू होता है।

## 8.3 कम्प्यूटर सुरक्षा

कम्प्यूटर परिचालन में सुरक्षा सावधानियों की अत्यधिक आवश्यकता होती है क्योंकि कम्प्यूटर एक नाजुक सिस्टम होता है। इस संबंध में मुख्य बिन्दु निम्नांकित हैं

1. कम्प्यूटर में, विशेषकर मदरबोर्ड पर कोई भी सेटिंग विद्युत प्रदाय बन्द किए बिना नहीं करना चाहिए ।

2. मदरबोर्ड तथा हार्ड डिस्क पर अनेक बिन्दुओं पर उच्च विभव होने की संभावना रहती है। अतः इस पर कार्य करते समय व्यक्ति को अपनी कलाइयों पर भूसंबंधन पट्टियॉ (EARTHING STRAPS) पहन लेनी चाहिए।

3. कम्प्यूटर के मुख्य भागों का अर्थिग अत्यधिक आवश्यक है, इसका विशेष रूप से ध्यान रखना चाहिए।

4. धूल तथा उच्च ताप कम्प्यूटर अवयवों के सबसे बड़े शत्रु हैं, इनसे सदैव सावधान रहना चाहिए। उपयोग में न लाते समय कम्प्यूटर के सभी भागों को ढककर रखना चाहिए।

5. टाइप मशीन के अभ्यासी प्रायः कम्प्यूटर कीबोर्ड को भी उसी प्रकार से उपयोग करते देखे गए हैं। इसका ध्यान रखना चाहिए कि कम्प्यूटर कुंजियों को बल की आवश्यकता नहीं होती है। बल उपयोग से कीबोर्ड शीघ्र खराब हो सकता है।

कम्प्यूटर सिस्टम को लम्बे समय तक सुचारू रूप से कार्य करते रहने के लिए सिस्टम को सुरक्षित विद्युत शक्ति प्रदाय आवश्यक है। भारत में सामान्य रूप से उपलब्ध विद्युत शक्ति को सुरक्षित नहीं कहा जा सकता ।

### 8.3.1 विद्युत शक्ति दोष

केवल विद्युत शक्ति की उपस्थिति कम्प्यूटर सिस्टम के लिए पर्याप्त नहीं है, यह दोषमुक्त होनी चाहिए। सामान्यत: उपलब्ध विद्युत्त शक्ति में मुख्यत: निम्नलिखित दोष होते हैं -

***क. अवरोध***

बिना चेतावनी के विद्युत शक्ति की बन्दी एक सामान्य सी घटना है। कम्प्यूटर कार्यों में इस प्रकार के अवांछित अवरोधों से सूचनाओं के अतिरिक्त कम्प्यूटर हार्डवेयर पर भी कुप्रभाव पड़ते हैं।

***ख. निम्न विभवांतर***

कम्प्यूटर एक सीमा तक वोल्टेज की कमी पर भी कार्य करता रहता है किन्तु इस सीमा में भी सभी अवयवों की क्षमता समान नहीं रहती है। निम्न विभवांतर का सूचनाओं के अंकन पर भी कुप्रभाव पड़ सकता है।

***ग. उच्च विभवांतर***

उच्च विभवांतर कम्प्यूटर हार्डवेयर के लिए घातक होता है। निर्धारित विभवांतर के ऊपर जोने से वैद्युत्यिक अवयवों के क्षतिग्रस्त होने की संभावना रहती है।

***घ. विचलित विभवांतर***

प्राय: सभी स्थानों पर विभवांतर में विचलन भी सामान्यत: होता ही रहता है। विभवांतर के विचलन से कम्प्यूटर परिपथों में अवांछित धारा प्रवाह तथा संकेतों की उत्पत्ति होती है, जो कम्प्यूटर की प्रोसेसिंग में व्यवधान उत्पन्न कर सकते हैं।

***च. स्विचन सर्ज***

विद्युत प्रदाय परिपथ में प्रत्येक स्विचन प्रक्रिया से अति उच्च विभव वाली क्षणिक धाराएँ उत्पन्न होती हैं, जिन्हें महोर्मि (surges) कहा जाता है। ये क्षणिक धाराएँ कम्प्यूटर के इलेक्ट्रॉनिक अवयवों को क्षतिग्रस्त कर सकती हैं तथा परिपथ में अवांछित संकेत भी उत्पन्न हो सकते हैं। इनसे कम्प्यूटर के हार्डवेयर तथा सॉफ्टवेयरों दोनों को ही क्षति पहुँच सकती है।

### 8.3.2 सुरक्षित विद्युत शक्ति की युक्तियाँ

कम्प्यूटर सिस्टम की विद्युत प्रदाय के दोषों से रक्षा करना आवश्यक होने के कारण अनेक प्रकार की युक्तियों का विकास हुआ है। इनमें से प्रमुख नीचे दी जा रही हैं।

### *क. वोल्टेज स्टेबिलाइजर*

वोल्टेज विचलन से सिस्टम की रक्षा के लिए वोल्टेज स्टेबिलाइजर का उपयोग किया जा सकता है। ये स्टेबिलाजर विभिन्न उपायों से घटते बढ़ते विभव को स्थिर करने का प्रयास करते हैं। ये तीन प्रकार के होते हैं।

**रिले टाइप वोल्टेज स्टैबिलाइजर**

इस प्रकार के वोल्टेज स्टेबिलाइजर में दो या अधिक रिले लगाकर कम वोल्टेज को अधिक तथा अधिक को कम किया जाता है। किन्तु हम जानते है कि विद्युत परिपथ स्विच चालू या बन्द करते समय क्षणिक सर्जेज उत्पन्न करते हैं। रिले भी स्वचालित स्विच ही होते हैं। अत: रिले वाले वोल्टेज स्टेबिलाइजर परिपथ में सर्जेज उत्पन्न कर सकते हैं, जो कम्प्यूटर सिस्टम के लिए घातक हो सकती हैं। इसलिए इस प्रकार के स्टेबिलाइजरों का उपयोग कम्प्यूटर सिस्टम की विद्युत प्रदाय के लिए नहीं किया जाता।

**सर्वो टाइप वोल्टेज स्टेबिलाइजर**

इस प्रकार के स्टेबिलाइजरों में बढ़ते घटते वोल्टेज को आगे पीछे चलनेवाली मोटर से नियंत्रित किया जाता है। वोल्टेज विचलन अधिक होने से मोटर द्वारा वोल्टेज को सही करने में समय लगता है, जबकि वोल्टेज विचलन से कम्पयूटर सिस्टम में क्षणों में क्षति हो सकती है।

इसके अतिरिक्त इनमें यांत्रिक नियंत्रण होने के कारण इन्हें विश्वसनीय नहीं कहा जा सकता। इन दोनों कारणों से सर्वो टाइप स्टेबिलाइजरों का उपयोग भी कम्प्यूटर सिस्टम से दूर मुख्य लाइन पर अधिक विद्युत भार के लिए लगाया जा सकता है।

**स्थिर वोल्टेज ट्रान्सफॉर्मर/सी.वी.टी.**

यह कम्प्यूटर सिस्टमों को विद्युत शक्ति प्रदाय के लिए संतोषजनक उपाय है। ये एक विशेष प्रकार के **ट्रान्सफॉर्मर/**परिणामित्र पर आधारित होते हैं, जो चुबंकीय विधि से वोल्टेज विचलन को संयमित करते हैं। इसमें न तो कोई यांत्रिक सिस्टम होता है और न ही स्विचन क्रिया। अत: कम्प्यूटर सिस्टमों में इनका उपयोग किया जाता है। इनकी वोल्टेज विचलन को स्थिर करने की सीमा होती है। यदि वोल्टेज विचलन अधिक हो तो एक सर्वो वोल्टेज स्टेबिलाइजर तथा उसके साथ एक सी.वी.टी. का उपयोग किया जा सकता है।

### *ख. सर्ज सप्रैसर/महोर्मि निरोधक*

विद्युत प्रदाय परिपथ विभिन्न कारणों से उत्पन्न महोर्मियों के निरोधन के लिए कम्प्यूटर सिस्टम के विद्युत प्रदाय परिपथ में महोर्मि निरोधक लगाना लाभप्रद रहता है।

जैसा कि पहले कहा जा चुका है, महोर्मि उच्च विभव की क्षणिक तंरग होती है। इस निरोधक में लाइन के समानांतर एक विशेष प्रतिरोध होता है। इस प्रतिरोध का मान विभव पर निर्भर करता है। अधिक विभव पर इसका प्रतिरोध बहुत कम हो जाता है, किन्तु सामान्य तथा कम विभव पर इसका मान अधिक होता है। अत: महोर्मि के

आगमन से इस प्रतिरोध का मान बहुत कम हो जाता है तथा महोर्मि इसमें एक क्षणिक उच्च धारा प्रवाहित कर समाप्त हो जाती है, कम्प्यूटर सिस्टम तक महोर्मि का प्रभाव नहीं पहुँच पाता ।

### *ग. यू.पी.एस./अनइण्टरप्टिड पावर सप्लाई*

विद्युत प्रदाय के अचानक अवरोध से तीन हानियाँ होती हैं -

1. कम्प्यूटर ऑपरेटर की मनोदशा खराब होती है,
2. बिना सेव की गई सूचनाएँ नष्ट होती हैं, तथा
3. कम्प्यूटर हार्डवेयर पर सर्जो का दुष्प्रभाव पड़ता है।

इसलिए कम्प्यूटरों को विद्युत प्रदाय यू.पी.एस. के माध्यम से देना लाभकर होता है। यू.पी.एस. में मुख्यत: एक बैटरी तथा एक इन्वर्टर होता हैं। साथ ही बैटरी को चार्ज करने के लिए एक बैटरीचार्जर भी इसी में बना होता है।

इन्वर्टर बैटरी के डी.सी. वोल्टेज को ए.सी. में परिवर्तित करता है, ज़िसका उपयोग कम्प्यूटर सिस्टम करता है।

यू.पी.एस. दो प्रकार के होते हैं, जिन्हें ऑनलाइन यू.पी.एस. (ONLINE U.P.S.) तथा ऑफलाइन यू.पी.एस. (OFFLINE U.P.S.) कहा जाता है।

ऑनलाइन यू.पी.एस. में बैटरी तथा इन्वर्टर द्वारा उत्पन्न ए.सी. को सीधे कम्प्यूटर सिस्टम से संबंधित किया जाता है। अत: प्रत्येक समय कम्प्यूटर बैटरी की शक्ति का ही उपयोग करता है। बैटरी को विद्युत मुख्य धारापथ से चार्जर द्वारा चार्ज मिलता रहता है। इस व्यवस्था को चित्र 8.2 क में दर्शाया गया है।

ऑफलाइन व्यवस्था में ए.सी. मुख्य धारा उपस्थित रहते समय कम्प्यूटर ए.सी. लाइन से परिचालित होता है। विद्युत अवरोधन की अवस्था में कम्प्यूटर स्वत: ही बैटरी तथा इन्वर्टर द्वारा उत्पन्न ए.सी. से जुड़ जाता है तथा अपना कार्य अनवरत रूप से करता रहता है। इस व्यवस्था को चित्र 8.2 ख में दर्शाया गया है।

उपरोक्त दोनों व्यवस्थाओं में प्रथम अधिक कारगर है, किन्तु इसमे बैटरी का उपयोग अधिक होने से बैटरी को जल्दी बदलना होता है, अत: व्यय अधिक होता है।

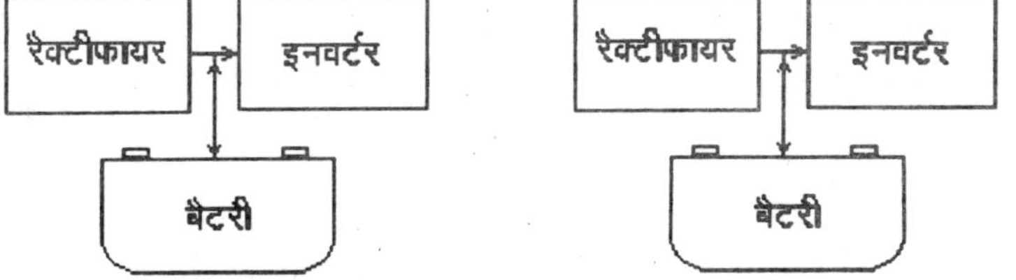


क. ऑनलाइन यू.पी.एस.      ख. ऑफलाइन यू.पी.एस.

चित्र 8.2

द्विनीय व्यवस्था में स्विचन की आवश्यकता के कारण इसकी विश्वसनीयता कम रहती है, किन्तु इसमें बैटरी पर व्यय कम होता है।

## 8.4 वायरस/दुष्कूट और संरक्षण

मानव इतिहास में सदैव से ही दो प्रकार के मानव होते रहे हैं - रचनात्मक तथा ध्वंसात्मक। इसे इस प्रकार भी माना जा सकता है कि मानव मस्तिष्क दो प्रकार के कार्य करते हैं - रचनात्मक तथा ध्वंसात्मक। कुछ व्यक्ति केवल रचनात्मक कार्य करते हैं, अधिकांश दोनों प्रकार के कार्य करते हैं, अर्थात कभी रचनात्मक तथा कभी ध्वंसात्मक और शेष व्यक्ति केवल ध्वंसात्मक गतिविधियों में रत रहना ही श्रेयस्कर समझते हैं।

कम्प्यूटरों का क्षेत्र भी इन ध्वंसात्मक प्रवृतियों से बच नहीं पाया है। न जाने कब किसी ने एक ऐसा प्रोग्राम बना दिया जो स्वयं तो उपयोगी था ही नहीं, अन्य उपयोगी प्रोग्रामों से घुलमिल कर उनके कियान्वयन में भी बाधाएँ खड़ी करता था। यह भी संभव है कि ऐसे ध्वंसात्मक प्रोग्राम की उत्पति अचानक ही हो गई हो। किन्तु ध्वंसात्मक व्यक्ति के मस्तिष्क ने इस प्रोग्राम में भी अपना स्वार्थ खोज लिया। उसने ऐसे ध्वंसात्मक प्रोग्रामों के निर्माण को ही अपना व्यवसाय बना लिया।

फिर तो ऐसे प्रोग्राम बनाए जाने लगे और छद्म रूपों में उनका प्रसार किया जाने लगा। लोगों के कम्प्यूटर चलते-चलते बन्द होने लगे। इस प्रकार के प्रोग्रामों को वायरस/दुष्कूट कहा जाने लगा।

### 8.4.1 वायरस उत्पत्ति

वायरस बनाने के पीछे मूल घटना कुछ भी रही हो किन्तु इन के प्रचलन के तर्कीय कारण इस प्रकार माने जा सकते हैं -

1. व्यावसायिक प्रतिस्पर्धा :- जब व्यवसायों में कम्प्यूटरों का योगदान बढ़ा और व्यवसायिक सफलता कम्प्यूटरों के कुशल परिचालन पर निर्भर करने लगी तो परस्पर कटुता के कारण व्यवसायियों ने एक दूसरे के कम्प्यूटर सिस्टमों को प्रतिबंधित करने के लिए वायरसों का उपयोग किया होगा।

2. वायरस हनन व्यवसाय :- संभवत: कुछ लोगों में वायरस बनाकर फैलाए तथा इससे जिन लोगों के सिस्टम बन्द हो गए होंगे, वायरस निर्माता ही उनकी रक्षार्थ आगे आये। इस प्रकार वायरस हनन अब एक विकसित व्यवसाय बन गया है। वायरस वास्तव में कौन बनाता है यह बात तो ज्ञात नहीं हो पाती, किन्तु वायरस हनन का व्यवसाय अनेक लोगों ने अपना लिया है।

### 8.4.2 वायरस के लक्षण

वायरस का सर्वप्रिय स्थान कम्प्यूटर की हार्ड डिस्क का बूट सैक्टर है, जहॉं यह सामान्यत: COMMAND.COM फाइल में रहता है। कम्प्यूटर की जितनी बार बूटिंग की

जाती है उतनी बार यह बढ़ता है, अतः COMMAND .COM फाइल का आकार बढ़ता रहता है। यदि आपको इस फाइल का मूल रूप या आकार ज्ञात हो तो आकार में तुलना से वायरस उपस्थिति का पता चल सकता है।

कम्प्यूटर यदि चलता चलता एक निश्चित बिन्दु पर आकर असामान्य व्यवहार करे तो यह भी उस बिन्दु पर वायरस का परिचायक है। इसके अतिरिक्त कम्प्यूटर का किसी निश्चित दिन अथवा दिनांक को ही असामान्य व्यवहार भी वायरस की उपस्थिति दर्शाता है।

### 8.4.3 वायरस प्रवेश व प्रसार

कम्प्यूटर सिस्टम में वायरस प्रवेश का एक ही मार्ग होता है। यह मार्ग है किसी वायरस युक्त फ्लॉपी का कम्प्यूटर सिस्टम द्वारा उपयोग। ऐसी डिस्क के कम्प्यूटर मे लगाते ही वायरस कम्प्यूटर मैमोरी में चला जाता है। वहाँ से वह हार्ड डिस्क की COMMAND .COM अथवा किसी अन्य COM/EXE फाइल में चला जाता है। इसके बाद कम्प्यूटर में जिस फ्लॉपी डिस्क का उपयोग होता है सभी में इसकी प्रतियाँ अंकित होती रहती हैं। ये प्रदूषित डिस्कें जिस किसी सिस्टम द्वारा उपयोग की जाती हैं उन सभी सिस्टमों द्वारा भी यही प्रक्रिया दोहराई जाती है।

कंपोजिट सिस्टमों (COMPOSITE SYSTEMS) जैसे - LAN, WAN आदि व्यवस्थाओं में वायरस किसी एक स्थान से प्रवेश कर पूरे कम्प्यूटर सिस्टम में फैल जाता है।

### 8.4.4 वायरस के प्रकार

अब तक के वायरसों के अध्ययन के आधार पर इनको निम्नलिखित वर्गों में रखा जा सकता है -

*क. ओवरराइटिंग वायरस*

इस प्रकार के वायरस की उपस्थिति के बारे में पता लगाना कठिन होता है क्योंकि यह वायरस कोई अतिरिक्त स्थान न घेरकर किसी फाइल की सूचनाओं को नष्ट कर स्वयं स्थित हो जाता है। इससे फाइल का आकार वही रहता है। इस वायरस का पता तभी चलता है जब इस फाइल के उपयोग के समय वायरस की उपस्थिति वाले बिन्दु पर पहुँचा जाता है। इस बिन्दु पर आकर कम्प्यूटर सामान्यतः एकदम स्थिर हो जाता है। इस पर किसी भी कमाण्ड का प्रभाव नहीं पड़ता।

*ख. कमाण्ड फाइल वायरस*

ये वायरस सबसे अधिक नुकसान पहुँचाने वाले होते हैं, क्योंकि ये प्रायः प्रत्येक कमाण्ड फाइल में अपना स्थान बना लेते हैं तथा उन सभी फाइलों के कार्य को प्रभावित करते हैं।

*ग. डेटिड वायरस*

ये वायरस सामान्यत: शांत रहते हैं, किन्तु जब इनकी निर्धारित तिथि तथा कम्प्यूटर की तिथि समान होती हैं तभी ये सक्रिय होते हैं और कार्य में बार बार व्यवधान खड़े करते हैं। यदि आपको इस प्रकार के वायरस का संदेह है तो आप अपने सिस्टम की दिनांक में परिवर्तन करके अपना कार्य सामान्य रूप से चला सकते हैं।

इनके अतिरिक्त भी वायरस अनेक प्रकार के हो सकते हैं तथा भविष्य में किस किस प्रकार के वाबरसों का निर्माण होगा, इस बारे में कुछ नहीं कहा जा सकता।

***8.4.5 वायरसों से संरक्षण***

सावधानी ही वायरसों से बचाव का सर्वोत्तम उपाय है। यदि सावधानियों के बाद भी वायरस आ ही गया है तो किसी एण्टीवायरस प्रोग्राम का उपयोग किया जा सकता है। इस प्रकार के उपायों व सावधानियों का विवरण आगे दिया जा रहा है-

***1. एण्टीवायरस प्रोग्राम***

वर्तमान में अनेक व्यावसायिक प्रतिष्ठान एण्टीवायरस प्रोग्रामों का निर्माण कर रहे हैं किन्तु ये सभी प्रोग्राम सीमित उपयोगी ही होते हैं। जिन वायरसों की सूचनाएँ इनके पास होती हैं ये केवल उन्ही वायरसों को पहचान सकते हैं तथा हनन कर सकते हैं अन्य वायरसों के बारे में ये कुछ नहीं कर सकते हैं।

इस प्रकार भविष्य में बनने वाले वायरसों के बारे में तो ये प्रोग्राम निश्चित रूप से अप्रभावी होते हैं। इसलिए ऐसे प्रोग्रामों के नए नए संस्करणों की आवश्यकता होती रहती है।

कुछ लोग ऐसा मानते हैं कि इस प्रकार के एण्टीवायरस प्रोग्रामों की डिस्कों द्वारा ही नए वायरसों का प्रसार किया जाता है, ताकि प्रोग्राम के अगले संस्करण की बिक्री सुनिश्चित हो सके।

***2. मैमोरी रेजीडेंट प्रोग्राम***

कुछ अच्छी कम्पनियों के ऐसे प्रोग्राम होते हैं जो किसी वायरस विशेष को तो नहीं पहचानते, किन्तु यदि उन्हें स्थापित कर दिया जाता है तो विशेष फाइलों के लिए प्रहरी का कार्य करते हैं। जब भी उन फाइलों में परिवर्तन के प्रयास किए जाते हैं वे इस बारे में चेतावनी देते हैं। यदि ऐसे प्रहरी प्रोग्राम को कमाण्ड फाइलों की रक्षा पर तैनात कर दिया जाए तो जब भी वायरस इन फाइलों में प्रवेश का प्रयास करेगा तो प्रहरी प्रोगाम चेतावनी देगा, जिससे आपको वायरस की संभावना का पता चल जाएगा और आप इससे बचे रह सकते हैं। इन प्रोग्रामों का बस एक दोष है कि ये कम्प्यूटर की बहुमूल्य मैमोरी को घेरे रहते हैं।

MS - DOS का VSAFE ऐसा ही प्रहरी प्रोग्राम है, जिसका उपयोग किया जा सकता है।

***3. एट्रीब्यूटिव डिफेंस***

फाइलों को कुछ ऐसे गुण प्रदान किए जा सकते हैं जिनसे उनमें कुछ भी अंकन संभव नही होता ये गुण है READ ONLY तथा ARCHIVE, MS - DOS के ATTRIB कमाण्ड से महत्वपूर्ण फाइलों को ये गुण प्रदान कर इनकी रक्षा की जा सकती है।

***4. राइट प्रोटेक्शन***

प्रत्येक फ्लॉपी डिस्क में लेखन सुरक्षा व्यवस्था होती है जिसका वर्णन पूर्व में किया जा चुका है। इस व्यवस्था से डिस्कों को वायरसों से बचाया जा सकता है।

***5. एक्स्टरनल डिस्क से परहेज***

वायरस से बचाव का यह सबसे अधिक प्रभावी उपाय है कि एक्स्टरनल डिस्क का उपयोग अपने सिस्टम पर न करें और यदि आवश्यक हो तो इसका स्रोत विश्वसनीय होना चाहिए।

किन्तु कम्प्यूटर पर अनेक प्रकार के कार्य होते हैं तथा नई नई परिस्थितियॉं उत्पन्न होती हैं इसलिए एक्सटरनल डिस्कों से पूर्ण परहेज व्यवहारिक रूप से संभव नहीं हो पाता है।

***6. अन्य उपाय व सावधानियॉं***

1. प्रत्येक महत्वपूर्ण प्रोग्राम तथा डेटा की फ्लॉपी डिस्कों पर प्रतिलिपि होनी चाहिए।

2. प्रत्येक डिस्क लेखन सुरक्षित होनी चाहिए।

3. जब भी किसी फाइल में वायरस का संदेह हो, उसे शीघ्रातिशीघ्र मूव कमाण्ड से फ्लॉपी डिस्क पर स्थानांतरित करके डिस्क को पुन: फॉरमेट कर देना चाहिए। ध्यान रहे कि फॉरमेटिंग के लिए FORMAT/U कमाण्ड दिया जाए। इससे इन्फेक्टेड फाइल पर अंकित सूचनाऍं पूरी तरह नष्ट हो जाऍंगीं।

## प्रश्नोत्तरी

**प्रश्न :- कम्प्यूटर दुष्कूट/वायरस क्या होते हैं?**

कम्प्यूटर वायरस ऐसे छोटे-छोटे प्रोग्राम होते हैं जो स्वयं अदृश्य रहकर कम्प्यूटर के परिचालन में बाधाऍं उत्पन्न करते हैं। प्रत्येक दुष्कूट के उपद्रव का तरीका तथा प्रभाव दूसरों से भिन्न होता है। इसलिये इनको पहचानना व नष्ट करना दुष्कर होता है। प्रारम्भ में प्रतिस्पर्धी व्यंवसायी की कम्प्यूटर व्यवस्था में उपद्रव करने के लिये इनका विकास किया गया था। किन्तु अब इनका निर्माण एवं रोकथाम स्वयं एक व्यवसाय बन चुका है। अनेक व्यवसायी इनका विकास एवं प्रसार करते हैं। मानवता के पतन का यह एक ज्वलन्त उदाहरण है।

पूर्व मे वायरसों का प्रसार फ्लॉपी डिस्कों के माध्यम से ही होता था, क्योंकि इन्हीं के माध्यम से एक कम्प्यूटर की सूचनाओं को दूसरे कम्प्यूटर पर भेजा जाता था। अब कम्प्यूटर नेटवर्क निर्मित होने से वायरसों का प्रसार सरल हो गया है।

**प्रश्न :- वायरस का प्रसार कैसे होता है?**

जब कोई वायरस से दूषित फ्लॉपी उपयुक्त की जाती है तो वायरस चकती से कम्प्यूटर की स्मृति में आ जाता है जहाँ से वह अपने सर्वाधिक प्रिय स्थान स्थिर चकती के बूट सैक्टर में पहुँच जाता है एवं कम्प्यूटर के परिचालन मे बाधाएँ खड़ी करता रहता है। वायरसों के अन्य प्रिय स्थान एक्सी तथा कॉम फाइलें हैं। जब भी इस प्रकार की कोई फाइल उपयोग मे लाई जाती है स्मृति में उपस्थित वायरस की एक प्रति उस फाइल में अंकित हो जाती है। यहाँ यह भी ध्यातव्य है कि वायरस प्राय: स्थानान्तरित नहीं होते किन्तु उनकी प्रतियाँ बनकर नये स्थानों पर जाती हैं जिससे ये क्षण प्रतिक्षण प्रसारित होते रहते हैं।

**प्रश्न :- वायरस हनन प्रोग्राम कैसे कार्य करते हैं?**

कोई भी वायरस हनन प्रोग्राम केवल उन वायरसों को पाकर नष्ट करता है जिनका उसे पूर्व ज्ञान है। जो वायरस प्रोग्राम की सूची में नहीं हैं, ऐसे प्रोग्राम से ओझल ही रहते हैं। अत: हनन प्रोग्राम बनाने वाले विशेषज्ञ नये-नये वायरसों की खोज करते रहते हैं तथा उन्हे अपने प्रोग्राम के नये संस्करणों में सम्मिलित करते रहते हैं।

हनन प्रोग्राम अपनी सूची में सम्मिलित वायरसों को किसी फाइल के कूटों से तुलना करके पहचानते हैं तथा उन्हे नष्ट करते हैं। प्राय: सभी हनन प्रोग्राम दो प्रकार से कार्य करते हैं -

**1. सन्तरी रूप में -**

प्रोग्राम को कम्प्यूटर पर संस्थापित कर देने से वह सदैव कम्प्यूटर की स्मृति में वास करने लगता है। जब भी कोई उसका ज्ञात वायरस स्मृति में प्रविष्ट करता है यह उसकी पहचान कर परिचालक को चेतावनी एवं सूचना के साथ वायरस हनन कर देता है।

**2. चकती छानबीन -**

परिचालक के समादेश पर हनन प्रोग्राम किसी भी डिस्क की अथवा उसकी किसी निदेशिका की अथवा फाइल की पहचानकर उसमें उपस्थित वायरस को पहचान कर उसका हनन करता है। छानबीन का यह कार्य कम्प्यूटर बूटिंग के समय होना भी नियोजित किया जा सकता है। इसके लिये वायरस हनन प्रोग्राम के कियान्वयन का समादेश autoexec.bat फाइल में सन्निहित करना होता है।

**प्रश्न :- कम्प्यूटर तन्त्र में वायरसों की उपस्थिति के क्या लक्षण हैं?**

प्रत्येक वायरस की व्यवधान पहुँचाने की प्रक्रिया प्रथक होती है। अत: इस बारे में कोई नियम नहीं बताये जा सकते हैं। तथापि वायरसों की कार्य पद्यति पर आधारित कुछ सामान्य लक्षण निम्नॉकित कहे जा सकते हैं -

1 कम्प्यूटर परिचालन तन्त्र की संचिका command.com के आकार में स्वत: अभिवर्धन - इससे बचाव हेतु इस संचिका को मात्र पठनीय गुण प्रदान कर देना चाहिये तथा इसकी एक प्रति अन्यत्र सुरक्षित रखनी चाहिये।

2. कम्प्यूटर का ठहरना - कम्प्यूटर द्वारा अकारण कार्य करना बन्द कर देना वायरस की उपस्थिति की मुख्य पहचान है किन्तु ऐसा सक्रिय संचिका में दोष आने के कारण से भी होता है। दोनों प्रकार के दुर्व्यवहार में अन्तर करना कठिन होता है। तथापि संचिका दोष सदैव एक ही स्थिति पर उपस्थित होता है जबकि वायरस जनित व्यवधान अप्रत्याशित समय तथा स्थिति में हो सकता है।

**प्रश्न :- वायरसों से बचाव के क्या उपाय हैं?**

जब तक पृथ्वी पर दुष्ट प्रवृति के व्यक्ति रहेंगे वे कोई न कोई मार्ग अपने दुष्कर्मों के लिये खोज ही लेंगे। अत: वायरसों से बचाव हेतु सर्वोत्तम उपाय यही है कि अविश्वस्त स्रोंतो से प्राप्त डिस्कों का उपयोग अपने कम्प्यूटर पर न किया जाये। यदि ऐसा करना आवश्यक ही हो तो प्रथम चकती की छानबीन किसी सक्षम वायरस हनन प्रोग्राम से कर लेनी चाहिये। इसके लिये सर्वोतम तो यह है कि सक्षम हनन प्रोग्राम को कम्प्यूटर पर सन्तरी के रूप में संस्थापित करके रखा जाये।

फाइलों को वायरसों द्वारा क्षति से बचाने हेतु उन्हें 'मात्र पठनीय', गुण प्रदान करना भी एक सक्षम उपाय है। इसके साथ ही कुछ ऐसे प्रोग्राम भी उपलब्ध हैं जो कम्प्यूटर पर सन्तरी की तरह उसके संवेदनशील क्षेत्रों पर दृष्टि रखते हैं। इनमें कोई परिवर्तन प्रयास होने पर तुरन्त परिचालक को चेतावनी देते हैं। डॉस vsafe ऐसा ही एक प्रोग्राम है। वायरसों से प्रतिरक्षण हेतु सभी मुख्य प्रोग्रामों की प्रतियॉ फ्लॉपी चकतियों पर सुरक्षित रखनी चाहिये। ऐसी सभी चकतियों पर लेखन निषेध कर देना बहुत लाभकर रहता है।

**प्रश्न :- कम्प्यूटर वायरस कम्प्यूटर तन्त्र को क्या हानि पहुॅचा सकते हैं?**

कम्प्यूटर वायरस कम्प्यूटरों के सॉफ्टवेयरों अर्थात महत्वपूर्ण परिचालन संचिकाओं पर आक्रमण करते हैं एवं उनके किसी भाग को नष्ट कर उसका स्थान ले लेते हैं अथवा उनके मध्यस्थ निवास करते हैं। जब भी कम्प्यूटर में उन संचिकाओं का उपयोग होता है तब वे संचिका समादेशों के स्थान पर स्वंय सक्रिय हो जाते हैं तथा कम्प्यूटर परिचालन में व्यवधान उत्पन्न करते हैं।

सौभाग्य ये कोई भी वायरस कम्प्यूटर हार्डवेयर को कोई क्षति नहीं पहुॅचा सकता। चकतियों के प्रारम्भिक स्थल में स्थित कुछ वायरस उन्हें अनुपयोगी घोषित कर सकते हैं जिसके लिये उनका पुन: प्रारूपण करना आवश्यक हो जाता है। चकतियॉ प्राय: बार-बार प्रारूपित होने से दोष पूर्ण हो जाती हैं।

**प्रश्न:- कम्प्यूटर तन्त्र के मुख्य वातावरणीय शत्रु कौन-कौन हैं?**

कम्प्यूटर तन्त्र के वातावरणीय शत्रु निम्नॉकित हैं -

1. तापमान-

कम्प्यूटर तन्त्र मे विद्युत धारा प्रवाह उष्मा उत्पन्न करता है जिससे उसके अवयवों के तापमान में अभिवर्धन होता है। यदि इस ऊष्मा को निष्कासित न किया जाये तो तापमान में निरन्तर अभिवर्धन घातक स्थिति तक पहुॅच सकता है। कम्प्यूटर तन्त्र के

अधिकांश अवयवों में आन्तरिक तापमान लगभग 100 अंश सेल्सियस से अधिक नहीं होना चाहिये।

2 धूल -

वातावरण में सर्वत्र धूल कण व्याप्त होते ही हैं जो आवेशित भी हो सकते हैं। कम्प्यूटर अवयवों में धारा पथों के मध्यस्थ अन्तराल अति-न्यून होता है। अतः वहाँ धूल का एक कण भी दो धारा पथों में लघुपथ/शार्ट-सर्किट उत्पन्न करके कम्प्यूटर तन्त्र के संचालन को दोषपूर्ण कर सकता है।

3 नमी -

पूर्णतः शुष्क धूल कण बहुधा घातक नहीं होते किन्तु वे वातावरण से नमी शोषित करके सुचालक बन जाते हैं तथा कम्प्यूटर तन्त्र में लघुपथन दोष उत्पन्न करते हैं। इससे बचाव हेतु कम्प्यूटर के संवेदनशील अवयवों, जैसे मुद्रित परिपथ पटल/प्रिण्टेड सर्किट बोर्ड पर एक संरक्षण परत जमी होती है।

अतः कम्प्यूटर कक्ष में नमी उत्पन्न करने वाले शीतक आदि का उपयोग नहीं किया जाना चाहिये।

4 कम्पन्न

कम्प्यूटर तन्त्र में अवयवों के पारस्परिक वैद्युत सम्बन्धन विशेष संबंधकों के माध यम से होते हैं जिनमे सरकन प्रकार के विद्युत संबंधन निर्मित होते हैं। कम्प्यूटर तन्त्र के आधार में होने वाले कम्पन इन संबधनों को अवरोधित कर सकते हैं जिससे कम्प्यूटरों में प्रायः दोष उत्पन्न हो जाते हैं।

**प्रश्न : कम्प्यूटरो में अवयवों के शीतलन हेतु क्या व्यवस्थाऐं होती हैं ?**

कम्प्यूटरो को वातानुकूलित कक्षों मे स्थापन की अनुसंशा की जाती है जो इनके शीतलन की सर्वोतम व्यवस्था है किन्तु ऐसा करना सभी परिस्थितियो में संभव नहीं होता। अतः अब कम्प्यूटरों को अधिक सक्षम बनाया जाता है ताकि वे सामान्य वातावरण मे भी कार्य कर सकें।

कम्प्यूटरों के शीतलन की सर्वाधिक महत्वपूर्ण एवं अनिवार्य व्यवस्था मुख्य पेटिका मे स्थित विद्युत प्रदाय इकाई में अवस्थित एक पंखा है जो कम्प्यूटर को कर्त्य करने पर स्वतः ही चालू हो जाता हैं तथा परिचालन अवधि में सतत् चलता रहता है। यह पंखा पेटिका की गर्म वायु को निष्काषित करता रहता है। इस कारण से कम्प्यूटर पेंटिका को पीछे दीवार से कुछ आगे दूरी पर रखा जाता है। 80486 एवं उच्चतर सूक्ष्म संस्कारकों के शीतलन हेतु उनके उपर एक पंखा लगाया जाता है जो कम्प्यूटर परिचालन अवधि में सतत् कार्यरत रहता है।

इनके अतिरिक्त कम्प्यूटर प्रेक्षक पेटी मे जालियाँ बनी होती हैं जिन्हें कम्प्यूटर परिचालन के समय खुला रखना चाहिये। प्रेक्षक परिपथ में उत्पन्न उष्मा इन जालियों से निष्काषित होती रहती है।

**प्रश्न:- धारापथीय अनावरोधित वैद्युत प्रदाय/ऑन-लाइन यू.पी.एस. किसे कहते हैं?**

अनावरोधित वैद्युत प्रदाय इकाई दो प्रकार की होती है।

-धारापथीय/ऑनलाइन, तथा

-अधारापथीय/ऑफलाइन

धारापथीय प्रकार की इकाई सदैव कम्पयूटर तन्त्र को विद्युत शक्ति प्रदान करती रहती है। साथ ही यह मुख्य विद्युत प्रदाय से शक्ति ग्रहण कर अपनी बैटरी को आवेशित करती रहती है।

**प्रश्न :- अधारापथीय विद्युत प्रदाय इकाई की कार्य प्रणाली क्या हैं ?**

अधारापथीय विद्युत प्रदाय इकाई कम्प्यूटर तन्त्र से उसी समय सम्बन्धित होती है जब मुख्य प्रदाय विद्युत धारा अवरोधित हो जाती है। कम्प्यूटर तन्त्र के मुख्य स्रोत से आधारापथीय विद्युत इकाई के सम्बध्धन का कार्य स्वचालित होता है तथा यह इतनी तीव्रता से होता है कि कम्प्यूटर तन्त्र को विद्युत प्रदाय में कोई अवरोध प्रतीत नहीं होता। इस प्रकार की इकाई धारापथीय प्रकार की इकाई से सस्ती होती है किन्तु इसकी प्रत्यावर्तन क्रिया में कोई दोष आ जाने से कम्प्यूटर तन्त्र की विद्युत प्रदाय अवरोधित हो सकती है।

अध्याय

# ९

# कम्प्यूटर नेटवर्क/संजाल

अनेक कम्प्यूटर तंत्रों के परस्पर संबंधन को कम्प्यूटरों का नेटवर्किंग/संजालन कहते हैं। इस व्यवस्था से एक कम्प्यूटर उपयोक्ता अपने कम्प्यूटर पर उपलब्ध प्रोग्रामों एवं डेटा के अतिरिक्त अन्यत्र कम्प्यूटरों पर संचयित प्रोग्रामों एवं डेटा को उपयोग में ले सकता है। कम्प्यूटर नेटवर्किंग अध्ययन का एक विशाल विषय बन गया है क्योंकि इसने कम्प्यूटर के उपयोगों को आसमान की बुलन्दियों तक पहुँचा दिया है, किन्तु हम सार संक्षेप में इस विषय का अध्ययन करेंगे।

## 9.1 नेटवर्क अवयव

नेटवर्किंग व्यवस्थाओं के अध्ययन से पूर्व हम उन दो विशेष उपकरणों को जानेंगे जो कम्प्यूटर के ही संशोधित स्वरूप हैं जिनको नेटवर्क हेतु सुविधाजनक एवं मितव्ययी बनाया गया है।

### 9.1.1. फाइल सर्वर सिस्टम/संचिका प्रदायी तन्त्र

सामान्य कम्प्यूटर से अधिक सुविधासम्पन्न एवं अन्य कम्प्यूटरों को अपनी सुविध ाओं का लाभ प्रदान कराने में सक्षम कम्प्यूटर को फाइल सर्वर कहते हैं। इसकी दो प्रमुख विशेषताएँ हैं।

इसका माइक्रोप्रोसेसर तीव्र गति से इस प्रकार कार्य करता है कि यह सम्बन्धित सभी उपतंत्रों को बारी बारी से सूचनाएँ प्रेषित करता रहता है किन्तु प्रत्येक उपतंत्र उपयोक्ता को सूचनाओं की लगभग अनवरत प्राप्ति से आभास यह होता है कि केंद्रीय कम्प्यूटर मात्र उसी के लिये कार्य कर रहा है।

यह कम्प्यूटर अपनी संचयन युक्तियों में अनेकों प्रकार के प्रोग्राम तथा डेटा रखता है। ये प्रोग्राम तथा डेटा प्रत्येक कम्प्यूटर उपयोक्ता को, जो अन्यत्र कम्प्यूटरों पर बैठे कार्य कर रहे होते हैं, उपलब्ध रहते हैं। यह उपलब्धि फाइल सर्वर का सी0पी0यू0 एक एडेप्टर कार्ड - नेटवर्क संयमक - की सहायता से कराता है।

### 9.1.2. यूजर सिस्टम/उपयोक्ता तन्त्र

यूजर सिस्टम दो प्रकार के होते हैं -

*यूजर टर्मिनल*

प्रोग्रामों एवं डेटा के लिये फाइल सर्वर पर पूरी तरह निर्भर रहने वाले उपयोक्ताओं को ऐसा अन्यन्त सरलीकृत कम्प्यूटर ही पर्याप्त होता है जिसमें मात्र इनपुट तथा आउटपुट युक्तियाँ होती हैं। इस प्रकार के उपस्कर को टर्मिनल कहते हैं क्योंकि यह संयोजित कम्प्यूटर व्यवस्था का अस्त होता है, इसकी शाखाएँ होना संभव नहीं होतीं।

मेनफ्रेम तथा मिनी कम्प्यूटरों पर एक साथ अनेक लोगों द्वारा कार्य किए जाने की व्यवस्था अनेक स्थानों पर टर्मिनल स्टेशन स्थापित करने से की जाती है। रेलवे आरक्षण व्यवस्था में मुख्य कम्प्यूटर तथा टर्मिनलों का उपयोग किया जाता हैं। इसी प्रकार बड़े कारखानों की उत्पादन व्यवस्था को भी अनेक टर्मिनलों के माध्यम से संयमित किया जाता है।

*यूजर कम्प्यूटर*

जिन उपयोक्ताओं हेतु टर्मिनल पर्याप्त नहीं होते उन्हें उनकी आवश्यकतानुसार सुविधासंपन्न कम्प्यूटर प्रदान किये जाते हैं। ये उपयोक्ता ऑशिक रूप से सर्वर पर निर्भर करते हैं।

इस प्रकार अनेक माइक्रोकम्प्यूटरों को एक केन्द्रीय माइक्रोकम्प्यूटर से जोड़ा जा सकता है। केन्द्रीय माइक्रोकम्प्यूटर की स्टोरेज क्षमता तथा कार्य गति बहुत अधिक होती है, जिसका लाभ सभी कम्प्यूटर उपयोगकर्ता उठाते हैं। इस व्यवस्था का उपयोग उन स्थानों पर किया जाता है, जहाँ एक बड़े कार्य को कई लोगों द्वारा मिलकर निपटाना हो। इस प्रकार प्रत्येक यूजर मुख्य तन्त्र से संबंधित रहकर अपना योगदान प्रदान करता रहता है। कम्प्यूटरों के उपयोगार्थ बड़े जटिल प्रोग्राम तैयार करने में यह व्यवस्था लाभकर हुई है। इस व्यवस्था में प्रत्येक उपयोगकर्ता स्वतंत्र रूप से अथवा अन्य के साथ मिलकर संयुक्त रूप से कार्य कर सकता है।

## 9.2 नेटवर्क संयोजन

मुख्यत: दो प्रकार के नेटवर्क उपयोग में लिये जाते हैं जो उपयोक्ताओं की आवश्यकतानुसार निर्धारित किये जाते हैं।

### 9.2.1. टाइमशेयरिंग सिस्टम/काल सहभोगी तन्त्र

इस व्यवस्था में एक फाइल सर्वर से अनेक टर्मिनल सम्बन्धित कर दिये जाते हैं जिससे प्रत्येक टर्मिनल उपयोक्ता को फाइल सर्वर की सेवाएँ एवं सुविधाएँ क्रम से प्राप्त होती रहती हैं। यह एक अत्यन्त सस्ती व्यवस्था है जिसके माध्यम से अनेक व्यक्ति अपने अपने वांछित कार्य कर सकते हैं। इसके लिये यह आवश्यक है कि फाइल सर्वर

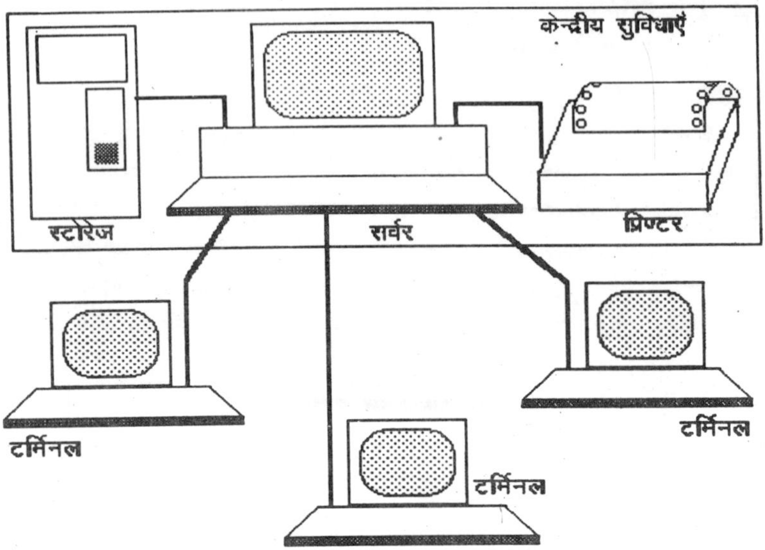


चित्र 9.1

की गति तथा क्षमता सभी उपयोक्ताओं की आवश्यकताओं की आपूर्ति हेतु पर्याप्त हो। इस व्यवस्था को चित्र 9.1 में दर्शाया गया है।

जब उपयोक्ताओं की संख्या बहुत अधिक हो जाती है तथा कुछ विशेष सुविधाएँ सीमित उपयोक्ताओं द्वारा ही उपयुक्त की जानी हों तो इस व्यवस्था में प्रत्येक उपयोक्ता को फाइल सर्वर की सेवाएँ उपलब्ध होने में विलम्ब हो सकता है जिससे सभी का कार्य धीमा हो जाता है।

### 9.2.2. डिस्ट्रीब्यूटिड प्रोसैसिंग सिस्टम/वितरित संस्कारण तन्त्र

यह व्यवस्था टाइम शेयरिंग तंत्र व्यवस्था का संशोधित स्वरूप है। इसमें कुछ विशिष्ट उपयोक्ताओं को टर्मिनलों के स्थान पर छोटे कम्प्यूटर तंत्र प्रदान कर दिये जाते हैं जिससे वे अपने कुछ कार्य स्वतंत्र रूप से कर सकते हैं। इससे फाइल सर्वर का कार्यभार कम हो जाता है जिससे वह उपयोक्ताओं को अच्छी सेवा प्रदान करता है।

इस व्यवस्था को चित्र 9.2 मे दर्शाया गया है। इस व्यवस्था में सुविधासम्पन्न कम्प्यूटर से भी कुछ टर्मिनलों को सम्बन्धन दिया जा सकता है। जिससे ये टर्मिनल विशिष्ट सुविधाओं का उपयोग कर सकते हैं।

## 9.3 नेटवर्क टोपोलॉजी/संजाल रूपशास्त्र

कम्प्यूटर नेटवर्क व्यवस्था को अनेक रूपों में व्यवस्थित किया जा सकता है जिनमें से प्रत्येक की कुछ विशेषताएँ हैं। इन रूप व्यवस्थाओं मे प्रमुख ये हैं -

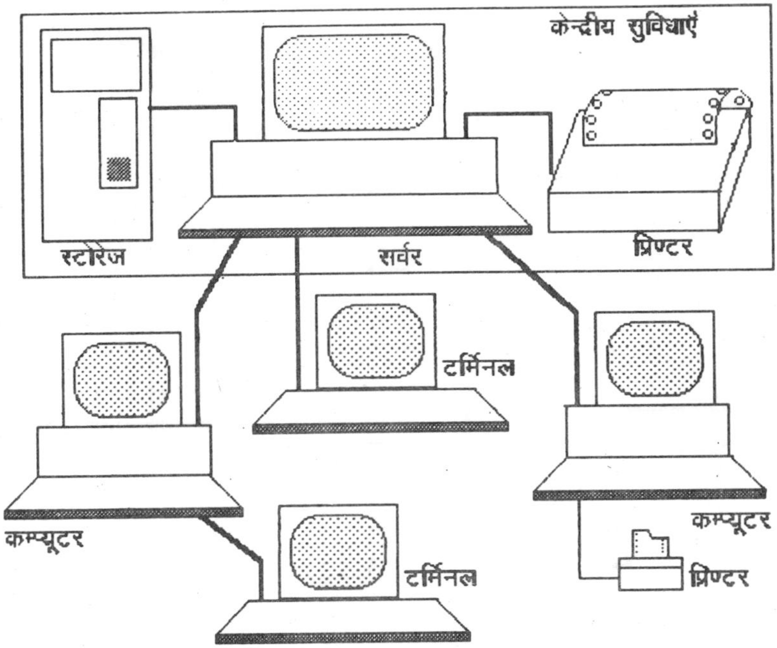


चित्र 9.2

### 9.3.1. स्टार नेटवर्क/सितारा संजाल

चित्र 9.3 क में दर्शायी गयी इस व्यवस्था में प्रत्येक उपयोक्ता टर्मिनल फाइल सर्वर से सीधे सम्बन्धित होता है जिससे वह सर्वर की सुविधाओं का कम से लाभ उठाता है। इस व्यवस्था का संयमक केन्द्रीय तन्त्र होता है।

### 9.3.2. रिंग नेटवर्क/वलय संजाल

इस व्यवस्था में फाइल सर्वर तथा यूजर तंत्र सभी एक वलय में सम्बन्धित होते हैं। अत: सर्वर की सूचनाएँ कम से एक से दूसरे उपयोक्ता को प्रेषित की जाती हैं। इस व्यवस्था में सूचना प्रवाह वलय में एक दिशा में ही होता है। यह व्यवस्था अन्तरराष्ट्रीय स्तर पर अतिलोकप्रिय है। इसे चित्र 9.3 ख में दर्शाया गया है। इस व्यवस्था में प्रत्येक उपयोक्ता संयमन कार्य भी करता है किन्तु मुख्य संयमन एक तन्त्र ही करता है।

### 9.3.3. ट्री नेटवर्क/वृक्ष संजाल

इस व्यवस्था में सर्वर एवं उपयोक्ता एक वृक्ष की शाखाओं उपशाखाओं की भाँति व्यवस्थित होते हैं जैसा कि चित्र 9.3 ग में दर्शाया गया है। इसकी विशेषता यह है कि इसमें एक से अधिक फाइल सर्वर सम्बन्धित हो सकते हैं तथा सूचना आदान प्रदान के विभिन्न समूह बनाये जा सकते हैं।

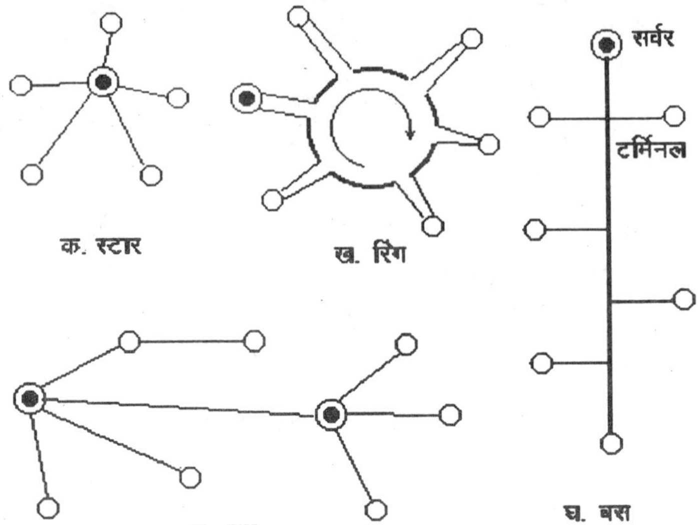


चित्र 9.3 नेटवर्क टोपोलॉजी

### 9.3.4 बस नेटवर्क/संयुज्जी संजाल

इस व्यवस्था में सर्वर एवं उपयोक्ता तन्त्रों को एक सामान्य बस से सम्बन्धित कर दिया जाता है जिसका संयमन सर्वर करता है। इसे चित्र 9.3 घ में दर्शाया गया है।

## 9.4 नेटवर्क वर्गीकरण

नेटवर्क व्यवस्थाओं को तीन वर्गों में रखा जा सकता है -

### 9.4.1 लोकल एरिया नेटवर्क/स्थानीय संजाल

एक ही भवन में अनेक कम्प्यूटरों को एक साथ संयोजित किया जा सकता है। इसमें एक केन्द्रीय बड़े कम्प्यूटर को, जिसे सर्वर कहते हैं, अनेक छोटे कम्प्यूटरों से जोड़ दिया जाता है। प्रत्येक संबंधित कम्प्यूटर को वर्कस्टेशन, अर्थात कार्यस्थल, भी कहा जाता है। वर्कस्टेशन कम्प्यूटरों में स्टोरेज व्यवस्था का होना आवश्यक नहीं है। सभी कार्यस्थल सेंट्रल स्टोरेज व्यवस्था का उपयोग स्वतंत्र रूप से कर सकते हैं। कम्प्यूटरों के पारस्परिक संबंधन के लिये प्रत्येक कम्प्यूटर में एक लैन इन्टरफेस एडेप्टर कार्ड (LAN INTERFACE ADAPTER CARD) का उपयोग किया जाता है।

### 9.4.2 वाइड एरिया नेटवर्क/सुदूर संजाल

सुदूर स्थलों पर रखे कम्प्यूटर तन्त्रों को टेलीफोन लाइनों द्वारा सम्बन्धित किया जाता है। इस प्रकार के नेटवर्क को वाइड एरिया नेटवर्क कहा जाता है। अत्याधुनिक सुदूर संजालों में ऑप्टिक फाइबर केबिल का भी उपयोग किया जा सकता है जिनमें

सूचना प्रवाह प्रकाश तरंगों के माध्यम से होता है। इससे प्रवाह वेग प्रकाश वेग के समान तीव्र हो जाता है।

### 9.4.3 मैट्रोपोलिटान एरिया नेटवर्क/नगरीय संजाल

उपरोक्त दो संजालों के मध्यस्थ नगरों व उपनगरों के स्तर पर स्थानीय संजाल व्यवस्थाएँ होती हैं जैसी कि भारतीय नगरों में टी.वी. चैनलों हेतु बनाइ जा रही हैं।

## प्रश्नोत्तरी :

**प्रश्न :- कम्प्यूटर संजाल/नेटवर्क क्या है?**

दो या अधिक कम्प्यूटरों में पारस्परिक सूचना आदान प्रदान कराने हेतु कम्प्यूटर तन्त्रों को परस्पर सम्बन्धित किया जाता है। इस प्रकार के सामंजस्य युक्त तन्त्र को कम्प्यूटरों का संजाल/नेटवर्क कहा जाता है। कम्प्यूटरों के संजाल में पारस्परिक सूचना आदान-प्रदान से पारस्परिक सुविधाओं का उपयोग भी किया जाता है। इस प्रकार एक बड़े तन्त्र से अनेक छोटे तन्त्रों को जोड़ देने से प्रत्येक छोटा तन्त्र बड़े तन्त्र की सुविध ाओं का उपयोग कर सकता है। इस प्रकार कम्प्यूटर संजाल स्वतंत्र कम्प्यूटरों की तुलना में आर्थिक रूप से अधिक लाभकर हैं।

**प्रश्न :- समानान्तर/पैरलल तथा श्रेणिक/सीरियल डेटा अन्तरण को स्पष्ट कीजिये।**

कम्प्यूटरों में सूचना के प्रत्येक चरित/कैरेक्टर के लिये 8 बिटों/द्विकों का उपयोग होता है। सामान्यतः कम्प्यूटर के आन्तरिक भागों में 8 बिट एक साथ स्थानान्तरित होती हैं। बड़े कम्प्यूटरों में 16, 32, अथवा 64 बिट एक साथ स्थानान्तरित होती हैं। इससे बड़े कम्प्यूटरों की कार्य गति तीव्र हो जाती है। इस प्रकार के बिट समूह के एक साथ स्थानान्तरण को समानान्तर संस्कारण कहते हैं। समानान्तर संस्कारण के लिये यह आवश्यक है कि जितनी बिटों का अन्तरण होना हो, उतने ही समानान्तर धारापथ उपलब्ध होने चाहिये। कम्प्यूटर के आन्तरिक भागों में अनेकानेक समानान्तर धारापथ होते हैं।

सूचना को जब दूरस्थ युक्ति को स्थानान्तरित करना होता है, तब समानान्तर अन्तरण हेतु अनेक धारापथों की उपलब्धि असुविधाजनक तथा महंगी होती है। अतः सूचना बिटों को एक-एक करके प्रेषित किया जाता है। इस प्रकार के प्रेषण को श्रेणिक अन्तरण/सीरियल ट्रान्सफर कहा जाता है। इसके लिये केवल दो धारा पथों की आवश्यकता होती है।

**प्रश्न :- कम्प्यूटर संजाल कितने प्रकार के होते हैं?**

कम्प्यूटर संजाल दूरी के आधार पर तीन प्रकार के होते हैं।

**1. स्थानीय क्षेत्र संजाल/लोकल एरिया नेट वर्क- लैन**

एक ही भवन में स्थित कम्प्यूटरों के मध्य सूचना आदान प्रदान समानान्तर रूप में किया जा सकता है इससे इसकी गति अधिक होती है। एक ही भवन में स्थित

कम्प्यूटरों के संजाल को लैन कहते हैं। इसके लिये कम्प्यूटरों को अनेक पथों वाली केबिल से जोड़ा जाता है।

**2 वृहत् क्षेत्र संजाल/वाइड एरिया नेटवर्क - वैन**

सुदूर स्थलों के कम्प्यूटरों का संजाल बनाने हेतु समानान्तर धारापथों का निर्माण बहुत महंगा होता है अतः सूचना आदान प्रदान श्रेणिक/सीरियल प्रकार का किया जाता है। इसके लिये मात्र 2 धारा पथों की आवश्यकता होती है। दूरस्थ कम्प्यूटरों के संजाल को सुदूर संजाल कहा जाता है। सभी स्थानों पर दूरभाष की सुविधा के लिये धारापथों का जाल उपलब्ध होता है। इन धारापथों को स्विच्ड लाइन्स/संवर्तित धारापथ कहा जाता है, क्योंकि इनमें विभिन्न स्थलों पर दूरभाष केन्द्रों पर धारा पथों में स्विचों/संवर्तो का उपयोग कर ही धारापथ से अनेकानेक दूरभाष उपकरणों को सम्बन्धित किया जाता है।

कम्प्यूटरों के मध्य सम्बन्धन हेतु दूरभाष के धारापथों का ही उपयोग किया जाता है। अतः सुदूर संजाल में दूरभाष विभाग के दूरभाष धारापथों के उपयोग की अनुमति लेनी होती है। इसके लिये एक विशेष उपकरण की भी आवश्यकता होती है जिसे मोडम कहा जाता है।

**3. नगरीय क्षेत्र संजाल/मैटरोपोलियन एरिया नेटवर्क - मैन**

स्थानीय तथा वृहत क्षेत्र संजालों के मध्यस्थ नगरीय संजालन व्यवस्था होती है जो 50 मील तक की दूरी तक संचार करती है।

**प्रश्न :- कम्प्यूटर तन्त्र में टर्मिनल क्या होता है?**

जब एक ही मुख्य कम्प्यूटर के संसाधनों को अनेकानेक उपयोक्ताओं द्वारा उपयोग करना होता है तो संजाल व्यवस्था द्वारा प्रत्येक उपयोक्ता को एक कुन्जीपटल तथा एक मॉनीटर/प्रेक्षक प्रदान कर दिया जाता है जिनकी सहायता से उपयोक्ता मुख्य कम्प्यूटर के संसाधनों जैसे - स्मृति, संस्कारक, चकती संचाली, मुद्रक आदि का उपयोग कर सकता है। कुन्जीपटल तथा प्रेक्षक के ऐसे प्रत्येक समुच्चय को टर्मिनल कहा जाता है। संजालन की इस प्रकार की व्यवस्था को केन्द्रीय संस्कारण व्यवस्था कहा जाता है। इस व्यवस्था में अधिक उपयोक्ता होने पर प्रत्येक को अपने कार्य की क्रियाओं में कुछ प्रतीक्षा करनी पड़ सकती है। चूँकि वह साधनविहीन होने के कारण कुछ अन्य नहीं कर सकता एवं प्रत्येक क्रिया हेतु केन्द्रीय कम्प्यूटर पर निर्भर करना होता है, उसके समय का कुछ भाग नष्ट हो सकता है।

**प्रश्न :- वितरित संस्कारण संजालन/डिस्ट्रीब्यूटिड प्रोसैसिंग नटेवर्किंग क्या है?**

ऊपर में वर्णित केन्द्रीय संस्कारण संजालन व्यवस्था में उपयोक्ताओं के समय का दुरूपयोग होता है। इससे बचने के लिये संजाल की कुछ महत्वपूर्ण इकाइयों को कुछ साधारण संसाधन प्रदान कर दिये जाते हैं। जिससे उसे प्रत्येक क्रिया के लिये केन्द्रीय कम्प्यूटर पर निर्भर नहीं रहना पड़ता। इस व्यवस्था को वितरित संस्कारण व्यवस्था कहा जाता है।

**प्रश्न :- संचिका प्रदायक/फाइल सर्वर क्या होता है?**

संजालन व्यवस्था में एक मुख्य कम्प्यूटर होता है जो संजाल को संयमित एवं नियोजित करता है। इस मुख्य कम्प्यूटर को संचिका प्रदायक कहा जाता है।

**प्रश्न :- कम्प्यूटर संजालन के नियोजनों के प्रकार क्या-क्या हैं?**

कम्प्यूटर संजालन में विभिन्न कम्प्यूटरों को कई प्रकार से नियोजित किया जाता है। इन नियोजनों का संजालन रूपशास्त्र/नेटर्वक टोपोलॉजी में अध्ययन किया जाता है। संजालन की विंभिन्न रूप निम्नॉकित हैं -

1. संयुज्जी संजाल/बस नेटवर्क

इस व्यवस्था में प्रत्येक कम्प्यूटर को एक सामान्य संयुज्जी/बस से सम्बन्धित कर दिया जाता है जिसके माध्यम से सूचनाओं का आदान-प्रदान होता है। जब मुख्य ससाधन केवल केन्द्रीय कम्प्यूटर पर ही हों तब यह व्यवस्था प्रयुक्त की जाती है।

2. वलय संजाल/रिंग नेटवर्क

इस व्यवस्था में कम्प्यूटरों को एक के बाद एक सम्बन्धित करते हुये बन्द परिपथ निर्मित कर दिया जाता है।

3. सितारा संजाल/स्टार नेटवर्क

इस व्यवस्था में एक केन्द्रीय कम्प्यूटर से अन्य प्रत्येक कम्प्यूटर को सीधे सम्बन्धित किया जाता है। यह व्यवस्था मंहगी होती है।

4. वृक्ष संजाल/ट्री नेटवर्क

इस व्यवस्था में कम्प्यूटरों को उनके महत्व एवं आवश्यकताओं के अनुसार शाखा उपशाखाओं की व्यवस्था में नियोजित किया जाता है। ऐसा करना तभी लाभकर होता है, जब कुछ विशेष कम्प्यूटरों को कुछ विशेष कम्प्यूटरों से ही सूचना विनिमय करना होता है।

**प्रश्न :- इण्टरनेट क्या है?**

इण्टरनेट विश्व का सबसे बड़ा सुदूर क्षेत्र संजाल है जो अमेरिकन रक्षा विभाग द्वारा स्वयं के उपयोग हेतु प्रारम्भ किया गया था किन्तु बाद में इसे अन्तरराष्ट्रीय स्वरूप देकर सार्वजनिक कर दिया गया। इण्टरनेट का शुल्कदाता बनकर कोई भी व्यक्ति अपने कम्प्यूटर को इस संजाल से जोड़ सकता है तथा विश्व भर में इससे जुड़े अन्य कम्प्यूटरों से सूचना आदान-प्रदान कर सकता है। अनेक व्यावसायिक प्रतिष्ठान इसका उपयोग अपने उत्पादनों के प्रचार-प्रसार तथा विक्रय हेतु करते हैं।

**प्रश्न :- वैब साइट/ठिकाना क्या है?**

इण्टरनेट से सम्बन्धित कम्प्यूटर को जब कोई अपनी सूचना इण्टरनेट को प्रदान करनी होती है तो उसे अपने कम्प्यूटर पर सूचनाओं की निदेशिका एवं संचिका नामांकित करनी होती है। इस संचिका को अन्तर्राष्ट्रीय स्तर पर खोज पाने के लिये पथ निर्धारित किया जाता है। जिसके आधार पर विश्व में कही भी कोई इण्टरनेट से जुड़ा कम्प्यूटर

इस सूचना को प्राप्त कर सकता है। अन्तर्राष्ट्रीय स्तर पर संचिका के खोज पथ को वैबसाइट कहा जाता है।

उदाहरणार्थ भारत की हिन्दी साहित्य की पत्रिका 'साहित्य अमृत' का ठिकाना/वैबसाइट **http:/www.sahitya.com/pub/amrit** है। इसी प्रकार भारत के समाचार टाइम्स ऑफ इण्डिया का ठिकाना **http:/www.timesofindia.com** है। इन ठिकानों पर सम्पर्क करके कोई भी इण्टरनेट शुल्क दाता इन पत्र-पत्रिकाओं के नवीन संस्करण पढ़ सकता है।

सूचना पाने के लिये शुल्क दाता को अपना ठिकाना बनाने की आवश्यकता नहीं होती है।

**प्रश्न :- निकनेट (NICNET) क्या है?**

निकनेट भारत के राष्ट्रीय सूचना केन्द्र/नेशनल इन्फॉमेटिक्स सैन्टर द्वारा नियोजित सुदूर क्षेत्र संजाल है, जो राजकीय विभागों में सूचनाओं के पारस्परिक आदान-प्रदान हेतु निर्मित किया गया है। यह देश के प्रत्येक जनपद मुख्यालय तथा अनेक राजकीय विभागों का सूचना विनिमय माध्यम है।

**प्रश्न :- ई-मेल क्या है?**

ई-मेल इलेक्ट्रानिक मेल अर्थात वैद्युत्यिक डाक का संक्षेप है। कम्प्यूटरों के माध्यम से पत्र का भेजना व पाना ई-मेल कहलाता हैं। इसमें पत्र प्रेषक अपने कम्प्यूटर पर पत्र को सम्पादित कर, पाने वाले के ई-मेल नम्बर पर प्रेषित कर देता है जो पाने वाले कम्प्यूटर पर एक संचिका में संगृहित हो जाता है। पाने वाला उस संचिका को खोल कर आने वाले पत्रों को पढ़ अथवा मुद्रित कर सकता है।

ई-मेल की व्यवस्था दूरभाष विभाग द्वारा की जाती है जो शुल्कदाता को एक नाम आबंटित करते हैं तथा अपनी दूरभाष के धारापथों से कम्प्यूटरों के मध्य सम्पर्क स्थापित कराते हैं। ई-मेल के लिये कम्प्यूटर को दूरभाष धारापथ से मोडम के माध्यम से सम्बन्धित किया जाता है।

अध्याय

# १०

# कम्प्यूटर चुनाव एवं उपयोग

## 10.1 सामान्य जानकारी

यहाँ कम्प्यूटर संबंधी उन तथ्यो व शब्दों के बारे में जानकारी दी जा रही है, जिनकी आवश्यकता पाठकों को कम्प्यूटर के उपयोग में पड़ सकती है तथा जिनका ज्ञान सामान्यतः भी आवश्यक समझा जाता है।

### *कम्प्यूटर संबंधी इकाइयाँ*

कम्प्यूटर तन्त्र के अध्ययन में उपयुक्त सबसे छोटी इकाई बिट/द्विंक है जो एक द्विअंकी प्रणाली का एक अंक बाइनरी डिजिट होती है। कम्प्यूटर तन्त्र की अन्य मापन इकाइयाँ निम्नाँकित हैं -

| इकाई | सामान्य मान | वास्तविक मान | |
|---|---|---|---|
| 1 निबिल | 4 बिट | 4 बिट | $2^2$ बिट |
| 1 बाइट | 8 बिट | 8 बिट | $2^3$ बिट |
| 1 शब्द/वर्ड | 2 बाइट | 16 बिट | $2^4$ बिट |
| 1 डबलवर्ड | 4 बाइट | 32 बिट | $2^5$ बिट |
| 1 किलोबाइट | $10^3$ बाइट | 1024 बाइट | $2^{10}$ बाइट |
| 1 मैगाबाइट | $10^6$ बाइट | 10,48,576 बाइट | $2^{20}$ बाइट |
| 1 गीगाबाइट | $10^9$ बाइट | 1,073,741,824 बाइट | $2^{30}$ बाइट |
| 1 टेराबाइट | $10^{12}$ बाइट | 1,099,511,627,776,बाइट | $2^{40}$ बाइट |

### *कम्प्यूटर विशिष्टियाँ*

किसी भी वस्तु का ज्ञान उसकी विशिष्टियों से होता है। कम्प्यूटर तन्त्र खरीदते समय अथवा उसका उपयोग करते समय उसकी विशिष्टियों का ज्ञान होना आवश्यक है। एक सामान्य कम्प्यूटर तन्त्र की विशिष्टियों में निम्नाँकित तत्व होते हैं -

- निर्माता एव उसकी निदर्श संख्या आदि
- माइक्रोप्रोसैसर का प्रकार जैसे - 80386SX / 80486DX2 आदि

- मुख्य स्मृति रैम का आकार जैसे - 4 मैगाबाइट / 16 एम.बी. आदि
- फ्लॉपी डिस्क संचालियों के प्रकार जैसे - 1.2 एम बी, 5.25"
- हार्ड डिस्क संचाली आकार जैसे -640 एम.बी, / 2.1 जी.बी. आदि
- सीडी संचाली है तो प्रकार
- मानीटर आकार / प्रकार जैसे -14" वी.जी.ए. रंगीन
- कुंजीपटल कुंजी संख्या जैसे 84 कुंजियां / एनहेन्स्ड 101 कुंजियां
- मूषक यदि है तो प्रकार जैसे 3 बटन, सीरिसल, आदि

***केन्द्रीय प्रोसेसिंग यूनिट नियंत्रण पटल***

कम्प्यूटर की मुख्य पेटी के सामने की ओर कम्प्यूटर का संयमन बोर्ड होता है जिस पर एक मुख्य स्विच होता है जो कम्प्यूटर को चालू तथा बन्द करने के काम आता है। कम्प्यूटर चालू करते समय इसका उपयोग अन्त में तथा बन्द करते समय इसका उपयोग प्रारंभ में करना चाहिए। मुख्य स्विच के पास ही दो बटन होते हैं। एक पर रिसैट RESET तथा दूसरे पर टर्बो TURBO अंकित होता है। रिसैट बटन कम्प्यूटर को बन्द कर पुन: चालू करने के काम आता है। टर्बो बटन कम्प्यूटर की गति बढ़ाने के काम आता है। प्रत्येक कम्प्यूटर की दो गतियाँ होती हैं - एक सामान्य तथा दूसरी टर्बो।

चित्र 10.1

टर्बो बटन के पास ही एक चौकोर LCD प्रदर्शी होता है जो सदैव एक संख्या इंगित करता है। यह संख्या ही कम्प्यूटर की मेगा साइकिल प्रति सेकण्ड (MHZ) में गति होती है। टर्बो बटन को दबाने ये यह गति बढ़ जाती है। इन्ही बटनों के पास तीन छोटी संकेतक ज्योतियाँ होती हैं इन पर क्रमश: POWER, H/ DISK तथा TURBO अंकित होता है। POWER शब्दांकित ज्योति मदरबोर्ड पर विद्युत शक्ति की उपस्थिति से प्रदीप्त होती है। H/ DISK अंकित ज्योति तब प्रदीप्त होती है जब हार्ड डिस्क मोटर वांछित सूचना की खोज में परिचालित होती है। TURBO अंकित ज्योति इंगित करती है कि कम्प्यूटर सामान्य गति से कार्य कर रहा है अथवा टर्बो गति से। इस पैनल को चित्र 10. 1 में दर्शाया गया है।

***कुन्जी पटल** (KEY BORAD)*

**कम्प्यूटर कुन्जियों का परिचालन**

कम्प्यूटर संबंधी इस पुस्तक तथा अन्य सभी पुस्तकों में कुन्जियों को दबाने का निर्देश होता है, जिसका अर्थ सदैव ही कुन्जी को दबाकर छोड़ देने से होता है, कुन्जी

को दबाए रखने से नहीं । कुन्जी को कम्प्यूटर में निर्धारित अवधि के बाद दबाए रखने से उसके पुन: -पुन: परिचालन का प्रभाव उत्पन्न होता है, जैसे यदि । चिन्हित कुन्जी को अधिक देर तक दबाए रखा जाए तो परदे पर एक साथ ही अनेकों ।।।।। अंकित होते चले जाते हैं।

कुछ निर्देशों में दो या तीन कुन्जियों को एक साथ दबाना होता है इनमें प्राय: <SHIFT>.<ALT> आदि कुन्जियॉं होती हैं। इन कुन्जियों को अकेले दबाने से कोई प्रभाव नहीं होता। अत: जब अनेक कुन्जियों को दबाने का निर्देश हो तो पहले इन कुन्जियों को दबाए रखकर अन्य कुन्जियों को दबाना चाहिए। उदाहरणार्थ, यदि आधा म अंकित करना हो तो <SHIFT> तथा म दोनों कुन्जियों को एक साथ दबाना होगा। यदि पहले म को दबाकर <SHIFT> दबाएँ तो कार्य सही नहीं होगा। इसके लिए पहले <SHIFT> को दबाए रखकर ही म को दबाना होगा।

कम्प्यूटर कुन्जियों को बहुत धीरे से दबाने की आवश्यकता होती है।

कम्प्यूटर को सूचनाएँ तथा समादेश देने के लिए कुन्जीपटल ही सर्वाधिक महत्वपूर्ण एवं अनिवार्य अंग है। यहाँ इसकी कुछ महत्वपूर्ण कुन्जियों के कार्यो का वर्णन किया जा रहा है।

**<ENTER> अर्थात प्रवेश :**

इस कुन्जी से दो प्रमुख कार्य लिये जाते हैं। कम्प्यूटर को दिए जाने वाले प्रत्येक समादेश के अंकन के बाद इसका उपयोग अपरिहार्य है। जब तक इसे दबाया नहीं जाएगा तब तक कम्प्यूटर तक समादेश पहुँचता ही नहीं है। इसका दूसरा उपयोग सूचनाओं के प्रवेश में है। पाठ्य मे नए पैराग्राफ के लिए अन्य प्रकार के ऑकेड़ों में नई सूचना के अंकन के लिए इसका उपयोग किया जाता है।

**<SHIFT> अर्थात अन्तरण :**

कैरैक्टरों अर्थात् चरितों की प्रत्येक कुन्जी दो कार्य करती है। एक अकेले स्वयं तथा दूसरा <SHIFT> कुन्जी के साथ। कीबोर्ड की कुछ कुन्जियों पर दो कैरैक्टर अंकित होते हैं। नीचे वाला अकेली कुन्जी के उपयोग से अंकित होता है तथा उपर वाला <SHIFT> कुन्जी के साथ। इसी प्रकार वर्ण कुंजियों में से अकेली कुंजी से छोटे वर्ण तथा <SHIFT> के साथ बड़े वर्ण अंकित होने हैं।

**<CAPSLOCK> अर्थात अन्तरण स्थायी**

यह कुंजी दोतरफा कार्य करती है अर्थात एक बार दबाने से अपना प्रभाव बनाती है तथा दूसरी बार दबाने से प्रभाव समाप्त करती है। यह केवल वर्ण कुंजियों पर ही प्रभावी है, अन्य संकेत कुंजियों पर इसका कोई प्रभाव नहीं होता है।

**<TAB> अर्थात कुदान :**

सारणी निर्माण के लिए यह कुंजी उपयोगी है। पहले से निर्धारित स्थानों तक की कुदान इस कुंजी से क्रियान्वित की जाती है।

**<ESC>** अर्थात **त्याग**

यह किसी भी चलती किया को त्यागने की कुंजी है । प्रोग्राम इसका उपयोग स्वयं भी बदल सकते हैं।

**<CTRL>,<ALT> तथा <F1> से <F12>**

ये वे विशेष कुंजियॉं हैं जिनका उपयोग प्रोग्राम में सुविधानुसार परिभाषित किया जा सकता है।

**<PRINT SCREEN>** अर्थात **प्रदर्शमुद्रण**

मॉनीटर स्क्रीन पर जो भी अंकित होता है उसे प्रिण्टर द्वारा प्रिण्ट करने के लिए इस कुंजी का उपयोग किया जाता है।

**<SCROLL LOCK>** अर्थात **सरक-निषेधि**

जिस पृष्ठ पर कार्य किया जा रहा है उसे वहीं स्थिर करने के लिए इस कुंजी का उपयोग किया जाता है।

**<PAUSE>** अर्थात **विराम**

किसी चलती प्रक्रिया के अस्थायी ठहराव के लिए इसका उपयोग किया जाता है जो प्रवेश कुंजी <ENTER> से पुन: प्रारंभ की जा सकती है।

**<INSERT>** अर्थात **मध्यस्थापन**

पाठ्य के संशोधन की दो विधाएँ हो सकती हैं - अतिरिक्त स्थान बनाकर कैरेक्टरों का अंकन अथवा पुराने केरेक्टरों के स्थान पर नए कैरेक्टरों का अंकन। यह कुंजी इसी विधा में परिवर्तन के काम आती है। विभिन्न प्रोग्राम इसका अलग अलग प्रकार से उपयोग करते हैं।

**<HOME>** अर्थात **प्रास्थल**

सामान्यत्त: पंक्ति के प्रारंभ में जाने के लिए इसका उपयोग किया जाता है। विभिन्न प्रोग्राम इसका उपयोग विभिन्न तरीकों से करते हैं।

**<DELETE>** अर्थात **मिटाना**

सामान्यत: चिन्हित कैरेक्टर को मिटाने के लिए इसका उपयोग होता है इसे भी विभिन्न प्रोग्राम अलग अलग कार्यों के लिए उपयोग करते हैं।

**<END>** अर्थात **अन्तस्थल**

सामान्यत: पंक्ति में अंकित अंतिम कैरेक्टर के बाद जाने के लिए इसका उपयोग किया जाता है।

**<PAGE UP>** अर्थात **पूर्वपृष्ठ** तथा **<PAGEDOWN>** अर्थात **उत्तरपृष्ठ**

परस्पर विरोधी दिशा में कार्य करने वाली ये दो कुंजियॉं सामान्यत: अपने नामों के अनुरूप अगले या पिछले पृष्ठ पर जाने के लिए उपयुक्त की जाती हैं। कुछ प्रोग्राम इनका उपयोग अलग उद्देश्यों के लिए भी करते हैं।

**<DIRECTION KEYS>** अर्थात **दैशिक कुंजियॉं**

अंकन चिन्ह को बॉए दॉए या उपर नीचे ले जोने के लिए इनका उपयोग किया जाता है।

<NUM LOCK> अर्थात **संख्या चुनाव**

यह दोनरफा कार्य करने वाली कुंजी है। इससे सांख्यिक पैड की कुंजियों के कार्य बदल जाते हैं।

***माउस तथा ट्रैक बॉल (MOUSE AND TRACK BALL)***

माउस को कम्प्यूटर के सीरियल पोर्ट से संबंधित किया जाता है। माउस परिचालन के लिए उससे संबंधित साफ्ट्वेयर भी आवश्यक होता है। माउस के उपयोगों के बारे में प्राय: विनिर्माता अपने तरीके अपनाते हैं तथा उन्हीं के अनुसार सॉफटवेयर का निर्माण करते हैं। अत: माउस के परिचालन की जानकारी संबंधित विवरणिका से ही प्राप्त की जानी चाहिए। इसी प्रकार ट्रैक बॉल का परिचालन भी विभिन्न विनिर्माताओं द्वारा प्रथक तरीकों से निर्धारित किया जाता है।

***संचिका (FILE)***

कम्प्यूटर में प्रत्येक प्रकार की सूचनाओं के स्टोरेज को फाइल कहते हैं। फाइल एक वर्ण से लेकर हजारों पृष्ठों की हो सकती है। सूचना को यदि कम्प्यूटर में स्टोर करना है तो उसे एक फाइल के रूप में ही स्टोर किया जा सकता है।

प्रत्येक फाइल को एक नाम देना आवश्यक होता है। फाइलों के नामों के दो भाग होते हैं, जिन्हें एक बिन्दु (.) (PERIOD) से विलगित किया जाता है। प्रथम भाग में एक से आठ तक कैरेक्टर हो सकते हैं। इन कैरेक्टरों (CHARACTERS) में पीरियड तथा स्पेस का उपयोग वर्जित है। इस भाग को फाइल का नाम कहा जाता है। द्वितीय भाग में अधिकतम तीन कैरेक्टर हो सकते हैं, इनमें भी स्पेस व पीरियड का उपयोग वर्जित है। इस भाग को संचिका उपनाम या एक्स्टेंशन (FILE EXTENSION) कहा जाता है। एक्स्टेंशन का होना अनिवार्य नहीं है। कुछ प्रक्रम अपनी ओर से फाइलों के एक जैसे एक्स्टेंशन निर्धारित करते हैं। फाइलों के नाम व एक्स्टेंशन कम्प्यूटर परिचालक अपनी सुविधा के अनुसार कुछ भी रख सकता है, किन्तु इन नामों का कुछ आधार होने से याद रखना आसान रहता है।

***निदेशिका (DIRECTORY)***

फाइलों के संग्रह को निदेशिका कहा जाता है। एक डायरेक्टरी में किसी भी संख्या में फाइलें हो सकती हैं। प्रत्येक डायरेक्टरी को भी एक नाम देना आवश्यक होता है। डायेरेक्टरी नामों पर फाइल के नामों के ही नियम लागू होते हैं।

डायरेक्टरियों के संग्रह को भी डायरेक्टरी ही कहा जाता है। ऐसी अवस्था में अधीनस्थ डायरेक्टरी सबडायरेक्टरी कही जाती है। इस प्रकार डायरेक्टरी सबडायरेक्टरियों की लम्बी श्रंखला बनाई जा सकती है जिसे वृक्ष/ट्री कहा जाता है।

फाइल के नाम के साथ उस डायेरेक्टरी का नाम भी अंकित करने में सुविधा होती है, जिसमें फाइल अंतर्निहित होती है, यथा -

C:\FAMILY\TONU.JN

## 10.2 एप्लीकेशन प्रोग्राम इंस्टालेशन

### 10.2.1 डौस आधारित एप्लीकेशन प्रोग्रामों का संस्थापन

डौस के हार्ड डिस्क पर इंस्टालेशन के बाद कम्प्यूटर पर उन एप्लीकेशन प्रोग्रामो को इंस्टाल किया जा. सकता है जिनका आधार डौस है। ये सभी प्रोग्राम निर्माता कम्पनियों के प्रोप्राइटरी प्रोग्राम हैं। इनका अनधिकृत उपयोग अपराध है। अत: कम्पनी की अधिकृत डिस्कों पर उनके मूल दस्तावेजों के साथ इन्हें उपयोग करना चाहिए। उनके दस्तावेजों में इनके उपयोग के बारे में विस्तृत निर्देश होते हैं।

इस प्रकार के प्रोग्राम दो स्वरूपों में से किसी एक स्वरूप में हो सकते हैं। एक स्वरूप में सभी फाइलें अपने मूल स्वरूप में ही अंकित होती हैं तथा दूसरे स्वरूप में फाइलें कप्रेस्ड (COMPRESSED) स्वरूप में अंकित होती हैं। मूल स्वरूप की फाइलों को सीधे डिस्क पर कॉपी करके भी कार्य किया जा सकता है, किन्तु इसमें कुछ असुविधा हो सकती है।

प्रोग्रामों के डिस्क पर अंकन की सही विधि उनको विधिवत् इंस्टॉल करना होता है। इसके लिए पूरी विधि के सामान्य बिन्दु निम्नांकित हैं -

1. प्रोग्राम की डिस्क संख्या 1 को कम्प्यूटर डिस्क संचाली में लगाइए तथा उस डिस्क प्रॉम्प्ट पर जाकर उस डिस्क की फाइलों की सूची देखिए। यह DIR/P/W कमाण्ड से स्क्रीन पर प्रस्तुत होगी।

2. इस सूची मे INSTALL अथवा SETUP नाम की अथवा मिलते जुलते नाम की फाइल खोजिए। साथ ही इसका एक्स्टेंशन भी देखिये, यह EXE, COM अथवा BAT ही होना चाहिए। इसकी वर्तनी को ठीक से नोट कर लीजिए।

3. अब कमाण्ड स्वरूप इस फाइल के नाम का उपयोग कीजिए। इंस्टॉलेशन प्रारंभ हो जाएगा।

4. दृष्टि परदे पर रखिए, प्रश्नों के सूझबूझ से उत्तर देते रहिए। कम्प्यूटर जब आग्रह करे तब डिस्क बदल दीजिए।

5. अंतिम डिस्क के कुछ समय बाद आपको इंस्टॉलेशन की पूर्णता की सूचना मिल जाएगी।

6. प्रोग्राम के उपयोग के लिए COM, BAT अथवा EXE एक्स्टेंशन की फाइल का नाम ही उपयोग किया जाता है। प्रत्येक प्रोग्राम में एक और फाइल इन एक्स्टेंशनों की होती है।

7. प्रोग्राम के उपयोग में मार्गदर्शन के लिए दस्तावजों के अध्ययन के अतिरिक्त प्रोग्राम में HELP का लाभ उठाइए।

### 10.2.2 विण्डोज़3 आधारित उपादयन प्रोग्रामों का संस्थापन

विण्डोज3 पर आधारित प्रोग्रामों जैसे पेजमेकर, कोरलड्रा, वर्ड, एक्सेस तथा एक्सेल आदि को इंस्टॉल करने की एक ही विधि है। इस विधि को निम्नलिखित प्रकार से कहा जा सकता है -

1. कम्प्यूटर चालू करने के बाद डौस प्रॉम्प्ट पर WIN कमाण्ड दीजिए। इससे विंडोज प्रोग्राम चालू होगा तथा कुछ ही क्षणों में प्रोग्राम मैनेजर उपस्थित होगा। यदि यह प्रतिमा स्वरूप में उपस्थित होता है तो करसर को इसके पास लाकर माउस के बॉए बटन को दो बार शीघ्रता से दबाइए। प्रोग्राम मैनेजर विण्डो स्वरूप में उपस्थित हो जाएगा।

2. प्रोगाम की डिस्क संख्या 1 को उपयुक्त डिस्क संचाली में लगाइए। मान लीजिए यह संचाली A: है।

3. प्रोग्राम मैनेजर के मुख्य ऑप्शन FILE के पास करसर को लाइए तथा बॉए माउस बटन को दबाइए। FILE की ऑप्शन सूची उपस्थित होगी।

4. दैशिक कुजियों से NEW को चुनकर <ENTER> कीजिए अथवा करसर को NEW के पास लाइए तथा बॉए माउस बटन को एक बार दबाइए।

5. एक DIALOG BOX उपस्थित होगा। इसमें A: को अंकित कीजिए।

6. करसर को BROWSE पर लाइए तथा माउस के बॉए बटन को दबाइए। A: डिस्क की फाइलों की सूची प्रस्तुत होगी। इनमें से INSTAL अथवा SETUP से मिलता-जुलता नाम चुनिए, जिसका एक्स्टेंशन COM, EXE अथवा BAT होना चाहिए। PAGEMAKER में यह ALDSETUP के नाम से होता है।

7. इसे चुनने के लिए इस फाइल पर तथा बाद में OK पर करसर को लाइए तथा बॉए माउस बटन को दबाइए। सूची बन्द हो जाएगी तथा उपरोक्त DIALOG BOX में कमाण्ड पंक्ति में फाइल का नाम अंकित हो जाएगा। इस DIALOG BOX के OK को चुनिए। इंस्टॉलेशन प्रकिया प्रारंभ हो जाएगी।

8. प्रश्नों के उत्तर अपनी आवश्यकतानुसार सूझबूझ से देते रहिए। कम्प्यूटर द्वारा आग्रह पर डिस्कों को कमानुसार बदलते रहिए।

9. अंतिम डिस्क के कुछ समय बाद इंस्टॉलेशन पूर्ण हो जाएगा।

## प्रश्नोत्तरी

**प्रश्न :- कम्प्यूटर का किन-किन क्षेत्रों में उपयोग किया जा रहा है?**

जीवन का कोई ऐसा क्षेत्र शेष नहीं रह गया है जहॉ कम्प्यूटरों का हितकर उपयोग न हो रहा हो। तथापि कम्प्यूटर उपयोग के कुछ लोकप्रिय क्षेत्र निम्नॉकित हैं

**1. प्रकाशन** :- प्रकाशन के क्षेत्र में कम्प्यूटरों ने कान्तिक परिवर्तन किये हैं। कागज के उपयोग के बिना ही मुद्रण की अन्तिम स्थिति तक पहुॅचना अब सम्भव हो गया है। हस्त लेखन की प्रकिया में पाठ्य में संशोधन करना जटिल समस्या थी जो कम्प्यूटरों ने सरल कर दी है। अब किसी भी पाठ्य में परिवर्तन, उनका पुनर्सम्पादन बहुत सरल हो गया है। पाठ्य को आकर्षक रूप देने में भी कम्प्यूटरों का योगदान अति महत्वपूर्ण है। पाठ्य के किसी भी अंश को छोटा-बड़ा, किसी भी मुद्रा स्वरूप में तैयार करना आदि कम्प्यूटरों के माध्यम से सरल एवं सुविधाजनक ही नही तीव्रतर भी हो गया है। प्रकाशन के प्रमुख प्रोग्राम वर्ड व पेजमेकर हैं।

**2. लेखांकन** :- लेखांकन का कार्य सदैव जटिल कार्य माना जाता रहा है और यदि कोई परिवर्तन करना हो तो कार्य और भी अधिक अपराजेय लगने लगता है। कम्प्यूटरों के माध्यम से लेखांकन स्वत: अग्रसरित होता रहता है। यहाँ तक कि किसी परिवर्तन को मात्र उसके मूल पर करना होता है। शेष सम्बन्धित परिवर्तन कम्प्यूटर स्वयं समायोजित कर लेता है।

कुछ लेखांकन प्रोग्राम इतने सक्षम हैं कि वे व्यवसाय के प्रत्येक पक्ष को स्वचालित कर उसमें से वित्तीय ऑकड़े एकत्र कर लेखा पुस्तकों में समायोजित करते रहते हैं।

लेखांकन के प्रचलित प्रोग्राम मुनीम जी, टैली तथा एक्स हैं।

**3. सूचना संचार** :- कम्प्यूटरों के संसार को सूचना जगत कहा जाता है क्योंकि कम्प्यूटर सूचनाओं के संरक्षण, संस्कारण एवं संचार में महत्वपूर्ण भूमिका निभा रहे हैं। कम्प्यूटरों के माध्यम से एक बड़े पुस्तकालय में निहित सभी ज्ञान एवं सूचनाओं को सम्भवत: एक बटुऐ में संजोया जा सकता है। और अल्प समय में सूदूर स्थलों पर प्रेषित किया जा सकता है। आज के समाचार पत्र एवं पत्रिकाएँ कम्प्यूटरों के माध्यम से ही विश्वभर के समाचार एकत्र कर जन-जन तक पहुँचा रहे हैं।

**4. पत्र व्यवहार** :- पुनरावर्तित पत्रों के प्रेषण में कम्प्यूटरों ने एक दुरूह कार्य को सरल बना दिया है। एक पत्र को हजारों व्यक्तियों को प्रेषित करना हो अथवा एक व्यक्ति को हजारो पत्र प्रेषित करने हों, दोनों ही कार्यों में कम्प्यूटर अति सक्षम हैं। कम्प्यूटरों द्वारा इस प्रकार की व्यवस्था को डाक निहितन/मेल मर्ज कहा जाता है। प्राय: सभी शब्द संस्कारण प्रोग्रामों में यह व्यवस्था सन्निहित होती है।

**5. कला** :-यद्यपि कला को रचनाधर्मिता की आवश्यकता होती है जो कम्प्यूटरों में नही होती तथापि परिचालक की रचनाधर्मिता कम्प्यूटर के माध्यम से कलाकृतियों के निर्माण को सरल एवं सुविधाजनक बना देती है।

**6. प्रकिया संयमन** :-औद्योगिक, घरेलू अथवा कार्यालयी, सभी क्षेत्रों में कुछ नियत प्रकियाओं को ही बार बार कार्यान्वित किया जाता है। चूँकि कम्प्यूटर किया पुनरावृत्ति को मानवों से अधिक सक्षम रूप में सम्पन्न कर सकते हैं, इसलिये प्रकिया संयमन कम्प्यूटरों के उपयोग का सर्वाधिक विस्तृत क्षेत्र है। कम्प्यूटरों के माध्यम से विशाल कल-कारखाने मानवकर्मी-शून्य बनाये एवं संचालित किये जा रहे हैं।

**प्रश्न :- कुन्जीपटल की मुख्य कुंजियों के उपयोग स्पष्ट कीजिये?**

आधुनिक कुन्जीपटलों में 102 कुन्जियाँ होती हैं। इन्हें संवर्धित/एनहेन्स्ड कुन्जीपटल कहा जाता है। तथापि स्थान एवं लागत में बचत करने हेतु कुछ तन्त्र अभी भी 84 कुन्जी वाले कुन्जीपटलों का उपयोग कर रहे हैं। कुन्जीपटल की कुन्जियों को निम्नलिखित वर्गो में रखा जा सकता है -

**1. कर्त्यन कुन्जियाँ** (F1 - F12 अथवा (F1 - F10)

इन कुन्जियों में प्रत्येक कुन्जी दोल/स्ट्रोक को एक पूरी प्रक्रिया को संम्पन्न कराने का दायित्व सौंपा जाता है। जिसमें अनके समादेश अनुदेश हो सकते हैं। इस दायित्व के सौंपने का कार्य प्रोग्राम करते हैं।

प्रोग्रामों में उपयोगिता की विविधता के कारण सामान्य रुप से इनकी प्रक्रियाओं को परिभाषित नहीं किया जा सकता। किन्तु प्राय: सभी प्रोग्रामों ने HELP क्रिया का दायित्व कुन्जी F1 को, कम्प्यूटर परिचालक को प्रोग्राम में उपलब्ध सहायता प्रदान करने हेतु दिया हुआ है। अनेक प्रोग्राम उपलब्ध सहायता प्रदान करने हेतु प्रक्रियाएँ निर्धारित करने का अवसर भी प्रदान करते हैं।

**2. एस्केप/त्याग कुन्जी <ESCAPE>**

यह कुन्जी एक अद्वितीय कार्य करने के कारण विशेष है। इसका कार्य अपने से पूर्व किये गये कर्म को निरस्त करना है। अत: भूल सुधार का यह एक महत्वपूर्ण साधन है। अनेक प्रोग्राम इस कुन्जी का उपयोग प्रोग्राम से बहिर्गमन के लिये करते हैं।

**3. अल्फान्यूमेरिक/वर्णसांख्यिक कुन्जियाँ**

टंकण मशीनों की कुन्जियों के समतुल्य ये कुन्जियाँ टंकण कुन्जियाँ कहलाती हैं। इनमें सभी वर्ण संख्याएँ, रिक्ति तथा अनेक विशेष सांकेतिक चरित कुन्जियाँ सम्मिलित हैं जो सामान्य पाठ्य के टंकण में काम आती हैं। इस समूह में प्रवेश कुन्जी भी होती है जो समादेशों के क्रियान्वयन एवं पाठ्य परिच्छेदन का कार्य करती है। इसी समूह में एक और महत्वपूर्ण कुन्जी होती है जिसे अंतरण कुन्जी कहा जाता है। यह कुन्जी उस वर्ग की अन्य कुन्जियों के मान में अन्तरण करती है। इसका उपयोग अन्य किसी कुन्जी के साथ ही किया जाता है।

**4. न्युमेरिक कीपैड/साँख्यिक कुन्जीपट**

इस कुन्जीपट की दो विधाएँ हैं जिनका निर्धारण इसी समूह की एक कुन्जी NUMLOCK से होता है। एक विधा में कुन्जियाँ संख्यायेँ टंकित करने का कार्य करती हैं तथा दूसरी विधा में करसर को बाँये-दाँये तथा उपर-नीचे करने का कार्य करती हैं।

**5. करसर चलन कुन्जियाँ**

एनहेन्स्ड कुन्जीपटलों में करसर को उपर-नीचे तथा बाँये-दाँये चलन हेतु चार कुन्जियों का एक प्रथक समूह होता है।

**6. विशेष प्रकिया कुन्जियाँ**

इस समूह में निम्नांकित कुन्जियाँ होती हैं -

**INS** यह कुन्जी निर्धारित करती है कि करसर को पाठ्य के मध्य में लाकर किसी कुन्जीदोल का प्रभाव करसर स्थान पर पूर्वचरित को आगे बढ़ाकर होगा अथवा उसके उपर। इन दो विधाओं को क्रमश: मध्यस्थापन (INSERTION) तथा ऊपरॉकन (OVERWRITING) कहा जांता है।

**HOME** करसर को पंक्ति के प्रारम्भ में लगाने हेतु ।

| | |
|---|---|
| **END** | करसर को पंक्ति के अन्त में ले जाने हेतु । |
| **DEL** | करसर बिन्दु पर चरित को मिटाने हेतु । |
| **Pg Up** | पिछले पृष्ठ पर जाने हेतु । |
| **Pg Dn** | अगले पृष्ठ पर जाने हेतु । |
| **Prt Scr** | प्रदर्श के यथावत् मुद्रण हेतु । |
| **Scroll Lock** | प्रदर्श पर अंकित सूचनाओं को स्थिर करने हेतु । |
| **Pause** | कम्प्यूटर की चालू क्रिया को अस्थायी विरामन हेतु । |

7. **<Ctrl>** तथा **<Alt>** कुन्जीयॉ

ये दो कुन्जियॉ अन्तरण <shift> कुन्जी की तरह ही किसी भी कार्य हेतु प्रोग्राम द्वारा उपयुक्त की जा सकती हैं।

**प्रश्न :- कम्प्यूटर को मूलतः क्या प्रदान किया जाता है तथा इससे क्या प्राप्त होता है?**

कम्प्यूटर मूलतः प्रदत्त निर्देशों के अनुसार सूचनाओं के संस्कारण/प्रोसैसिंग का कार्य करते हैं। अतः कम्प्यूटरों को सूचनाऐं प्रदान की जाती हैं तथा इनसे सूचनाएँ ही प्राप्त की जाती हैं। कम्प्यूटर संगृहित निर्देशों के अनुसार प्रदत्त सूचनाओं के स्वरूप में परिवर्तन कर उन्हें वॉछित प्रारूप प्रदान करते हैं। इसी कारण से कम्प्यूटर जगत को सूचना जगत भी कहा जाता है।

**प्रश्न :- सूचना संस्कारण से क्या तात्पर्य है?**

कम्प्यूटर तन्त्र सूचनाओं को वांछित स्वरूपों में प्रस्तुति के साधन हैं। इसी क्रिया को सूचना संस्कारण/डाटा प्रोसेसिंग कहा जाता है। कम्प्यूटर तन्त्र को सूचनाएँ को उसी रूप में प्रदान की जाती हैं जिस रूप में वे उपलब्ध होती हैं। सूचनाओं की यह प्रदाति कम्प्यूटर परिचालक द्वारा कुन्जीपटल के माधयम से अथवा किसी यन्त्र द्वारा वैद्युत संकेतों के माधयम से की जा सकती है, जो अन्ततः द्विअंकीय कूटों/बाइनरी कोड के रूप में परिवर्तित होकर कम्प्यूटर की स्मृति में अंकित हो जाती है। कम्प्यूटर इन सूचनाओं की छॅटाई/सॉर्टिंग एवं इन्डेक्सिंग आदि के अतिरिक्त इनसे संगणनाओं के आधार पर अन्य व्युत्पन्न/डेराइव्ड सूचनाओं को भी उपलब्ध करा सकते हैं।

संस्कारण के पश्चात् सूचनाएँ कम्प्यूटर की स्मृति में संगृहित रहती हैं जिन्हें यथावश्यकता कम्प्यूटर के मॉनीटर पर पढ़ा जा सकता है अथवा मुद्रक द्वारा मुद्रित किया जा सकता है।

**प्रश्न :- कम्प्यूटर तन्त्रों की बोध-सम्पन्नता से क्या तात्पर्य है?**

प्राप्त नियमों एवं विधियों का उपयोग करके उपलब्ध सूचनाओं से निष्कर्ष प्राप्त करना ही बोध का सामान्य कार्य है। कम्प्यूटर को सूचनाएँ उपलब्ध कराई जाती हैं। इन सूचनाओं पर किन नियमों एवं विधियों को लागू करना है यह कम्प्यूटर तन्त्र के सॉफ्टवेयर भाग द्वारा निर्धारित होता है। सॉफ्टवेयर हार्डवेयर के माध्यम से क्रियाएँ करते

हैं। अतः कम्प्यूटर तन्त्र, जो सॉफ्टवेयर-हार्डवेयर समन्वय है, को बोध सम्पन्न मशीन कहा जाता है।

**प्रश्न :- कम्प्यूटर तन्त्रों में डिफॉल्ट/अवदोष का क्या तात्पर्य है?**

कम्प्यूटर परिचालन एवं उपयोग के प्रत्येक स्तर पर कम्प्यूटर को समुचित समादेश एवं उसके पैरामीटर प्रदान करने आवश्यक होते हैं इनके अपूर्ण होने से समादेश के कियान्वयन में दोष होना स्वाभाविक है। कम्प्यूटर समादेश की वर्तनी आदि के दोष को तो किसी भी स्थिति में स्वीकार नहीं किया करता है, अतः समादेशात्मक शब्द का सही अंकित होना अनिवार्य होता है।

समादेश के साथ प्रदत पैरामीटरों में यदि कोई त्रुटि है तो कम्प्यूटर इस को भी अस्वीकार कर देता है तथा परिचालक को पैरामीटरों को पुनः अंकित करने का अवसर प्रदान करता है।

यदि परिचालक समादेश के पैरामीटरों को प्रदान नहीं करता है तो भी कम्प्यूटर इसे भी दोष ही मानता है किन्तु इस दोष के स्वतः निराकरण की यथासम्भव व्यवस्था कम्प्यूटर प्रोग्रामों में होती है। जब कम्प्यूटर समादेश के साथ परिचालक से पैरामीटर प्राप्त नहीं करता है तो बहुतायत स्थितियों में प्रोग्राम स्वयं अपने निर्धारित पैरामीटरों का उपयोग करके समादेश को क्रियान्वित कर देता है। प्रोग्राम द्वारा इस प्रकार के पूर्वनिध रित पैरामीटर मानों को डिफाल्ट वैल्यूज/अवदोष मान कहा जाता है। प्रायः प्रत्येक प्रोंग्राम के प्रत्येक समादेश के अवदोष मान प्रोग्राम में अन्तर्निहित होते हैं।

**प्रश्न :- कम्प्यूटर प्रणाली में अंकित सूचनाओं का वर्गीकरण कीजिये।**

कम्प्यूटर में मुख्यतः तीन प्रकार की सूचनाएँ अंकित रहती हैं -

1. सिस्टम सॉफ्टवेयर/तन्त्र परावस्तु
2. एप्लीकेशन सॉफ्टवेयर/उपादयन परावस्तु, तथा
3. यूजर डेटा/उपयोक्ता आधर

सिस्टम सॉफ्टवेयर कम्प्यूटर के परिचालन के अनिवार्य तत्व हैं इन्हें कम्प्यूटर परिचालन प्रणाली/ऑपरेटिंग सिस्टम भी कहा जाता है। कम्प्यूटर के संचालनीय हो जाने के पश्चात् उसका उपयोग उपयोक्ता द्वारा सूचनाओं के संस्कारण हेतु किया जाना होता है जिसके लिये यह आवश्यक है कि कम्प्यूटर तन्त्र तथा उपयोक्ता के मध्य संवाद स्थापित हो तथा उपयोक्ता अपने मन्तव्य को सरलता से प्रकट कर सके। कम्प्यूटर संवाद स्थापन का यह कार्य उपादयन सॉफ्टवेयर करते हैं। इन सॉफ्टवेयरों द्वारा उपयोक्ता को उसकी भाषा में समादेश एवं सूचनाएँ प्रदान करने की सुविधा होती है जो सॉफ्टवेयर द्वारा कम्प्यूटर की बाइनरी/द्विअंकी भाषा में परिवर्तित करके कम्प्यूटर परिचालन प्रणाली को प्रदान की जाती है तथा पुनः कम्प्यूटर से परिणाम प्राप्त कर उपयोक्ता को उसकी भाषा में उन्हें प्रस्तुत किया जाता है। इस प्रकार कम्प्यूटर की जटिल भाषा एवं कार्य प्रणाली से अनभिज्ञ उपयोक्ता भी कम्प्यूटर का उपयोग कर सकता है। तीसरे प्रकार की सूचनाएँ उपयोक्ता की उपलब्ध एवं लक्षित सूचनाएँ होती हैं

जो वह कम्प्यूटर को उपादयन सॉफ्टवेयर के माधयम से प्रदान करता है तथा प्राप्त करता है।

**प्रश्न :- फ्लॉपी डिस्क उपयोग से पूर्व की तैयारियों का वर्णन कीजिये?**

नई खरीदी गई फ्लॉपी डिस्क पर सबसे पहले एक कागज की पर्ची चिपका देनी चाहिये जिससे कि उस पर चकती में संगृहित सूचनाओं के द्योतक अंकित किये जा सकें। यह पर्ची चकती के आवरण पर ही लगनी चाहिये, आवरण में कटे भागों पर नहीं। आवरण के कटे भाग से चकती संचाली चकती पर अंकित सूचनाएँ प्राप्त करता है अथवा नई सूचनाएँ अंकित करता है। 5.25" चकती संचाली में ये कटे भाग स्पष्ट दिखाई देते हैं किन्तु 3.5" चकती में इन पर धातु का सरकन कपाट लगा होता है। 3.5" चकती को जब इसके संचाली में प्रविष्ट कराया जाता है तो उसका धातु कपाट स्वमेव खिसक जाता है।

प्रत्येक चकती के उपयोग से पूर्व उसे फॉर्मेट/प्रारूपित किया जाता है। इस संक्रिया में चकती का सपाट चुम्बकीय माध्यम काल्पनिक वृताकार परिपथों में विभाजित होकर उसमें विभिन्न प्रकार की सूचनाओं के अंकन स्थल निर्धारित हो जाते हैं।

कम्प्यूटर की परिचालन प्रणाली, जैसे डॉस में इस कार्य हेतु FORMAT.COM नामक एक संचिका होती है। चकती को उसके संचाली में यथावत् अवस्थित करके कम्प्यूटर को FORMAT A: अथवा FORMAT B: समादेश दिया जाता है। उससे FORMAT.COM संचिका सक्रिय होकर चकती को प्रारूपित कर देती है। उपरोक्त समादेश में A: तथा B: उस चकती संचाली का नाम है जिसमें प्रारूपित की जाने वाली चकती अवस्थित है। चकती का प्रारूपण पूर्ण हो जाने पर यह समादेश ही परिचालक से चकती को कोई नाम प्रदान करने का आग्रह करता है। जिसपर परिचालक 11 वर्णों तक का कोई भी समुचित नाम चकती को प्रदान कर सकता है। इस प्रारूपण के पश्चात् ही चकती पर कोई सूचना अंकित की जा सकती है।

**प्रश्न :- फ्लॉपी डिस्क पर अंकित संचिकाओं के बारे में कैसे जाना जा सकता है?**

किसी फ्लॉपी डिस्क पर अंकित संचिकाओं के बारे में जानने के लिये सर्वप्रथम चकती को उसके उपयुक्त संचाली में अवस्थित किया जाता है जिसका नाम A: अथवा B: होता है। तत्पश्चात् कम्प्यूटर को A: अथवा B: समादेश दिया जाता है जिससे कम्प्यूटर चकती संचाली से सम्पर्क साधता है। इस प्रक्रिया में चकती संचाली पर स्थित ज्योति कुछ क्षणों के लिये चमक उठती है। यदि सब ठीक-ठाक है तो प्रदर्श पर A: अथवा B: तत्पर हो जाता है। अन्यथा कम्प्यूटर पाई जाने वाली त्रुटि को प्रदर्श पर अंकित कर देता है।

A: अथवा B: तत्पर हो जाने पर DIR समादेश दिया जाता है जिससे प्रदर्श पर सम्बन्धित चकती पर अंकित संचिकाओं की सूची, उनके आकार, उनके दिनॉक व समय प्रदर्शित कर देता है।

जब सूची बहुत लम्बी होती है तो सूची प्रदर्शित होती हुई उपर खिसकती रहती है तथा अन्तत: सूची का अन्तिम भाग केवल 10 संचिकाएँ ही प्रदर्श पर उपलब्ध होती हैं। इससे परिचालक को पूर्ण सूची प्राप्त नहीं होती। इस कठिनाई से उबरने के लिये समादेश में थोड़ा संशोधन आवश्यक होता है। ऐसी स्थिति में समादेश DIR/P दिया जाता है। जिसका अर्थ संचिका सूची पृष्ठानुसार होता है। इस समादेश पर कम्प्यूटर संचिका सूची का प्रथम पृष्ठ प्रदर्शित करता है। सूची के आगे का पृष्ठ देखने के लिये परिचालक को कुन्जी पटल की कोई एक कुन्जी दबानी होती है। इस प्रकार परिचालक एक-एक पृष्ठ करके पूरी सूची का अवलोकन कर सकता है।

यदि संचिकाओं के आकार आदि में परिचालक की रूचि न हो तो वह DIR/W समादेश देकर संचिकाओं की सूची प्रदर्श पर पॉच स्तम्भों में देख सकता है। यदि यह सूची भी बहुत लम्बी हो तो DIR/W/P समादेश देकर सूची को पॉच स्तम्भों में पृष्ठानुसार देखा जा सकता है। चकती पर कुछ संचिकाएँ गुप्त भी की जा सकती हैं जिससे कि वे DIR समादेश से सूची में प्रदर्शित नहीं होतीं। ऐसी संचिकाओं को सूची में सम्मिलित करने हेतु DIR /A समादेश दिया जाता है। जिससे सभी संचिकाओं की सूची प्रदर्श पर उपलब्ध होती है।

**प्रश्न :- फ्लॉपी डिस्क में लेखन संरक्षा क्या है तथा इसे कैसे अपनाया जाता है?**

फ्लॉपी डिस्क पर महत्वपूर्ण सूचनाएँ संगृहित होने पर कई बार ऐसी आवश्यकता होती है कि उस पर कोई अन्य सूचना अंकित न हो जिससे कि उस पर अंकित सूचनाएँ सुरक्षित बनी रहें। फ्लॉपी डिस्कों की दुष्कूटों/वायरसों से बचाव के लिये भी यह आवश्यक है कि उन पर कुछ भी अंकित करने की मनाही हो। इसके लिये फ्लॉपी डिस्क में लेखन को प्रतिबन्धित करने का प्रावधान होता है। 5.25" तथा 3.5" चकतियों में यह प्रतिबन्ध अलग-अलग विधियों से लगाया जाता है।

5.25" चकती के बॉये किनारे पर आवरण में एक खंच कटा होता है। चकती पर तभी लिखना सम्भव होता है जब यह खंच खुला रहे। चकती पर लेखन को निषेध करने हेतु इस खंच को एक कागजी चिपकी से बन्द कर दिया जाता है। इसके लिये कागजी चिपकियॉ नई चकतियों के साथ निर्माता द्वारा प्रदान की जाती हैं अन्यथा किसी भी अन्य कागज की चिपकी से इस खंच को बन्द कर दिया जाता है।

3.5" की चकती को पलट कर देखने से इसके दॉये बाहरी कोने पर एक वर्गाकार खिड़की बनी होती है जिसपर एक सरकन कपाट होता है। चकती पर तभी तक कुछ लिखा जा सकता है जब तक कि यह खिड़की बन्द हो। इसके कपाट को खिसका कर खिड़की को खोल देने से चकती पर लेखन निषेध हो जाता है।

**प्रश्न :- स्थिर चकती संचाली को उपयुक्त करने से पूर्व क्या-क्या तैयारियॉ करनी होती हैं?**

स्थिर चकती को उपयोग में लाने से पूर्व इस पर तीन प्रक्रियाएँ आवश्यक होती हैं -

1. **निम्न स्तरीय प्रारूपण / लो लेवल फॉर्मेटिंग**

नवीन अवस्था में सभी प्रकार की चकतियॉ निर्मात्री फैक्ट्री में ही निम्न स्तर पर प्रारूपित की जाती हैं। इस प्रारूपण में चकती के प्रारम्भ में एक विभक्ति सारणी / पार्टीशन टेबिल निरूपित की जाती है। इस अवस्था में यह सारणी रिक्त होती है। सामान्यत् चकती के जीवन में केवल एक बार ही निम्नस्तरीय प्रारूपण की आवश्यकता होती है। कभी कभी दोष पूर्ण अवस्थाओं में चकती की विभक्ति सारणी नष्ट हो जाती है अथवा उसमें अवॉछित सूचनाएँ अंकित हो जाती हैं। ऐसी अवस्था में चकती को निम्न स्तर पर प्रारूपित करना आवश्यक हो जाता है। निम्न स्तरीय प्रारूपण एक विशेषज्ञ कार्य है। सामान्यत: इसकी संचिकाएँ भी उपलब्ध नहीं होतीं। अत: इस कार्य के लिये विशेषज्ञों पर ही निर्भर किया जाना चाहिये।

2. **विभक्तन / पार्टीशनिंग**

चकती पर यह किया उसके उपयोग से पूर्व तथा कम्प्यूटर पर स्थापन के पश्चात् ही की जाती है। इसके लिये डॉस की संचिका FDISK.EXE का उपयोग किया जाता है। इस प्रकिया में चकती को एक या अधिक भागों में विभक्त किया जाता है जिनमें से प्रथम C: से नामॉकित होता है तथा अन्य भाग D:, E: आदि नामों से जाने जाते व उपयोग किये जाते हैं। प्रथम C: भाग को सक्रिय करना भी अनिवार्य होता है। कम्प्यूटर की परिचालन प्रणाली इसी भाग में अंकित की जाती है जिससे कम्प्यूटर का प्रवर्तन इसी भाग से होता है। FDISK समादेश के उपयोगार्थ समस्त दिशानिर्देश साथ-साथ प्रदान किये जाते हैं।

3. **प्रारूपण / फॉर्मेटिंग**

इस प्रकिया को उच्च स्तरीय प्रारूपण भी कहते हैं। जैसे कि FORMAT संचिका के उपयोग से फ्लॉपी का फार्मेटिंग किया जाता है उसी प्रकार यह कार्य किया जाता है। उपरोक्त प्रक्रिया 2 में निर्मित प्रत्येक भाग को प्रारूपित करना आवश्यक होता है।

**प्रश्न :- कम्प्यूटर संचिका के बारे में टिप्पणी लिखिये।**

कम्प्यूटर तन्त्र सभी सूचनाओं को संचिकाओं से नामॉकित किया जाता है। एक संचिका में अनेक सूचनाऐं संगृहित हो सकती हैं। प्रत्येक संचिका की पहचान हेतु एक नाम तथा उपनाम निर्धारित किया जाता है। नाम व उपनाम के मध्य एक बिन्दु का उपयोग किया जाता है। जैसे COMMAND.COM एक संचिका है जिसका नाम COMMAND तथा उपनाम COM है। संचिका नाम में अधिकतम् आठ चरित तथा उपनाम में अधिकतम् तीन चरित हो सकते हैं। संचिका का नाम होना अनिवार्य होता है किन्तु उपनाम होना अनिवार्य नहीं होता है।

**प्रश्न :- कम्प्यूटर तन्त्र संचिकाओं के एक्सी तथा कॉम उपनामों का क्या महत्व है ?**

कम्प्यूटर तन्त्र की कुछ संचिकाएँ समादेशात्मक होती हैं अर्थात इनके नाम का उपयोग कम्प्यूटर को समादेश देने हेतु किया जाता है इन संचिकाओं के उपनाम एक्सी अथवा कॉम होने अनिवार्य होते हैं। बड़ी संचिकाओं को एक्सी (EXE) तथा छोटी

संचिकाओं को कॉम (COM) उपनाम दिया जाता है। समादेशात्मक संचिकाओं के अतिरिक्त अन्य संचिकाओं के उपनाम कुछ भी दिये जा सकते हैं।

**प्रश्न :- कम्प्यूटर निदेशिकाओं व उपनिदेशिकाओं के बारे में समझाइये।**

कम्प्यूटर संचिकाओं के समूहों में व्यवस्था हेतु निदेशिकाओं एवं उपनिदेशिकाओं का उपयोग किया जाता है। संचिकाओं के समूह को एक नाम प्रदान किया जाता है। जिसे निदेशिका नाम कहा जाता है। एक निदेशिका के अन्तर्गत संचिकाओं के साथ-साथ निदेशिकाएँ भी हो सकती हैं इन निदेशिकाओं को उपनिदेशिका कहा जाता है। एक उपनिदेशिका के अर्न्तगत भी संचिकाओं के अतिरिक्त एक या अनेक उपनिदेशिकाएँ भी हो सकती हैं। इस प्रकार कम्प्यूटर तन्त्र में प्रत्येक चकती पर संचिकाएँ, निदेशिकाएँ एवं उपनिदेशिकाएँ एक वृक्ष के रूप में व्यवस्थित होती हैं। वृक्ष की प्रमुख निदेशिका अर्थात चकतीनाम को मूल निदेशिका/रूट डाइरेक्टरी कहा जाता है जिसमें अनेक शाखाएँ तथा उपशाखाएँ निदेशिकाओं-उपनिदेशिकाओं के रूप में तथा पत्तियाँ संचिकाओं के रूप में होती हैं। एक ही निदेशिका अथवा उपनिदेशिका में उपनिदेशिकाएँ तथा संचिकाएँ एक साथ समाहित हो सकती हैं।

एक ही निदेशिका अथवा उपनिदेशिका के अर्न्तगत दो भिन्न सूचना समूहों के संचिका नाम तथा उपनाम समान नहीं हो सकते। इनके नाम अथवा उपनाम भिन्न ही होने चाहिये। भिन्न निदेशिकाओं में उपस्थित भिन्न सूचना समूहों के नाम तथा उपनाम समान हो सकते हैं किन्तु ऐसा करना परिचालक के लिये असुविधाजनक हो सकता है। इसी प्रकार एक ही निदेशिका के अर्न्तगत दो उपनिदेशिकाओं के नाम समान नहीं हो सकते।

**प्रश्न :- कम्प्यूटरों में पथ से क्या तात्पर्य है?**

कम्प्यूटर में संचिकाओं का संगृहण निदेशिकाओं एवं उपनिदेशिकाओं के अन्तर्गत होता है। जो वृक्ष की शाखाओं उपशाखाओं की भाँति एक दूसरे पर आश्रित रहती हैं। उदाहरणार्थ एक कम्प्यूटर की सी चकती का वृक्ष निम्नाँकित प्रकार का हो सकता है -

```
C:\
 |__WINDOWS
 |      |__SYSTEM
 |              |__MSOFFICE
 |__DOS                |__MSWORD
 |__PROWRITE           |__ACCESS
 |__WORDSTAR           |__EXCEL
        |__DATA
              |__ADDRSS
              |__TXTBOOKS
                      |__INPROC
                      |__FINISHD
```

वृक्ष में संचिकाओं के नाम अंकित नहीं किये जाते हैं। चकती पर संचिका की स्थिति इस प्रकार से दर्शाई जाती है - C:\WINDOWS\SYSTEM\X.Y

जबकि संचिका COMMAND.COM की स्थिति दर्शाने हेतु

C:\ COMMAND .COM का उपयोग किया जायेगा।

संचिका की स्थिति दर्शाने के इस स्वरूप को पथ PATH कहा जाता है अर्थात मूल से संचिका तक पहुँचने का पथ।

**प्रश्न :- कम्प्यूटरों के संदर्भ में प्रोग्रामिंग से क्या तात्पर्य है?**

कम्प्यूटर तन्त्र के अनुदेशात्मक अवयव साफ्टवेयर के निर्माण की प्रक्रिया को प्रोग्रामिंग तथा प्रत्येक स्वतन्त्र भाग को एक प्रोग्राम कहा जाता है। कम्प्यूटरी भाषाओं के विज्ञ प्रोग्रामिंग का कार्य करते हैं तथा प्रोग्रामर कहलाते हैं।

प्रोग्रामिंग मात्र बोधीय प्रक्रिया है। इसके लिये मनुष्य की बोधीय सामर्थ्य तथा एक कम्प्यूटर तन्त्र की आवश्यकता होती है। अत: भारत जैसे देश में जहॉ बोधीय सम्पदा का अकूत भण्डार है, इस व्यवसाय के अच्छे आसार है।

प्रोग्रामिंग व्यवसाय में जुटे बड़े प्रतिष्ठान सामान्य जनोपयोगी प्रोग्रामों का निर्माण करके विश्व स्तर पर इनका विपणन करते हैं। इस प्रकार के प्रोग्रामों को उपादयन प्रोग्राम/एप्लीकेशन प्रोग्राम कहा जाता है। उदाहरणार्थ पेजमेकर, वर्ड, कोरलड्रॉ आदि एप्लीकेशन प्रोग्राम हैं जो विश्व भर में प्रचलित हैं।

छोटे स्थानीय प्रोग्रामर उपयोक्ता विशेष के लिये प्रोग्राम तैयार करते हैं। ऐसे प्रोग्रामों को उपयोक्ता प्रतिक्रम/यूजर प्रोग्राम कहा जाता है। किसी कारखाने की प्रक्रिया संयमन का प्रोग्राम, किसी व्यवसायी विशेष के व्यवसाय संचालन का प्रोग्राम आदि इस प्रकार के उदाहरण हैं।

**प्रश्न :- डॉस उद्योत के स्वरूप में परिवर्तन कैसे किया जाता है?**

डॉस उद्योत के स्वरूप में परिवर्तन डॉस के आन्तरिक समादेश

PROMPT=उद्योत श्रृंखला कोड

के उपयोग से किया जाता है। स्थायी परिवर्तन हेतु इस समादेश को AUTOEXEC.BAT संचिका में रखा जाता है। उद्योत श्रृंखला में सांकेतिक चरितों का उपयोग किया जाता है जो ऊपर तालिका में दिये गये हैं।

जैसा कि पूर्वोक्त है इस तालिका के प्रत्येक संकेत से पूर्व $ का लगाना आवश्यक है। अत: श्रृंखला में जितने सांकेतिक चरितों का उपयोग होगा, उतनी ही बार इस चिन्ह का उपयोग होगा। इस चरित के पूर्वांकन के बिना भी अन्य चरितों को भी इस समादेश मे सम्मिलित किया जा सकता है जिसका अर्थ है कि उन चरितों को उद्योतचिन्ह में यथावत दर्शाया जाये।

**प्रश्न :- एप्लीकेशन सॉफ्टवेयर/उपदयन परावस्तुओं के बारे में सोदाहरण समझाइये।**

| प्रयुक्त चरित | प्रदर्शित चरित आदि | उपयोग/अर्थ |
|---|---|---|
| $ | इस तालिका के प्रत्येक सांकेतिक चरित से पूर्व लगाया जाता है जिससे कि डॉस सांकेतिक चरित को समतुल्य चरित में परिवर्तित कर लेता है। | |
| _ | अगली पंक्ति के प्रारंभ में जाने हेतु | |
| b | \| | उर्ध्व रेखा |
| e | escape | आस्की २७ |
| d | date | तन्त्र की वर्तमान दिनॉक |
| h | backlspac | आस्की ८ |
| g | > | अधीनस्थ |
| l | < | अधिनायक |
| n | A,B,C ... | कार्यकारी चकती वाहक |
| p | ***\... | कार्यकारी चकती वाहक, निदेशिका, उपनिदेशिका, आदि |
| q | = | समान |
| t | time | तन्त्र का वर्तमान समय |
| v | version | डौस संस्करण |
| other | nothing | कुछ नहीं |

जैसा कि पूर्व में स्पष्ट किया जा चुका है उपादयन परावस्तुएँ कम्प्यूटर तन्त्र तथा उसके उपयोक्ता में मध्यस्थता का कार्य करते हैं ताकि दोनों को स्वभाषा में कार्य करने की सुविधा प्राप्त हो सके। इन परावस्तुओं को प्रोग्राम कहा जाता है तथा इनके निर्माताओं को प्रोग्रामर कहा जाता है। कम्प्यूटर विशेषज्ञों का बहुल्य भाग इसी कार्य में संलग्न है ताकि प्रत्येक प्रकार के उपयोक्ता को उसके कार्य एवं सुविधा के अनुसार प्रोग्राम प्रदान किये जा सकें। कुछ प्रचलित आविद्यन परावस्तुएँ तथा उनके उपयोग नीचे सूची में दिये गये हैं -

| क्र.स. | प्रोग्राम | उपयोग |
|---|---|---|
| 1 | वर्ड स्टार | अॅग्रेजी में शब्द संस्कारण/वर्ड प्रौसेसिंग |
| 2 | लोटस 123 | अॅग्रेजी में सारणी निर्माण |
| 3 | डीबेस | अॅग्रेजी में सूचना संस्कारण |
| 4 | अक्षर | हिन्दी में शब्द संस्कारण |
| 5 | देवबेस | हिन्दी व अॅग्रेजी में सूचना संस्कारण |
| 6 | पेजमेकर तथा वर्ड | आलेखन एवं प्रकाशन |
| 7 | मुनीमजी | वाणिज्यीय लेखांकन |
| 8 | टैली | वाणिज्यीय लेखांकन |
| 9 | एक्स | उच्च स्तरीय वाणिज्यीय लेखांकन |

प्रत्येक उपादयन परावस्तु का निर्माण किसी एक कम्प्यूटर परिचालन प्रणाली के अनुसार किया जाता है तथा इसके उपयोग के लिये यह आवश्यक है कि कम्प्यूटर में उसी परिचालन प्रणाली का उपयोग किया जा रहा हो। उपरोक्त सूची में कुछ परावस्तुऍ एमएस डॉस पर आधारित हैं तथा कुछ विण्डोज पर। विण्डोज के पूर्व संस्करण डॉस पर आधारित थे किन्तु इसके नवीन संस्करण स्वयं ही परिचालन प्रणाली हैं।

**प्रश्न :- कम्प्यूटर मूल तन्त्र के अतिरिक्त विभिन्न उपयोगों में और किन-किन उपस्करों की आवश्यकता होती है?**

मूलतः कम्प्यूटर तन्त्र का अर्थ केन्द्रीय संस्कारण इकाई से युक्त मदरबोर्ड, एडेप्टर कार्ड सहित चकती संचाली, स्मृति, एडेप्टर कार्ड सहित प्रेक्षक तथा कुन्जीपटल से है। साथ ही इनके संचालन हेतु कम्प्यूटर परिचालन प्रणाली-डॉस, भी चकती पर उपलब्ध होना चाहिये। इन प्रावधानों के अतिरिक्त उपयोक्ता को अपने कार्य के अनुसार अन्य उपस्करों एवं उपादयन परावस्तुओं की आवश्यकता होती है। इन अतिरिक्त प्रावधानों की सूची आगे पृष्ठ पर तालिका में दी गई है।

**प्रश्न :- कम्प्यूटर को प्रदत्त सूचनाओं को चकतियों पर संगृहित कैसे किया जाता है?**

कम्प्यूटर परिचालक जब कोई भी सूचना कम्प्यूटर के किसी प्रोग्राम में अंकित करता है तो सूचना कम्प्यूटर की पठन लेखन स्मृति रैम में ही अंकित होती है। यह स्मृति कम्प्यूटर प्रोसैसर के कार्यों को सम्पन्न करने हेतु एक पटल की भाँति कार्य करती है। इस पर सूचनाओं को अस्थायी रूप से ही अंकित किया जाता है क्योंकि कम्प्यूटर की विद्युत प्रदाय बन्द हो जाने पर ये सूचनाऍ नष्ट हो जाती हैं। इस कारण से कम्प्यूटर की पठन लेखन स्मृति को वाष्पेय volatile अथवा क्षण भंगुर स्मृति कहा जाता है। कम्प्यूटर की चकतियॉ अथवा फीते ही सूचनाओं को स्थायी रूप से सुरक्षित रखने के साधन हैं। अतः कम्प्यूटर को प्रदत्त प्रत्येक सूचना को चकतियों पर अंकित करना आवश्यक होता है। इस महत्वपूर्ण प्रक्रिया में दो समादेश अनिवार्य रूप से होते हैं, ये समादेश है -

| कार्य | हार्डवेयर | साफ्टवेयर |
|---|---|---|
| वर्ड प्रोसैसिंग सरल | डॉट मैट्रिक्स मुद्रक | वर्डस्टार, वर्डपरफैक्ट, प्रोफैशनल राइट |
| डेटा प्रोसैसिंग सरल | डॉट मैट्रिक्स मुद्रक | डीबेस, फॉक्सप्रो |
| स्प्रैडशीट सरल | डॉट मैट्रिक्स मुद्रक | लोटस १२३ |
| वर्ड प्रोसैसिंग जटिल | माउस, लेजर मुद्रक | विण्डोज, पेजमेकर, वर्ड |
| डेटा प्रोसैसिंग जटिल | माउस | विण्डोज, एक्सैस |
| स्प्रैडशीट जटिल | माउस | विण्डोज, एक्सैल |
| खेल | माउस, खेल पोर्ट, जॉयस्टिक, ध्वनि कार्ड | विण्डोज, खेल प्रोग्राम |
| वैज्ञानिक अनुसंधान | गणितीय कोप्रोसैसर | उपयुक्त प्रोग्राम |
| कम्प्यूटरी डिजाइन | गणितीय कोप्रोसैसर, प्लॉटर | ऑटोकैड |
| सचित्र प्रस्तुति | माउस, रंगीन मुद्रक | विण्डोज, पावरपॉइण्ट |
| कार्यालयी व्यवस्था | माउस, लेजर मुद्रक | विण्डोज, एम.एस. ऑफिस |
| प्रोग्रामिंग | माउस, डॉट मैट्रिक्स मुद्रक | भाषा कम्पाइलर |
| चित्रण | माउस, रंगीन मुद्रक | विण्डोज, कोरलड्रॉ |

save as सुरक्षण फाइल, तथा

save सुरक्षण

कम्प्यूटर प्रत्येक सूचना अथवा सूचना समुच्य को संचिकाओं के रूप में विशिष्ट नामों से सुरक्षित रखते हैं। अत: परिचालक जब किसी सूचना को नवीन संचिका में संगृहित करना चाहता है तब वह –

SAVE AS

समादेश देता है। इस पर प्रोग्राम परिचालक को नई संचिका को सुरक्षित करने

की चकती, निदेशिका नाम तथा संचिका नाम प्रदान करने का अवसर प्रदान करता है जिसपर परिचालक को वांछित सूचना इस प्रारूप में देनी होती है -

DISK:\DIRECTORY\SUBDIRECTORY\FILENAME

यह सब सूचना प्राप्त होने पर कम्प्यूटर सूचना को चकती पर अंकित करता है। इसके उपरान्त सूचना में परिवर्तन को save समादेश से उसी चकती, निदेशिका तथा संचिका में सुरक्षित किया जाता है। किसी पूर्व में सुरक्षित की गई सूचना संचिका में परिवर्तन करने हेतु परिचालक को सर्वप्रथम उस संचिका को खोलना open करना होता है। जिससे वह संचिका प्रदर्श पर अंकित हो जाती है। इसमें परिवर्तन के पश्चात् परिवर्तन को सुरक्षित करने हेतु save समादेश दिया जाता है।

**प्रश्न :- उपनाम के आधार पर संचिका के बारे में क्या जानकारी प्राप्त होती है? इसका क्या महत्व है?**

विभिन्न उपादयन प्रोग्रामों को जब सूचनाओं के संस्कारण हेतु प्रयुक्त किया जाता है तो अन्ततः सूचनाओं को संचिकाओं के रूप में तैयार किया जाता है। विभिन्न प्रोग्राम इन संचिकाओं को अपने प्रारूप के अनुसार ही तैयार करते हैं। अतः एक प्रोग्राम द्वारा तैयार की गई संचिका अन्य प्रोग्रामों द्वारा सीधे प्रयुक्त नहीं की जा सकतीं। इस कारण से सूचना संचिकाओं में उनके निर्माता प्रोग्राम की जानकारी सन्निहित होना लाभकर रहता है। इस उद्देश्य की पूर्ति हेतु अनेकानेक उपादयन प्रोग्राम अपने द्वारा निर्मित सूचना संचिकाओं के उपनाम के रूप में अपनी पहचान छोड़ते हैं जिनके आधार पर संचिका के निर्माता प्रोग्राम की पहचान हो जाती है। उपनामों के आधार पर संचिकाओं के बारे में जानकारी अगले पृष्ठ की तालिका में दी गई हैं।

**प्रश्न :- कम्प्यूटर तन्त्र में एल बी ए मोड क्या है?**

80386 अथवा निम्न स्तर के मदरबोर्ड की बायोस चिप्पियों में केवल 512 मै.बा. की स्थिर चकती के उपयोग की क्षमता है। यही क्षमता 80486 बायोस के सामान्य परिचालन में है। किन्तु इसमें एक विशेष व्यवस्था है जिसे एल बी ए लॉजीकल बायोस ऐड्रेस (LOGICAL BIOS ADDRESS) कहा जाता है। इस व्यवस्था में 8.4 गीगा बाइट तक चकती का उपयोग किया जा सकता है।

सामान्यतः 512 मै.बा. की स्थिर चकती की संरचना इस प्रकार की होती है -

| | | |
|---|---|---|
| प्रत्येक सैक्टर | 512 बाइट | |
| कुल सैक्टर प्रति तल | 64 | 32 कि.बा. |
| कुल शीर्ष प्रति चकती तल | 16 | 512 कि.बा. |
| कुल बेलन सिलिण्डर | 1024 | 512 मै. बा. |

बायोस 1024 से अधिक बेलनों का उपयोग नहीं कर सकता अतः चकती की अधिकतम क्षमता 512 मै.बा. पर सीमित हो जाती है।

| उपनाम | प्रयोक्मा प्रोग्राम | फाइल प्रकार | उपनाम | प्रयोक्ता प्रोग्राम | फाइल प्रकार |
|---|---|---|---|---|---|
| _AD, _AU | अनेक | मल्टीमीडिया श्रव्य ओडियो फाइल | INF | विण्डोज | प्रारंभिक सूचना फाइल |
| _IM, !IM | अनेक | मल्टीमीडिया इमेज फाइल | INI | विण्डोज | इनिशियलाइजेशन फाइल |
| ARC | PKARC | संपुरित कम्प्रैस्ड फाइल | MDB | ऐक्सेस | सूचना डेटा फाइल |
| ASC | अनेक | आस्की पाठ्य फाइल | NDX | डीबेस | इण्डैक्स फाइल |
| ASM | एसेम्ब्लर | एसेम्बली भाषा स्रोत | PIF | विण्डोज | प्रोग्राम सूचना फाइल |
| BAK | अनेक | बैकप फाइल | PM5 | पेजमेकर५ | डेटा फाइल |
| BAT | DOS,OS/2 | बैच फाइल | PRN | अनेक | चकती पर मुद्रित फाइल |
| BIN | अनेक | द्विअंकी बाइनरी फाइल | PRS | वर्डपरफैक्ट | मुद्रण फाइल |
| CDR | कोरलड्रॉ | चित्र फाइल | RTF | अनेक | रिच पाठ्य प्रारूप फाइल |
| CGM | अनेक | चित्र फाइल | TMP | अनेक | अस्थाई फाइल |
| CHK | डौस–चैकडिस्क | पुनर्जीवित फाइल | SYS | डौस, ओ.एस./२ | तन्त्रीय फाइल |
| COM EXE | डौस | आदेश परक फाइल | WK1, WKS | लोटस १२३ | सारिणी फाइल |
| DBF | डीबेस | सूचना डेटा फाइल | VOC | अनेक | घ्वनि स्वर फाइल |
| DBT | डीबेस | पाठ्य फाइल | WAV | अनेक | घ्वनि फाइल |
| DLL | अनेक | डायनेमिक लिंक फाइल | TTF | अनेक | ट्रयू टाइप फौण्ट फाइल |
| DRV | अनेक | युक्ति संचालक | WRI | विण्डोज | लेखन फाइल |
| DXF | ऑटोकैड | चित्र फाइल | WS_ | वर्डस्टार | सूचना फाइल |
| DWG | ऑटोकैड | आरेख फाइल | ZIP | पीकेजिप | संपुरित फाइल |
| FNT/F | अनेक | मुद्र फॉण्ट फाइल | $$$ | अनेक | अस्थाई फाइल |
| HLP | अनेक | सहायता फाइल | | | |

**प्रश्न :– कम्प्यूटर तन्त्र स्थापन हेतु आवश्यक सुविधाओं को लिखिये।**

कम्प्यूटर तन्त्र के स्थापन हेतु निम्नॉकित सुविघाओं की आवश्यकता होती है।

**1 आधार व स्थल –**

कम्प्यूटर तन्त्र को एक साधारण सुस्थिर मेज पर स्थापित किया जा सकता है। इस मेज पर कम्प्यूटर मुख्य पेटिका प्रेक्षक तथा कुन्जीपटल हेतु समुचित स्थान होना चाहिये जो लगभग 60 – 100 से.मी. हो। मेज की उॅचाई 70से 75 से.मी. होनी चाहिये।

मेज को एक दीवार के साथ लगाकर रखना कम्प्यूटर की सुरक्षा के लिये लाभकर रहता है। मेज के सामने कम्प्यूटर परिचालक के बैठने हेतु एक सुविधाजनक कुर्सी की आवश्यकता होती हैं।

कम्प्यूटर तन्त्र के साथ प्राय: मुद्रक की आवश्यकता होती है जिसके लिये अतिरिक्त स्थान होना चाहिये जो मुख्य मेज से प्रथक तथा भिन्न ऊँचाई का भी हो सकता है।

कम्प्यूटर कक्ष वातानुकूलित हो तो सर्वश्रेष्ठ है किन्तु सामान्य कक्ष जिसका तापमान 40 डिग्री से. से अधिक न होता हो, में भी कम्प्यूटर को स्थापित किया जा सकता है। कम्प्यूटर कक्ष का धूल रहित होना परमावश्यक है क्योंकि धूल के कण कम्प्यूटर तन्त्र के लिये विशेषत: कुन्जीपटल तथा चकतियों के लिये घातक होते हैं।

**2 वैद्युत प्रदाय–**

एक सामान्य कम्प्यूटर तन्त्र को 200–250 वाट वैद्युत शक्ति की आवश्यकता होती है जो भारत में 220–230 वोल्ट पर होनी चाहिये। इस वैद्युत प्रदाय का विभवान्तर सुस्थिर होना कम्प्यूटर परिचालन एवं सुरक्षा के लिये अपरिहार्य है। इसके लिये मुख्य वैद्युत प्रदाय तथा कम्प्यूटर तन्त्र के मध्य एक विभवान्तर स्थिरक वोल्टेज स्टेब्लाइजर लगाना लाभकर रहता हैं। यह स्थिरक उच्च कोटि का होने के साथ साथ संवर्तनविहीन/स्विचिंगलैस होना चाहिये क्योंकि विभवान्तर स्थिरक प्रकिया में संवर्तन

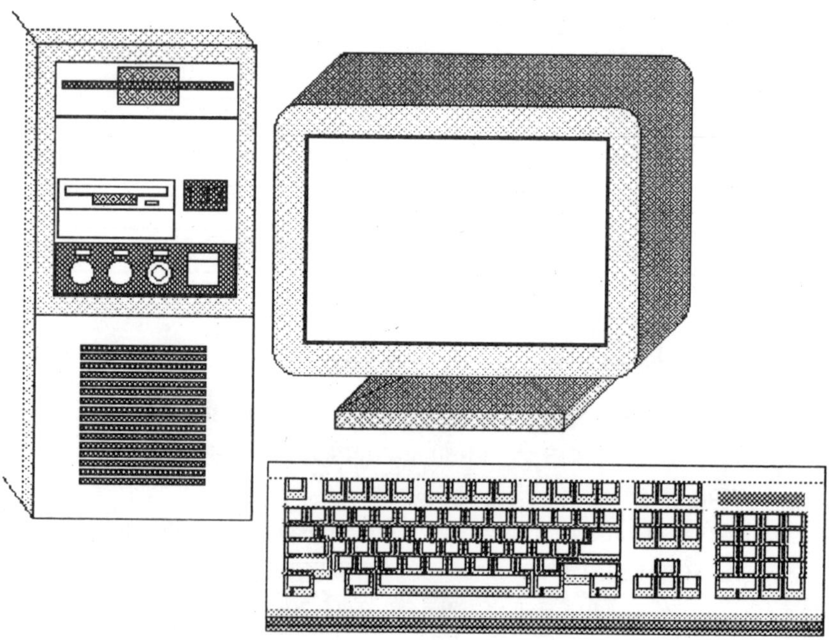

होने से वैद्युत प्रदाय में महोर्नियों/सर्ज का निर्माण होता है। वैद्युत महोर्मि कम्प्यूटर तन्त्र के लिये सर्वाधिक घातक होती हैं। जिन वैद्युत धारापथों में महोर्मियों की संभावना रहती है, उनमें महार्मि निरोधक/सर्ज सप्रैसर लगाना आवश्यक होता है।

स्थिर विभवान्तर परिणामित्र/कॉन्स्टैण्ट वोल्टेज ट्रान्सफॉर्मर-सी.वी.टी. कम्प्यूटर तन्त्र हेतु सफल विभवान्तर स्थिरक हैं। कम्प्यूटर परिचालन में वैद्युत प्रदाय के अनवरत्व का विशेष महत्व है। कम्प्यूटर तन्त्र को प्रदायित सूचनाएँ यदि चकती पर सुरक्षित नहीं की गई हों तो वैद्युत प्रदाय में अवरोध आने से नष्ट हो जाती हैं। साथ ही कुछ उपादयन परावस्तुएँ भी सहसा वैद्युत अवरोध से दोषग्रस्त हो जाती हैं।

वैद्युत प्रदाय के अनवरत्व हेतु एक विशेष उपकरण का उपयोग किया जाता है जिसे अनावरोधित वैद्युत प्रदाय/अनइण्टरप्टिड पावर सप्लाई- यू.पी.एस. कहा जाता है। यह उपकरण मुख्य वैद्युत प्रदाय के अवरोधित हो जाने से बैटरी से विद्युत शक्ति प्राप्त कर कम्प्यूटर तन्त्र को सजीव रखता है।

परिशिष्ट–१

# पारिभाषिक शब्दावली

हिन्दी में अभी कम्प्यूटरों की पारिभाषिक शब्दावली का विकास नहीं हुआ है। इस पुस्तक के माध्यम से हमने कुछ शब्दों को विकसित करने का प्रंयास किया है तथा कहीं–कहीं उनका उपयोग भी किया है। नीचे एक शब्द संगृह दिया जा रहा है –

**A:** — **ए-कोलन**
प्रथम फ्लॉपी चकती ड्राइव को इंगित करने हेतु इस संकेत का उपयोग किया जाता है।

**ACCESS** — ***एक्सेस***
यह माइक्रोसॉफ्ट कम्पनी का डेटा संकलन प्रबंधन का विशाल एवं सशक्त प्रोग्राम है। इसमें एक साथ कई फाइलों को पर कार्य किया जा सकता हैं तथा एक ही डेटा संकलन में अनेक वर्गीकृत डेटा संकलन के निर्माण व प्रोसेसिंग की व्यवस्था है। यह प्रोग्राम विंडोज पर आधारित होता है।

**Adapter Card** — ***अनुकूलक पत्रक***
कम्प्यूटर में आंतरिक संकेतो को बाह्य युक्तियों में उपयुक्त करने से पूर्व संकेतो को युक्ति तथा उसकी विशिष्टियों के अनुकूल बनाना आवश्यक होता हैं। यह कार्य एडेप्टर कार्ड करते हैं। इन कार्डो को मदर बोर्ड पर एक्सपेंशन स्लॉटों में लगाया जाता है तथा बाह्य युक्तियो के संबंध इन्हीं कार्डो से होते है। इन्हें संयोज्य या एड ऑन काड्‌र्स भी कहा जाता है।

**Analog Signal** — ***अनुवर्ती संकेत***
काल सापेक्ष अनवरत संकेत अनुवर्ती संकेत कहलाते हैं। आधुनिक कम्प्यूटर इनसे भिन्न अंकीय संकेतों पर आधारित होते हैं।

**Application Program** — ***अनुप्रयोग कमशय***
जिन क्रमशयों के उपयोग से कम्प्यूटर मानवोपयोगी बहिर्गतन प्रदान कर सके, उन्हें एप्लीकेशन प्रोग्राम कहते हैं। पुस्तक प्रकाशन, डेटा प्रोसेसिंग आदि मानवोपयोगी कार्य हैं।

**Assembler** — ***संयोजक***

कम्प्यूटर की संयोजी भाषा/एसेंबली लेंगवेज में निर्मित प्रोग्राम को मशीनी भाषा में परिवर्तन करने वाले प्रोग्राम को संयोजक कहते हैं। उच्च स्तरीय भाषाओं के विकास के पूर्व क्रमशय संयोजी भाषा में ही लिखे जाते थे।

**Assembly Language** — ***संयोजी भाषा***

प्रारंभ में कम्प्यूटरों के उपयोगार्थ शून्य तथा एक, दो अंको के उपयोग से ही सभी प्रोग्राम लिखे जाते थे। इसमें अनेक कठिनाईयाँ थीं। अतः संक्रियाओं तथा सूचनाओं के लिए उपयुक्त बाइनरी समूहों के लिए कुछ सुविधाजनक शब्द चुनकर उनके माध्यम से प्रोग्राम लिखे जाने लगे। इस नए माध्यम को संयोजी भाषा कहा जाता है।

**Attribute** — ***गुण***

यह शब्द फाइल के गुणों के लिए उपयुक्त होता है। इन गुणों मे मात्र–पठनीय, गुप्त, तथा अभिलेखी प्रमुख हैं।

**Backspace** — ***पश्चरिक्ति***

पाठ्य में पीछे जाकर रिक्त स्थान बनाने की क्रिया। कीबोर्ड के मुख्य भाग के प्रथम पंक्ति की अंतिम कुंजी सामान्यतः बैकस्पेस कुंजी होती है। इसके प्रयेाग से करसर एक चरित बॉए जाकर उस स्थान को रिक्त करता है। संपादन क्रिया में त्रुटि निवारण में इसका उपयोग प्रमुख रूप से किया जाता है।

**Backup Copy** — ***सुरक्षात्मक प्रतिलिपि***

अनेक अप्रत्याशित कारणों से कम्प्यूटर सिस्टम में संगृहित क्रमशयों व सूचनाओं के नष्ट अथवा भृष्ट होने की संभावना बनी रहती है। इसलिए महत्वपूर्ण सूचनाओं व क्रमशयों की प्रतिलिपियॉ अपनेयी चकतियों पर करके उन्हें सुरक्षित कर दिया जाता है। इन प्रतिलिपियों को बैकअप कॉपी कहा जाता है। इनके अतिरिक्त अनेक क्रमशयों में में डेटा आदि की प्रतिलिपि स्वयमेव निर्मित करने की व्यवस्था होती है जिनका उपयोग कार्यकारी डेटा आदि के क्षतिग्रस्त होने पर किया जा सकता हैं इन्हें भी बैकअप कॉपी कहा जाता है।

**Binary System** — ***द्विअंकी प्रणाली***

यह अंकीय कम्प्यूटरों के कार्य की आधारिक प्रणाली है। इसमें शून्य तथा एक, दो ही अंक उपयुक्त होते हैं। बाइनरी गणित भी इसी प्रणाली पर आधारित है।

**Bold Face** — ***वृहत् स्वरूप***

यह शब्द पाठ्य के चरितों के मोटे स्वरूप के लिए उपयुक्त किया जाता है। लगभग सभी शब्द संस्कारण क्रमशयों में चुने गए पाठ्य को इस स्वरूप में प्रदर्शित करने की व्यवस्था होती है।

**Bootable Disk** *प्रवर्तन-समर्थ चकती*

कम्प्यूटर तन्त्र की एक चकती जिस पर न्यूनतम तीन तन्त्रीय संचिकाओं IO.SYS, MSDOS.SYS तथा COMMAND.COM विशेष रूप से अंकित होती हैं। यह चकती कम्प्यूटर के प्रवर्तन में समर्थ होती है। इस पर IO.SYS तथा MSDOS.SYS फाइलें गुप्त रहती हैं।

**Booting** *प्रवर्तन*

कम्प्यूटर को विद्युत शक्ति प्रदान करने के पश्चात की स्वपरीक्षण, अन्तर्गतन/बहिर्गतन व्यवस्थापन, एवं परिचालन प्रणाली द्वारा कम्प्यूटर के संयमन का दायित्व लेने की संक्रियाओं को संयुक्त रूप से कम्प्यूटर का प्रवर्तन कहा जाता है।

**Bus** *संयुज्जी*

वैद्युत धारा अथवा संकेत प्रवाह हेतु सुचालक पथ जिनपर अनेकानेक युक्तियाँ सम्बन्धित होती हों।

**Byte** *अंकाष्ट*

आठ बिटों के समूह को एक अंकाष्ट कहा जाता हैं। प्रारंभिक कम्प्यूटरों में डेटा प्रवाह इसी इकाई में होता था। इसलिए इसे कम्प्यूटर परिचालन की इकाई के रूप में मान्यता प्राप्त हुई थी, जो आज भी है। कम्प्यूटर स्मृति तथा संगृहण क्षमताएँ इसी इकाई मे ऑकी जाती हैं।

**C** *सी*

यह वर्ण एक उच्च स्तरीय भाषा के नाम के रूप में उपयुक्त होता हैं। यह भाषा कम्प्यूटर विकास की मध्यकालीन लोकप्रिय भाषा है।

**C++** *सी डबल प्लस*

सी भाषा के उन्न्त स्वरूप को सी डबल प्लस के नाम से जाना जाता हैं। यह वर्तमान की लोकप्रिय तथा सशक्त भाषा हैं।

**C:** *सी-कोलन*

कम्प्यूटर सिस्टम की प्रथम स्थिर चकती को इंगित करने के लिए सी–कोलन ;ब्रूब्द्ध का उपयोग किया जाता है।

**Cache Memory** *मध्यमा स्मृति*

कम्प्यूटर में तीव्र गति पर कार्य करने वाले सूक्ष्म संस्कारकों तथा तुलनात्मक रूप मे धीमी गति से कार्य करने वाली गतिक स्मृति में सामंजस्य स्थापित करने के लिए एक तीव्र गति किन्तु कम मात्रा की स्मृति इन दोनों में मध्यस्थता का कार्य करती है जो स्थैतिक प्रकार की होती है। इसे कम्प्यूटर की मध्यमा स्मृति कहते हैं। इसकी आवश्यकता 386 तथा उच्चतर कम्प्यूटरों में होती हैं।

**Cancel** *निरस्त*

कम्प्यूटर सिस्टम को दिये गये समादेश को रद्द करेने के लिए इस शब्द का उपयोग किया जाता हैं। सामान्यतः समादेशों के क्रियान्वन

में यह विकल्प उपयुक्त किया जाता है जिससे कि कम्प्यूटर उपयोगकर्ता को पुनर्विचार कर समादेश को रद्द करने कर अवसर उपलब्ध हो सके।

**Central Processing Unit** — ***केंद्रीय संस्कारण इकाई***

कम्प्यूटर के सभी कार्यकलापों का संचालन करने वाले भाग को केंद्रीय संस्कारण इकाई कहते हैं। सूक्ष्म संस्कारक इसका मुख्य अवयव होता है।

**Character** — ***चरित***

सूचना संप्रषेण में उपयुक्त प्रत्येक वर्ण, अंक, संकेत, रिक्त स्थान आदि को एक चरित कहा जाता हैं।

**Chip** — ***कोशिका***

इलेक्ट्रोनिकी परिपथ के सिलिकॉन परत पर समाकलन से प्राप्त तैयार उपयोगी इकाई को कोशिका कहा जाता है।

**Click** — ***क्लिक***

ध्वनि पर आधारित यह शब्द मूषक के बटन को दबाने की क्रिया के लिए उपयुक्त किया जाता है।

**Command** — ***समादेश***

कम्प्यूटर से वांछित कार्यो को कराने के लिए दिए गए निर्देशों में से प्रत्येक को समाादेश कहा जाता है। ये समादेश कम्प्यूटर की तंत्रीय व्यवस्था को संचालित करते हैं। अनुदेश, समादेश तथा समादेश में अंतर यह होता है कि एवं अनुदेश केवल एक अनुचर पर एक क्रिया को संपन्न करने हेतु दिया जाता है, समादेश एक अनुचर को एक संक्रिया को संपन्न करने हेतु दिया जाता है, जबकि समादेश संक्रिया संपन्न हेतु सभी संबन्धित अनुचरों पर लागू होता है। कम्प्यूटर तन्त्रों में केवल अनुदेशों तथा समादेशों का उपयोग किया जाता है।

**Command File** — ***समादेशिक संचिका***

जिन संचिकाओं के नामों को समादेशों के रूप में उपयोग किया जा सके अर्थात जिनमें तन्त्र संयमन के प्रावधान हों, उन्हें आदेशिक संचिका कहा जाता है। इन के उपनाम EXE, COM अथवा BAT होते हैं।

**Command Processor** — ***समादेश संस्कारक***

डॉस की सर्वाधिक महत्वपूर्ण संचिका COMMAND.COM को समादेश संस्कारक कहा जाता है।

**Compatibility** — ***संगतेयता***

एक तन्त्र अंग – हार्डवेयर अथवा सॉफट्वेयर –के किसी तन्त्र के साथ कार्य कर सकने की सक्षमता को उस अंग की संगतियोज्ञता

कहा जाता है। परस्पर संयोजन के उपरांत पूर्ण सामंजस्य के साथ कार्य कर सकने वाले कम्प्यूटर भागों, अवयवों, उपकरणों व तंत्रों को संगतियोग्य कहा जाता है। किसी एक विनिर्माता द्वारा अभिकल्पित तंत्र पर आधारित अन्य विनिर्माताओं द्वारा उत्पादित कम्प्यूटर भागों, अवयवों, उपकरणों व तंत्रों को मूल विनिर्माता द्वारा विनिर्मित तंत्रों के संगतेय कहा जाता है।'

**Compiler Program** — *संकलक क्रमशय*

उच्च स्तरीय भाषा में निर्मित क्रमशय को पूर्णरूपेण मशीनी भाषा में परिवर्तित करने वाले क्रमशय को संकलक कहा जाता है। यह उच्च स्तरीय भाषा में क्रमशय संपादक का एक अनिवार्य अंग होता है।

**Contrast** — *वैषम्य*

यह एक सामान्य भाषा का ही शब्द है, जो किसी अभिदर्श के दो अंगों के रंगों अथवा प्रकाश की भिन्नता के लिए उपयुक्त होता है। कम्प्यूटरी संदर्भ मे इसका उपयोग प्रेक्षक द्वारा सूचना अभिदर्शन के लिए किया जाता है।

**Conventional Memory** — *संहित स्मृति*

यह कम्प्यूटर पठन–लेखन स्मृति/रैम अनिवार्य भाग है, जो परिचालन तन्त्र के अतिमहत्त्वपूर्ण भागों के उपयोगार्थ ही आरक्षित रहता है।

**Coprocessor** — *सह-संस्कारक*

मुख्य सूक्ष्म संस्कारक को कार्य करने में सहयोग देने वाले अन्य संस्कारकों को सह–संस्कारक कहा जाता है।

**CorelDraw** — *कोरल ड्रॉ*

यह एक सशक्त एवं लोकप्रिय, चित्रण के लिए उपयोगार्थ आविद्यन क्रमशय है।

**Cursor** — *अंकन-बिन्दु*

प्रेक्षक पटल पर टिमटिमाता बिन्दु, जो यह दर्शाता है कि आप किस बिन्दु पर अंकन करने वाले हैं।

**Data** — *आधर*

किसी भी विषय की परस्पर संबंधित सूचना श्रृंखलाओं को ऑकन कहा जाता हैं। इसमें वर्ण समूह तथा संख्याएँ दोनों ही हो सकते हैं।

**Database** — *आधर-संकुल*

आधरों के व्यवस्थित भण्डार को आधर–संकुल कहा जाता हैं।

**Data Processing** — *आधर संस्कारण*

आधरों को व्यवस्थित करने अथवा उनके आधार पर नए आधरों को तैयार करने की संक्रिया को आधर संस्कारण कहा जाता है।

**dBase** — *डीबेस*

यह ऑकन संस्कारण का अति लोकप्रिय आविद्यन क्रमशय है, जो

डौस पर आधारित है। आधुनिक एव विस्तृत अन्य क्रमशयों के उपलब्ध होने पर भी इसकी सरलता के कारण इसकी लोकप्रियता बनी हुई है।

**Debugging** ***दोषमार्जन***

कम्प्यूटर क्रमशयों के दोषों को खोजने व निराकरण की संक्रिया को दोषमार्जन कहा जाता है।

**Default** ***अवदोष***

कम्प्यूटरी भाषा में यह शब्द प्राचलों के सॉफट्वेयर में अंतर्निहित मानों के लिए उपयोग किया जाता है। उपयोक्ता द्वारा प्राचलों के मान प्रदान न किये जाने पर कम्प्यूटर अवदोष मानों का उपयोग करता है।

**Delete** ***मिटाना***

यह कुंजीपटल की एक कुंजी का नाम है, जो सामान्यतः मिटाने के लिए उपयोग की जाती है। विभिन्न प्रोग्राम इसका अन्य विशेष कार्यो के लिए भी उपयोग कर सकते हैं। यह डौस का समादेश भी हैं, जो संचिका को मिटाने का कार्य करता है।

**Device** ***युक्ति***

किसी मुख्य मशीन से कोई विशेष कार्य लेने के लिए मशीन के साथ जो अतिरिक्त उपकरण जोड़ा जाता है उसे युक्ति कहते हैं।

**Device Driver** ***युक्ति संचालक***

युक्ति को संचालित करने के लिए आवश्यक क्रमशय को उस युक्ति का संचालक कहा जाता है।

**Digital Signal** ***अंकीय संकेत***

काल–सापेक्ष सुनिश्चित अंतरालों पर ही संकेत उपस्थिति/अनुपस्थिति के आधार पर सूचना संचार की पद्यति को अंकीय संचार कहा जाता है तथा इस प्रकार के संकेतों को अंकीय संकेत कहा जाता है।

**Directory** ***निदेशिका***

फाइलों के संगृह को निदेशिका कहा जाता है। अनिवार्य रूप से प्रत्येक निदेशिका को एक पृथक् नाम भी दिया जाता हैं। निदेशिकाओं के संगृह को भी निदेशिका ही कहा जाता है। ऐसी स्थिति में निदेशिका के अधीनस्थ निदेशिका को उपनिदेशिका कहा जाता है।

**Disc, Disk, Diskette** ***चकती***

लौह तथा अन्य धातु ऑक्साइडों में मिश्रण से लेपित प्लास्टिक की वृताकार फिल्म, जिसे सुरक्षित रखने के लिए एक विशेष प्लास्टिक अथवा कागज के आवरण में रखा जाता है, को अपनेयी चकती कहा जाता है। इसकी फिल्म पर सूचनाओं के संगृहण के लिए वृताकार लीकों पर चुम्बकन/अचुम्बकन द्वारा सूचना द्विंकों को अंकित किया जाता है तथा विशेष संचाली द्वारा उपयोग किया जाता है। स्थिर

चकती संचाली द्वारा उपयुक्त चकतियों को भी, जो कठोर अचुबकीय पदार्थों की बनी होती हैं, चकती ही कहा जाता है।

**Display** ***अभिदर्श***

सामान्यतः प्रेक्षक के आमुख के लिए उपयुक्त यह शब्द अभिदर्श युक्ति – प्रत्यक्षक के लिए भीउउपयुक्त कर लिया जाता है।

**Display Adapter** ***अभिदर्श अनुकूलक***

प्रेक्षक के लिए कम्प्यूटर संकेतों को अनुकूलित करने हेतु उपयुक्त पत्रक, जो मातृपटल के विस्तार खंच में लगाया जाता है।

**Dot Matrix Printer** ***बिन्दु आव्यूह मुद्रक***

यह बिन्दुओं के स्वरूप में मुद्रित करने वाली युक्ति को बिन्दु आव्यूह मुद्रक कहा जाता है। इसकी प्रस्तुति लेजर मुद्रक से निम्न स्तर की होती है।

**DOS** ***डॉस***

यह चकती परिचालन तंत्र का संक्षेप है। यह कम्प्यूटर के प्रवर्तन व परिचालन के लिए उपयुक्त सॉफटवेयर प्रोग्राम होता है।

**DOS Prompt** ***डॉस उद्यत***

यह डॉस द्वारा प्रवर्तन तथा समादेशों के अनुपालन के बाद की वह अवस्था है जब कम्प्यूटर परिचालक को नये समादेश के लिए उद्यत करता है। इस अवस्था में सामान्यतः संपर्क चकती तथा निदेशिका का नाम दर्शाया जाता है।

**Double-Click** ***दोहरा-क्लिक***

यह मूषक के बटन को निश्चित अवधि के अन्तराल पर दो बार दबाकर छोड़ने की संक्रिया है। सभी क्रमशयों में क्लिक तथा दोहरे–क्लिक के प्रथक–प्रथक उपयोग व महत्व होते हैं।

**Draft Quality** ***पाण्डु कोटि***

कम्प्यूटर के मुद्रित बहिर्गतन का सरलतम स्वरूप, जिसमें चित्रों के न्यूनतम समावेश के साथ–साथ चरितों के स्वरूप भी न्यूनतम बिन्दुओं से दर्शाए जाते हैं। इसके विपरीत पूर्ण व सुरूचिपूर्ण प्रस्तुति को पत्रीय कोटि कहा जाता है।

**Drive** ***संचाली***

किसी चलित अवयव जैसे चकती आदि के उपयोक्ता उपस्कर को उस अवयव की संचाली कहा जाता है।

**Driver** ***संचालक***

कम्प्यूटर से सम्बन्धित युक्तियों व उपकरणों, जैसे – मुद्रक, प्रेक्षक, मूषक आदि के संयमन एवं संचालन हेतु क्रमशय को उस युक्ति का संचालक कहा जाता है।

**Edit** ***संपादन***

अंकित सूचनाओं में संशोधन करने की संक्रिया को संपादन कहते

हैं। इस शब्द का उपयोग प्रायः सभी क्रमशयों में किया जाता है।

**Electronics** ***वैद्युत्यिकी***

अर्धपरिचालक द्रव्यों में इलेक्ट्रॉन विन्यास पर आधारित वैद्युत अवयवों एवं परिपथों की प्रौद्योगिकी, जिसका उपयोग कम्प्यूटरों में भी किया जाता है।

**Emulation** ***अनुकरण***

एक युक्ति द्वारा अन्य के समान कार्य करने की सक्षमता को अनुकरण कहते हैं। प्रायः लघु विनिर्माता प्रतिष्ठित विनिर्माताओं के उत्पादों के अनुकर उत्पाद विनिर्मित करते हैं।

**Enter** ***प्रवेश***

यह कीबोर्ड की सबसे अधिक महत्त्वपूर्ण कुंजी है। प्रत्येक समादेश के अंकन अथवा चुनाव के बाद इसका उपयोग किया जाना आवश्यक होता है। कम्प्यूटर सिस्टम में सूचनाओं के अन्तर्गतनन के लिए भी इस शब्द का उपयोग किया जाता है।

**Equipment** ***उपस्कर***

तन्त्र की किसी संक्रिया को संपन्न करने में सक्षम युक्ति को एक उपस्कर कहा जाता है।

**Excel** ***ऐक्सेल***

माइक्रोसॉफ्ट कम्पनी का यह एक सारणी संस्कारण का आविद्यन क्रमशय है। यह विण्डोज पर आधारित है।

**Exit** ***बहिर्गमन***

क्रमशय को बन्द कर बाहर जाने के लिए उपयुक्त यह शब्द अनेक क्रमशयों में समादेश के रूप में भी उपयुक्त होता है। कुछ क्रमशयों में इसके स्थान पर अन्य शब्द भी उपयोग किए जाते हैं जैसे – quit तथा system आदि।

**Expanded Memory** ***विस्तारित स्मृति***

कम्प्यूटर में संहित स्मृति के अतिरिक्त स्मृति को विस्तारित स्मृति के वर्ग में रखा जा सकता है। इस स्मृति को ६४ किलो बाइट के खण्डों में रूढ़ स्मृति के साथ उपयोग किया जाता है।

**Expansion Card** ***विस्तारण पत्रक***

कम्प्यूटर की क्षमता में अभिवृद्धि के लिए लगाए गए अतिरिक्त कार्डों को विस्तारण पत्रक कहा जाता है। ये विशेषकर स्मृति अभिवर्धन हेतु लगाये जाते हैं।

**Expansion Slots** ***विस्तारण खंच***

मातृपटल पर स्थित संबंधक खंच, जिनको विभिन्न युक्तियों के अनुकूलक पत्रकों तथा विस्तारण पत्रकों को जोड़ने के लिए उपयुक्त किया जाता है।

**Extended Memory**

*अभिवृद्धित स्मृति*

१ मेगाबाइट की संहित स्मृति के अतिरिक्त स्मृति को इस वर्ग में रखा जा सकता है। केवल उन्नत मशीनें ही इसका उपयोग कर सकती हैं।

**File Allocation Table**

*संचिका स्थित्यन तालिका*

यह प्रत्येक चकती के प्रारंभिक क्षेत्र में चकती पर अंकित संचिकाओं की विवरण तालिका होती है। इसका क्षेत्र निर्माण चकती के प्रारूपण के समय पर होता है।

**FAX Card**

*फैक्स पत्रक*

मातृपटल के विस्तारण खंच में लगाये जाने वाला अनुकूलक पत्रक जिसकी सहायता से फैक्स द्वारा संदेशसंप्रेषण तंथा प्राप्ति होती है।

**File**

*संचिका*

सूचना संगृहों की कम्प्यूटर तन्त्र के स्तर की लघुतम इकाई जिसको नामांकित करना आवश्यक होता है।

**File Name**

*संचिका नाम*

प्रत्येक सूचना संगृह को कम्प्यूटर द्वारा संगृहित करने के लिय एक संचिका नाम का उपयोग किया जाता है। संचिका नाम के बाद यदि उपनाम भी हो तो दोनों के मध्य एक बिन्दु का उपयोग किया जाता है। नाम अनिवार्य होता है। डौस तथा विण्डोज के नियमानुसार संचिका नाम में अधिकतम आठ चरित हो सकते हैं।

**File Extension**

*संचिका उपनाम*

संचिका नाम के साथ उपनाम के उपयोग से संचिकाओं के वर्गीकरण में सुविधा होती है किन्तु उपनाम का उपयोग अनिवार्य नहीं होता है। कुछ क्रमशय स्वंय ही उपनाम प्रदान करते हैं।

**File Server**

*संचिका प्रदायक*

कम्प्यूटर संजालों में क्रमशय एवं सूचनाएँ एक केंद्रीय कम्प्यूटर में संगृहित कर ली जाती हैं जिन्हें यह अनेक संबंधित उपतन्त्रों को उनकी मॉग के अनुसार प्रदान करता है। इस केंद्रीय तन्त्र को संचिका प्रदायक कहा जाता है।

**Fixed Disk**

*स्थायी चकती*

कम्प्यूटर में स्थायी रूप में स्थापित चकती स्वरूपी चुबंकीय संगृहण माध्यम को कम्प्यूटर की स्थायी चकती कहा जाता है। यह चकती समुच्य स्थायी चकती संचाली का अंग होता है।

**Floppy Disk**

*अपनेयी चकती*

कम्प्यूटर द्वारा सूचना संगृहण के लिए उपयुक्त चुबंकीय माध्यम, जो चकती के रूप में होता है तथा परिचालक की आवश्यकतानुसार चकती संचाली में लगाया व निकाला जा सकता है।

**Font** — ***मुद्राकृति***

प्रकाशन में पाठ्य की प्रस्तुति के लिए उपयुक्त वर्णों की आकृति को मुद्राकृति कहते हैं। किसी एक मुद्राकृति में वर्णमाला के सभी वर्णों व अन्य संकेतों के लिए किसी विशिष्ट शैली का उपयोग किया जाता है। उपयोग की सुविधा के लिए प्रत्येक मुद्राकृति को एक नाम दे दिया जाता है। किन्तु एक ही मुद्राकृति अलग–अलग क्रमशयों में अलग–अलग नामों से जानी जा सकती है।

**Formatting** — ***प्रारूपण***

चुबंकीय माध्यम को सूचनाओं के अंकन के लिए तैयार करने की संक्रिया को प्रारूपण कहते हैं। प्रारूपण में चकती को सैक्टरों में बॉटकर उन पर लीकों का अंकन किया जाता है।

**Fortran** — ***फोर्ट्रान***

यह वैज्ञानिक विषयों के लिए कम्प्यूटर क्रमशय लिखने की उच्च स्तरीय भाषा है।

**Function Keys** — ***कर्त्यन कुंजियाँ***

कीबोर्ड पर प्रायः प्रथम पंक्ति में एफ१ से एफ१० तक अथवा एफ१२ तक नामांकित १० अथवा १२ कुंजियाँ होती हैं जिनका उपयोग विशेष पूर्व निर्धारित संक्रियाओं के लिए किया जा सकता है। प्रतिक्रामक को इनके उपयोग निर्धारित करने की स्वतंत्रता होती है। इन कुंजियों को कर्त्यन कुंजियाँ कहते हैं।

**Games Port** — ***खेल तोरण***

कम्प्यूटर पर खेल खेलने के लिए जॉयस्टिक के उपयोग हेतु एक विशेष तोरण की आवश्यकता होती है जो अन्य तोरणों से भिन्न होता है। इस विशेष तोरण का अनुकूलक पत्रक अनुवर्ती–अंकीय परिवर्तक होता है क्योंकि जॉयस्टिक अनुवर्ती संकेत उत्पन्न करती है।

**Graphic** — ***अनुचित्र***

कम्प्यूटर द्वारा बनाए गए चित्र।

**Graphic-User Interface** — ***अनुचित्र-उपयोक्ता अन्तरामुखन***

यह क्रमशयों द्वारा प्रदत्त एक सुविधा है, जिसमें उपयोगकर्ता को पाठ्य पढ़ने अथवा अंकित करने की न्यूनतम आवश्यकता होती है। अधिकतर कार्य चित्रों के चयन से होते हैं। विण्डोज तथा ओ एस/२ इसके उदाहरण हैं।

**Hard Disk** — ***स्थायी चकती***

उपर **FIXED DISK** देखिये।

**Hard Disk Drive** — ***स्थायी चकती संचाली***

कम्प्यूटर तन्त्र में सूचनाओं के स्थायी संगृहण हेतु चुबंकीय माध्यम सहित संचालन युक्ति, जिसमें चकतियाँ स्थायी रूप से लगी रहती हैं। तन्त्र में इसके प्रथम भाग को C: से दर्शाया जाता है।

**Hardware** — ***यथावस्तु***

कम्प्यूटर सिस्टम के वास्तविक स्थूल अवयवों को यथावस्तु कहा जाता है।

**Head** — ***शीर्ष***

चुबंकीय माध्यम पर सूचनाओं को अंकित करने व पठन के लिए उपयुक्त युक्ति को पठन–लेखन शीर्ष अथवा केवल शीर्ष कहा जाता है।

**Help** — ***सहायता***

प्रत्येक कमशय में उसके उपयोग के बारे में जानकारी अंकित होती है जिसे कमशय की सहायता कहा जाता है।

**Hidden File** — ***छिपी संचिका***

ऐसी संचिका जो सामान्य DIR समादेश से प्रदर्शित न होती हो छिपी संचिका कहलाती है। तन्त्रीयें छिपी संचिकाएँ IO.SYS तथा MSDOS.SYS ऐसी ही छिपी संचिकाएँ होती है। इन्हें DIR/A समादेश से प्रदर्शित कराया जा सकता है।

**High Memory Area** — ***उच्च स्मृति क्षेत्र***

DOS के लिए आरक्षित ६४० किलो बाइट से उपर तथा १ मेगा बाइट की सीमा में मैमारी को उच्च स्मृति कहा जाता हैं।

**High-Level Languages** — ***उच्च स्तरीय भाषाएँ***

कम्प्यूटरों की सुविधाजनक भाषाएँ, जो संकलक अथवा व्याख्याता कमशय की सहायता से कम्प्यूटर से संवाद स्थापित करती है।

**Home Key** — ***प्रास्थिति कुंजी***

यह कुंजीपटल की एक कुंजी है, जिसका उपयोग सामान्यतः अंकनबिन्दु को पंक्ति के प्रारंभ पर ले जाने के लिए किया जाता है। कमशय में इसका अन्य प्रकार से भी उपयोग किया जाता हैं।

**Icon** — ***प्रतिमा***

जिन कमशयों में चित्र–उपयोक्ता अन्तरामुखन (GUI) की सुविधा होती है, उनमें कमशयों के लिए प्रतिमाओं का उपयोग किया जाता हैं। इन्हीं प्रतिमाओं के चुनाव से ही समादेश दिए जाते हैं।

**Indenting** — ***आद्यान्तरण***

पाठ्य को पृष्ठ के बॉए उपांत से दाँए हटाकर प्रारंभ करने की संक्रिया को आद्यान्तरण कहते हैं।

**Information** — ***सूचना***

मन्तव्य में सार्थक भाषा उपयोग को सूचना कहा जाता है। वर्तमान संदर्भ में कम्प्यूटर को प्रदत, कम्प्यूटर द्वारा उपलब्ध तथा कम्प्यूटर द्वारा स्टोर चरितों के संयोजन को सूचनाएँ कहा जाता है।

**Input Device** — ***अंतर्गतन युक्ति***

कम्प्यूटर को सूचनाएँ प्रदत्त करने के माध्यम को अंतर्गतन युक्ति कहते हैं इनमें कुंजीपटल तथा मूषक प्रमुख हैं।

**Insert** — ***मध्यस्थापन***

पाठ्य में किसी स्थान पर अतिरिक्त पाठ्य संयोजन, जिसमें अतिरिक्त पाठ्य मूल पाठ्य के मध्य समाविष्ट हो जाता है, को मध्यस्थापन कहते हैं। कुंजीपटल पर इस नाम की एक कुंजी भी होती है, जो द्विदिशी कार्य करती है। एक दशा में पाठ्य मध्यस्थापित होता है तथा दूसरी दशा में अतिरिक्त पाठ्य का मूल पाठ्य पर उपरिलेखन होता है।

**Installation** — ***संस्थापन***

कम्प्यूटर सिस्टम में नए क्रमशय के उपयोगार्थ संयोजन को क्रमशय का संस्थापन कहा जाता है। अधिकतर क्रमशयों में INSTALL समादेश से उनका संस्थापन किया जाता है।

**Interface** — ***सम्मुखन***

एक युक्ति के बहिर्गतन को दूसरी युक्ति के अन्तर्गतन के रूप में उपयोग को दोनों युक्तियों का सम्मुखन कहा जाता है। यह कोई अनुकूलक पत्रक अथवा सॉफ्टवेयर द्वारा हो सकता हैं।

**Interpretter program** — ***व्याख्याता क्रमशय***

उच्च स्तरीय भाषा में लिखे गए क्रमशय के कथनों को एक–एक करके मशीनी भाषा में परिवर्तित करते हुए क्रियान्यवन करने का कार्य कराने वाले क्रमशय को व्याख्याता क्रमशय कहा जाता है। वर्तमान में इनका प्रचलन नगण्य है अब इनके स्थान पर संकलक क्रमशयों का प्रचलन है। बेसिक भाषा में व्याख्याता क्रमशय का उपयोग किया जाता है।

**Italics** — ***कर्णिक***

यह शब्द सामान्यतः पाठ्य के चरितों की लेखन शैली के लिए उपयुक्त किया जाता है। इसमें चरित उर्ध्व दिशा में न होकर कुछ अंश में तिरछे होते हैं।

**Joystick** — ***विनोदछड़ी***

कम्प्यूटर के माध्यम से खेल खेलने की एक अन्तर्गतन युक्ति, जिसे खिलाड़ी परिचालित करता है। यह अनुवर्ती सिद्धांत पर कार्य करती हैं।

**Keyboard** — ***कुंजीपटल***

कम्प्यूटर की प्रमुख अन्तर्गतन युक्ति, जिसमें कुंजियों के माध्यम से कम्प्यूटर को संकेत प्रदान किए जाते हैं। इनमें ८४ अथवा १०१ कुंजियाँ होती हैं।

**Keystroke** ***कुजीदोल***

कुंजीपटल की कुंजियों को दबाकर छोड़ने की क्रिया को कुंजीदोल कहा जाता हैं। सामान्यतः यह क्रिया ३० मि.सै. की होती है।

**Language** ***भाषा***

संवाद के माध्यम को भाषा कहा जाता हैं, चाहे यह दो मानवों के मध्य हो अथवा एक कम्प्यूटर तथा एक मानव के मध्य। कम्प्यूटरों सें संवाद स्थापित करने के लिए कम्प्यूटरी भाषाओं का उपयोग किया जाता है।

**Laptop Computer** ***आलि कम्प्यूटर***

पर्सनल कम्प्यूटर का लधुतम रूप, जो मनुष्य की गोद में समाकर भी कार्य कर सकता है। ये अंत्यधिक सुवाह्य होते हैं।

**Laser Printer** ***लेजर मुद्रक***

कम्प्यूटर के बहिर्गतनन को कागज पर प्रस्तुत करने वाला मुद्रक जो लेज़र किरणों की सहायता से कार्य करता है। सर्वोत्कृष्ट मुद्रण हेतु इनका उपयोग किया जाता है।

**Letter Quality** ***पत्रीय कोटि***

सामान्यतः मुद्रण की अपेक्षाकृत सुरचित गुणता को पत्रीय कोटि कहा जाता है क्योंकि यह पत्रव्यवहार हेतु उपयुक्त होती है। इससे निम्नतर गुणता को पाण्डु कोटि कहा जाता है।

**Low-Level Language** ***निम्नस्तरीय भाषा***

उच्च स्तरीय भाषाओं के विकास के बाद मशीनी तथा संयोजी भाषाओं को निम्नस्तरीय भाषा कहा जाने लगा है। ये निम्नस्तरीय भाषाएँ कम्प्यूटर की कार्य प्रणाली पर आधारित होती हैं इसलिये इनका उपयोग विशेषज्ञ ही कर सकते हैं।

**Machine Language** ***मशीनी भाषा***

कम्प्यूटरों की मौलिक भाषा, जिसमें केवल १ तथा ० दो ही अंकों का उपयोग होता है। प्रत्येक अन्य भाषा मे लिखे प्रोग्राम को कम्प्यूटर द्वारा उपयोग के लिए इसी भाषा में परिवर्तित करना आवश्यक होता हैं।

**Magnetic Medium** ***चुम्बकीय माध्यम***

कम्प्यूटर द्वारा सूचनाओं के स्थायी संगृहण को चकतियों पर लेपित चुबंकीय पदार्थो के चुम्बकन/अचुम्बकन से किया जाता हैं इन लेपित चुबंकीय पदार्थो को ही चुबंकीय माध्यम कहा जाता है।

**Mail Merge** ***डाक विलय***

पत्रों के पाठ्यों को पतासूची से सम्बन्धित गंतव्य पतों के साथ कम्प्यूटर द्वारा प्रस्तुत करने की संक्रिया को डाक विलय कहा जाता है।

**Mainframe Computer** — ***विशाल कम्प्यूटर***

बड़े संगठनों द्वारा उपयोग किए ज़ानेवाले विशाल कम्प्यूटर, जिनपर एक साथ अनेक व्यक्ति विविध कार्य कर सकते हैं।

**Mathematical Coprocessor** — ***गणितीय सह-संस्कारक***

कम्प्यूटर की केंद्रीय संस्कारण इकाई का अवयव, जो मुख्य संस्कारक को गणितीय कार्यो का संपादन करके प्रदान करता है।

**Memory** — ***स्मृति***

कम्प्यूटर सभी सूचनाओं को स्मृतियों में सँजोकर रखता है तथा आवश्यकता पड़ने पर उन्हें उपयोग करता है । ये अनेक प्रकार की होती हैं, जिनमें पठन–लेखन स्मृति, मात्र–पठनीय स्मृति तथा द्वितीयक चुम्बकीय स्मृति प्रमुखं हैं। इन स्मृतियों में सूचनाएँ शून्य तथा एक के रूप में अंकित होती हैं।

**Memory-Resident Program** — ***स्मृति-आवासी क्रमशय***

ऐसे क्रमशय जो एक बार क्रियान्वित किये जाने से भावी उपयोग के लिए स्मृति में समाए रहते हैं। इन्हें TSR-TERMINATE & STAY RESIDENT/अभ्यान्त आवासी क्रमशयं भी कहा जाता है। कम्प्यूटर के पर्यावरणीय तथा संरक्षात्मक क्रमशय इस प्रकार के होते हैं।

**Menu Bar** — ***विकल्प पट्टिका***

अनुचित्र–उपयोक्ता अंतरामुख तकनीक वाले क्रमशयों में अनेक विकल्पों को एक पट्टिका स्वरूप में अंकित कर दिया जाता है, जिनमें से किसी एक को चुना जा सकता है। विकल्पों की इस प्रकार की पट्टिका को विकल्प पट्टिका कहा जाता है।

**Micro-electronics** — ***सूक्ष्मवैद्युत्यिकी***

समाकलित वैद्युत्यिक परिपथों की प्रौद्योगिकी जिससे वैद्युत्यिक उपस्करों के आकार सूक्ष्म हो गये।

**Micro-Computer** — ***सूक्ष्मकम्प्यूटर***

सूक्ष्म वैद्युत्यिकी प्रौद्योगिकी से विनिर्मित संस्कारक, जिसे सूक्ष्म संस्कारक कहा जाता है, पर आधारित कम्प्यूटर।

**Mini Computer** — ***लघु कम्प्यूटर***

ऐसे कम्प्यूटर जो बहुआयामी संक्रिया, जैसे – विशाल स्तर की विनिमार्ण संक्रिया, को संयमित कर सकें तथा विभिन्न स्थलों से आवश्यक अन्तर्गतनों तथा बहिर्गतनों का आदान– प्रदान कर सकें।

**MODEM** — ***मोडम***

यह MODULATOR-DEMODULATOR का संक्षेप है तथा कम्प्यूटर को दूरभाष धारापथ से अंतरामुखन के लिए उपयुक्त किया जाता हैं। इसके माध्यम से कम्प्यूटर तथा दूरसंचार उपकरणों में समन्वय स्थापित होता है।

**Monitor** *प्रेक्षक*

कम्प्यूटर के बहिर्गतन की प्रमुख युक्ति, जिसके माध्यम से परिचालक कम्प्यूटर के साथ संवाद स्थापित करता है तथा उसकी गतिविधियों को दृष्टिगत करता है।

**Mother Board.** *मातृपटल*

कम्प्यूटर के मुख्य वैद्युत्यिक अवयवों का धारक पटल, जो एक मुद्रित परिपथों एवं सूक्ष्म वैद्युत्यिक अवयवों का समुच्य होता है। इसी पर केंद्रीय संस्कारण इकाई के अवयव तथा स्मृति चिप स्थापित होती हैं।

**Mouse** *मूषक*

हाथ की हथेली मे समा जाने वाली कम्प्यूटर की अन्तर्गतनन युक्ति, जो अंकनबिन्दु की स्थिति के संयमन तथा समादेश चयन के कार्य करता है। इससे कुंजीपटल का उपयोग अल्प रह जाता है।

**Mouse Pointer** *मूषक द्योतक*

जिन कमशयों में मूषक का उपयोग किया जाता है, उनमें मूषक से संयमित होने वाला बिन्दु एक तीर का स्वरूप ले लेता है। इस चिन्ह को मूषक द्योतक कहा जाता हैं।

**MS-DOS** *एम.एस.डॉस*

माइकोसॉफ्ट कम्पनी की कम्प्यूटर परिचालन प्रणाली, जो वर्तमान में सर्वाधिक उपयोगी तथा लोकप्रिय है।

**MS-Windows** *एम.एस. विडोज*

माइकोसॉफ्ट कम्पनी का अनुचित्र–उपयोक्ता अन्तरामुखन सुविधासंपन्न कमशय, जो अनेक आधुनिक आविद्यन कमशयों को आधार तथा वातावरण प्रदान करता है। इसके पूर्व संस्करण डॉस पर आधारित हैं जो एप्लीकेशन कमशयों तथा डॉस में मध्यस्थ का कार्य करते हैं किन्तु इसके नवीन संस्करण स्वयं परिचालन प्रणाली हैं।

**Multitasking** *बहु-कर्त्यन*

एक ही कमशय में एक ही समय में अनेक कार्य होने की सक्षमता। WINDOWS एक बहुकर्त्यन कमशय है।

**Multi-User** *बहु-प्रयोगी*

एक ही तन्त्र को यदि एक ही समय में अनेक लोगों द्वारा उपयोग किया जा सके तो ऐसे तन्त्र को बहु–उपयोगी तन्त्र कहते हैं।

**Network** *संजाल*

ऐसा सिस्टम जिसमें अनेक कम्प्यूटर सिस्टमों को संबंधित किया गया हो, ताकि वे सब सामान्य सुविधाओं और युक्तियों का उपयोग कर सके।

**Notebook Computer** — ***पुस्तकाकार कम्प्यूटर***

वैयक्तिक कम्प्यूटर का सुवाह्य स्वरूप, जो पुस्तक के आकार का होता है।

**Operating System** — ***परिचालन प्रणाली***

अनेक क्रमशयों का संग्रह, जो कम्प्यूटर के परिचालन, स्मृतिप्रबन्धन, अन्तर्गतनों तथा बहिर्गतनों आदि को समन्वित करता है। डॉस ऐसी ही एक परिचालन प्रणाली है।

**Oracle** — ***ऑरेकिल***

अत्याधुनिक कम्प्यूटरी उच्च स्तरीय भाषा, जो बहुउपयोगी तथा बहुकर्त्य क्रमशयों के निर्माण में सक्षम है।

**Output Device** — ***बहिर्गतन युक्ति***

कम्प्यूटर के बहिर्गतन को उपयोगी स्वरूप में परिवर्तित करने की युक्ति, जैसे मुद्रक, प्रेक्षक आदि।

**Overwriting** — ***उपरिलेखन***

पाठ्य को मिटाकर उसके स्थान पर अन्य पाठ्य अंकित करने की विधा। इस विधा को बन्द कर इसके स्थान पर मध्यस्थापन विधा करने के लिए अथवा पुनः इसे चालू करने हेतु इंसर्ट (INSERT) कुंजी का उपयोग किया जाता है।

**Parallel Port** — ***समानांतर तोरण***

कम्प्यूटर से युक्ति सम्बन्धन हेतु ऐसा द्वार जिसमें सूचना संकेत अनेक तारों द्वारा साथ साथ प्रवाहित होते हों।

**Parity** — ***साम्य***

स्मृति कोशिकाओं में दोषात्मक स्थिति से निपटने के लिए उपयुक्त अतिरिक्त संकेत प्रेषण की संक्रिया।

**Parking Zone** — ***पड़ाव स्थल***

कम्प्यूटर के स्थायी चकती वाही के शीर्षों को चकतियों के सुरक्षित स्थानों पर ले जाने की संक्रिया। इससे किसी क़ारणवश शीर्षों के चकतियों से स्पर्श में चकती पर अंकित सूचनाओं के नष्ट होने का भय नहीं रहता।

**Partitioning** — ***विभाजन***

बडी क्षमता की स्थायी चकतियों के चुम्बकीय माध्यम को दो या अधिक भागों मे विभाजित किया जा सकता है। जिस भाग पर प्रवर्तन क्रमशय अंकित होता है उसे प्राथमिक भाग तथा अन्यों को अभिवृद्ध भाग कहते हैं।

**Pascal** — ***पास्कल***

यह एक कम्प्यूटर की उच्च स्तरीय भाषा है।

**Pause** — ***विराम***

कम्प्यूटर द्वारा की जा रही किया को अस्थायी रूप से बन्द करने की संकिया को ठहराव कहा जाता है। कुछ कमशय कुछ विशिष्ट कियाओं को करने की अवधि में उपयोक्ता को विराम का विकल्प प्रदान करते हैं। कुंजीपटल पर इस नाम की एक कुंजी भी होती है, जो इसी कार्य के लिए उपयुक्त की जाती है। विरामित किया को पुनः चालू करने के लिये ENTER कुंजी का उपयोग किया जाता है।

**Pixel** — ***चित्रांश***

वह बिन्दु समूह जो परदे पर चित्र का कोई भाग बनता हो चित्रांश कहलाता है।

**Platform** — ***पटास्थल***

आविद्यन कमशयों का कार्यान्वयन परिचालन प्रणाली पर निर्भर करता हैं। इस कारण परिचालन प्रणाली को आविद्यन कमशय का आस्थान कहा जाता है।

**Platter** — ***कठोती***

स्थायी चकतियॉ को कठोर अचुबंकीय पदार्थो से बनी होती हैं, इसलिये इन्हें कठोती कहा जाता है।

**Popup Menu** — ***उपरिस्थ विकल्पसूची***

अनुचित्र उपयोक्ता अन्तरामुख प्रणाली में किसी एक विकल्व के चुनाव हेतु संभव विकल्पों की सूची को यदि मुख्य विकल्प से उपर की ओर संयोजित आयत में प्रदर्शित किया जाए तो विकल्प सूची को उपरिस्थ विकल्पसूची कहा जाता है।

**Port** — ***तोरण***

कम्प्यूटर के अन्तर्गतन तथा बहिर्गतन द्वारों को तोरण कहते हैं। कम्प्यूटर की बाह्य युक्तियों को इन्हीं के माध्यम से सम्बन्धित किया जाता है। ये संकेतों को पथ प्रदान करने के अतिरिक्त उनके प्रवाह को संयमित भी करते हैं।

**Power Supply Unit** — ***शक्ति प्रदाय इकाई***

यह कम्प्यूटर के विभिन्न उपतंत्रों को निर्धारित विभव पर विद्युत शक्ति प्रदान करने वाली इकाई है।

**Print** — ***मुद्रण***

कमशय के बहिर्गतन को कागज पर मुद्रित करने के लिए यह एक सामान्य समादेश है; किन्तु बेसिक भाषा इसका उपयोग बहिर्गतन को प्रदर्शित करने के लिए करता है।

**Printer** — ***मुद्रक***

कम्प्यूटर की बहिर्गतन युक्ति जो बहिर्गतन को कागज पर अंकित करने में सक्षम होती है।

**Program** — ***क्रमशय***

किसी कम्प्यूटरी भाषा में कूटित अनुदेशों का विधिवत् संकलन, जो कम्प्यूटर को निर्धारित कार्य करने की विधि समझाकर उद्देश्य की प्राप्ति करा सके।

**Prompt** — ***उद्यत***

कम्प्यूटर की वह अवस्था जिसमें वह परिचालक से समादेश प्राप्ति के लिए तैयार हो।

**Pulldown Menu** — ***अधोस्थ विकल्प सूची***

अनुचित्र उपयोक्ता अन्तरामुख प्रणाली में किसी एक विकल्व के चुनाव संभव विकल्पों की सूची को यदि मुख्य विकल्प से नीचे की ओर संयोजित आयत में प्रदर्शित किया जाए तो विकल्प सूची को अधोस्थ विकल्पसूची कहा जाता है।

**Read-Only File** — ***मात्र-पठन संचिका***

ऐसी संचिका जिसकी सूचनाओं में परिवर्तन नहीं किया जा सकता हो। संचिकाओं को यह गुण डॉस के **ATTRIB R+** से प्रदान किया जा सकता है।

**Read-Only Memory** — ***मात्र-पठन स्मृति***

स्थायी रूप से सूचनांकित स्मृति चिप, जिसकी सूचनाओं में परिवर्तन नहीं किया जा सकता। कम्प्यूटर के स्वपरीक्षण तथा अन्तर्गतन/बहिर्गतन व्यवस्था के लिए ऐसी ही स्मृति चिप होती है जिसे बायोस कहा जाता है।

**Read-Write Head** — ***पठन-लेखन शीर्ष***

इसे केवल शीर्ष भी कहा जाता है। चकती वाहों में इसी से चकती पर सूचनाओं का आदान प्रदान होता है।

**Register** — ***रजिस्टर***

सूक्ष्म संस्कारकों के वे अंग जिन पर सूचनाओं के संस्कारण से पूर्व तथा बाद में अस्थायी रूप से संगृहित किया जाता है। विभिन्न वर्गों की सूचनाओं के लिए पृथक रजिस्टर होते हैं।

**Reset** — ***पुनर्स्थापन***

कम्प्यूटर की केंद्रीय संस्कारण इकाई के मुख्य संयमन पटल पर एक बटन, जो कम्प्यूटर को बन्द कर पुनः चालू करने के काम आता है। इससे कम्प्यूटर की मूल व्यवस्थाएँ पुनः स्थापित हो जाती हैं।

**Resolution** — ***विघटन***

प्रेक्षक के परदे पर सन्निकट दो बिन्दुओ के बीच की दूरी पर प्रेक्षक का विघटन निर्भर करता हैं। यह दूरी जितनी कम होगी, परदे पर उतना ही अच्छा चित्रण होगा तथा प्रेक्षक उतना ही अच्छा माना जाएगा।

**Save** — *सुरक्षण*

यह एक तन्त्रीय समादेश है, जो प्रत्येक क्रमशय द्वारा उपयोग किया जाता है। कम्प्यूटर द्वारा संस्कारण के समय सूचनाएँ प्राथमिक रूप से पठन लेखन स्मृति पर अंकित होती हैं जो अस्थायी होती हैं। इस समादेश से सूचनाएँ स्थायी रूप से सुरक्षित रहने के लिए निर्धारित चुबंकीय चकती पर अंकित हो जाती हैं।

**Display** — *अभिदर्श*

सामान्यतः प्रेक्षक के परदे के लिए उपयुक्त यह शब्द परदे पर अंकित विशिष्ट प्रारूपों के लिए भी उपयुक्त किया जाता है।

**Scroll Bar** — *सरकन पट्टिका*

बहुकर्त्य–क्रमशयों में प्रायः परदे पर विभिन्न कार्यो के निर्धारित क्षेत्रों को छोटा या बड़ा करना होता है। जब प्रसार इतना छोटा हो जाता है कि पूरा पृष्ठ परदे पर दिखाई नहीं पड़ता तो क्रमशय परदे पर कार्यक्षेत्र के नीचे तथा दॉए एक एक सरकन पट्टिका प्रदर्शित करता है। इनके उपयोग से कार्य क्षेत्र में पृष्ठ को उपर– नीचे अथवा बॉए– दॉए खिसकाया जा सकता है।

**Scroll Lock** — *सरकन निरोध*

कम्प्यूटर पर कार्यक्षेत्र में प्रदर्शित सूचनाओं को स्थिर करने की संकिया के लिये रकन निरोध कहा जाता है। कुंजीपटल पर इस नाम की एक कुंजी भी होती हैं, जो यही कार्य करती है।

**Secondary Memory** — *द्वितीयक स्मृति*

चुबंकीय माध्यम पर कम्पयूटर सूचनाओ को मैमारी की भमति ही अंकित तथा पुनः प्राप्त करता है, अतः चुबीय माध्यम को कम्पयूटर की सेकन्डरी स्मृति भी कहा जाता हैं।

**Serial Port** — *श्रेणिक तोरण*

कम्प्यूटर के जिन संबंधक तोरणों में सूचनाएँ एक एक द्विंक करके प्रवाहित होती हैं उन्हें श्रेणिक तोरण कहते हैं।

**Setup** — *स्थापन व्यवस्था*

कम्प्यूटर तन्त्र की मूल व्यवस्थाओं को, जिनमें अन्तर्गतन/बहिर्गतन तथा स्मृति व्यवस्थाऐं प्रमुख हैं, तन्त्र की स्थापन व्यवस्था कहा जाता है। यह व्यवस्था मात्र पठनीय स्मृति बायोस द्वारा कम्प्यूटर के प्रारंभ करते समय स्थापित की जाती है।

**Software** — *परावस्तु*

कम्प्यूटर के प्रत्यक्ष अवयवों, जिन्हें यथावस्तु कहते हैं, से वॉछित कार्य कराने के लिए उसे दिए गए निर्देशों को परावस्तु कहा जाता है। ये निर्देश सूक्ष्म संस्कारक के अनुकूल मशीनी भाषा, संयोजी भाषा अथवा उच्च स्तरीय भाषा में लिखे जा सकते हैं जिन्हें बाद में संयोजक, संकलक अथवा व्याखाता क्रमशय द्वारा कम्प्यूटर द्वारा समझी जाने वाली मशीनी भाषा में परिवर्तित किया जाता है।

**Space Bar** — *रिक्ति पट्टिका*

कुंजीपटल पर सबसे नीचे स्थित लंबी कुंजी जो रिक्त स्थान छोड़ने का प्रभाव उत्पन्न करती है। अनेक क्रमशय इसका उपयोग अन्य प्रभाव उत्पन्न करने के लिए भी करते हैं।

**Spreadsheet** — *सारणी*

पंक्तियों तथा स्तम्भों में व्यवस्थित विशाल पृष्ठ जो विशेष क्रमशयों जैसे लोटस तथा एक्सेल द्वारा उपयोक्ता के उपयोगार्थ प्रस्तुत किया जाता है। इनमें स्वतः संगणनाओं के प्रावधान भी होते हैं जिससे इनका उपयोग लेखॉकन के लिये भी किया जाता है।

**Stalled** — *मृतासन्न*

विशेष दोषपूर्ण स्थितियों, जैसे–दुष्कूट के प्रभाव में, अथवा समादेशिक संचिका भृष्ट होने पर, आदि में कम्प्यूटर तंत्र जहाँ–का–तहाँ ठहर जाता है। ऐसी स्थिति मे कम्प्यूटर को बन्द करके पुनः चालू करने के अतिरिक्त कोई अन्य उपाय संभव नहीं होता।

**Storage Device/ Memory** — *संगृहण युक्ति/स्मृति*

कम्प्यूटरों में डेटा संगृहण के लिए उपयुक्त युक्तियॉं जैसे अपनेयी चकती वाही, तथा स्थायी चकती वाही–को संगृहण युक्तियों अथवा संगृहण स्मृतियॉं कहा जाता है।

**Subirectory** — *उपनिदेशिका*

निदेशिका के अन्दर यदि अन्य निदेशिका हो तो इस अन्दर वाली निदेशिका को उपनिदेशिका कहा जाता है। समादेशों में सभी निदेशिका/उपनिदेशिका एक समान ही मानी जाती हैं।

**Surge Suppressor** — *महोर्मि निरोधक*

विद्युत प्रदाय तंत्र में अनेक कारणों से अति उच्च विभव की क्षणिक तंरगें उत्पन्न व प्रवाहित होती रहती हैं, इन्हें महोर्मि कहा जाता है। ये कम्प्यूटर अवयवों के लिए घातक सिद्ध हो सकती हैं। तन्त्र की इनसे रक्षा के लिए इन्हें मार्ग में ही अवशोषित किया जाता है। इसके लिए उपयुक्त उपकरण को महोर्मि निरोधक कहा जाता है।

**Syntax** — *व्याकरण*

कम्प्यूटरी भाषाओं में वाक्यॉंश एवं वाक्य संरचना हेतु उपयुक्त नियमों को व्याकरण कहा जाता है।

**System** — *तंत्र*

पूरे कम्प्यूटर को सामान्यतः तन्त्र कहा जाता है। परिचालन प्रणाली की मुख्य संचिकाओं IO.SYS, MSDOS.SYS, COMMAND COM के समुच्चय को भी तन्त्र कहा जाता है।

**System Disk** — ***तंत्रीय चकती***

जिस चकती पर तीन तन्त्रीय संचिकाएँ होती हैं जिससे यह प्रवर्तन समर्थ होती है, इसे तन्त्रीय चकती कहते हैं।

**System Files** — ***तंत्रीय संचिका***

डॉसै की तीन संचिकाओं के IO.SYS, MSDOS.SYS, COMMAND.COM के समुच्य को तन्त्रीय संचिकाएँ कहा जाता है। इनमें से प्रथम दो संचिकाएँ छिपी रहती हैं।

**System Software** — ***तंत्रीय परावस्तु***

जो परावस्तुएँ तन्त्र के यथावस्तु भाग को सकिय एवं संयमित करने के लिए उपयुक्त होते हैं उन्हें तंत्रीय परावस्तु कहा जाता हैं। MS-DOS, OS/2 तंत्रीय परावस्तुएँ हैं।

**Tab Key** — ***कुदान कुंजी***

सामान्यतः प्रत्येक कमशय में करसर को पूर्वनिर्धारित स्थितियों में तुरंत पहुँचाने के लिए व्यवस्था होती है। इस कार्य के लिए कुंजीपटल पर इस नाम की कुंजी का उपयोग किया जाता है। सारणी निर्माण में इससे विशेष सुविधा होती है।

**Terminal** — ***अभ्यान्त***

कम्प्यूटर के उपयोगार्थ उपयोगकर्ता को केवल कुंजीपटल तथा प्रेक्षक की ही आवश्यकता होती है। अतः एक ही तन्त्र को अनेक स्थानों से उपयोग करने के लिए केवल कुंजीपटल, प्रेक्षक तथा इनके समन्वयक अवयवों की ही अतिरिक्त अवश्यकता होती है। इस व्यवस्था को अभ्यान्त कहते हैं। इसको यह नाम इसलिये दिया गया है चूँकि यह तन्त्र की ऐसी शाखा है जिसकी कोई शाखा नहीं हो सकती।

**Toggle Action** — ***द्विदिशी किया***

किसा एक किया को एक बार करने से एक प्रभाव तथा दूसरी बार करने से विपरीत प्रभाव उत्पन्न हो तो किया को द्विदिशी किया कहते हैं। कुंजीपटल की अनेक कुंजियाँ जैसे CAPS LOCK, INSERT, आदि द्विदिशी प्रभाव उत्पन्न करती हैं।

**Track** — ***लीक***

चकतियों पर सूचनाओं को रेखीय आघार पर अंकित किया जाता है। इन रेखाओ को ट्रैक कहा जाता है।

**Track Ball** — ***ट्रैक बॉल***

कम्प्यूटर के उपयोगार्थ एक अति लघु इनपुट डिवाइस, जिसे कहीं भी थोड़े से स्थान पर स्थिर करके उंगलियों से इसकी बॉल घुमाकर करसर को संयमित किया जाता हैं तथा बटनों के माध्यम से समादेश दिए जाते हैं।

**Tree** — ***वृक्ष***

निदेशिकाओं तथा उपनिदेशिकाओं–को वृक्ष की शाखा–उपशाखा के रूप में प्रस्तुति को वृक्ष कहते हैं। यह डॉस का एक समादेश भी है जो इस प्रकार के वृक्ष को प्रदर्शित करता है।

**Unix** — ***यूनीक्स***

यह अत्याधुनिक कम्प्यूटर परिचालन प्रणाली है। इसके अतिरिक्त यह एक कम्प्यूटरी भाषा भी है।

**User** — ***उपयोगी अथवा उपयोगकर्ता अथवा उपयोक्ता***

कम्प्यूटर तन्त्र को उपयोग करने वाले व्यक्ति।

**User Program** — ***उपयोक्ता क्रमशय***

उपयोक्ता द्वारा स्वयं के उपंयोगार्थ विकसित क्रमशय।

**Video Display Unit** — ***दृष्ट्य अभिदर्श इकाई***

यह वर्ण संग्रह प्रेक्षक के लिंए उपयुक्त किया जाता है।

**Version** — ***संस्करण***

अधिकतर आविद्यन क्रमशयों का विकास क्रमागत होता है तथा प्रत्येक विकसित उपयोगी स्वरूप को नवसंस्करण कहा जाता है, जिसे एक संख्या से इंगित किया जाता है।

**Virtual Disk** — ***आभासी चकती***

पठन–लेखन स्मृति के एक भाग को डॉस की एक संचिका RAMDISK.SYS से इस प्रकार व्यवस्थित किया जा सकता है कि यह भाग सूचनाओं को अपनेयी चकती की तरह समाए रखता है। इसके लिये इस संचिका को CONFIG.SYS संचिका में DEVICE समादेश से समाहित करना होता है। इस प्रकार की चकती की गति कम्प्यूटर की वास्तविक चकतियों की अपेक्षा अधिक होती है। किन्तु इस चकती पर अंकित सूचनाएँ विद्युत शक्ति प्रदाय बन्द करते ही नष्ट हो जाती हैं।

**Virus** — ***दुष्कूट***

कम्प्यूटरों के ऐसे परावस्तु जो अन्य परावस्तुओं द्वारा उनके निध ारित कार्य करने में बाधा उत्पन्न करते हैं दुष्कूट कहे जाते हैं। दुर्भाग्यवश दुष्कूट उत्पत्ति तथा इनका हनन एक व्यवसाय बन गया है।

**Wild Character** — ***किमपि चरित***

कुछ क्रमशयों में संचिका नामों/उपनामों के चुनाव का सामान्यीकरण करने के लिए वर्गो अथवा वर्ण समूहों के स्थान पर कुछ विशेष चरितों के उपयोग अनुमत होते हैं। डॉस में संचिका नामों में दो चरित इसके लिये निर्धारित हैं –

***** = कोई भी, कितने भी चरित, तथा

**?** = कोई भी एक चरित

**Winchester** *विंचेस्टर*
स्थायी चकती सचाली का ऐतिहासिक नाम क्योंकि इसका प्रथम विकास विंचेस्टर नगर में हुआ था।

**Windows** *विण्डोज*
माइक्रोसॉफ्ट कम्पनी का बहुकर्त्य क्रमशय, जो अनुचित्र उपयोक्ता अन्तरामुखन सुविधासम्पन्न है।

**Word Processing** *शब्द संस्कारण*
कम्प्यूटर द्वारा शब्दों को व्यवस्थित करने की संक्रिया को शब्द संस्कारण कहते है। पाठ्यों की प्रस्तुति में पुस्तक प्रकाशन में यह प्रक्रिया उपयुक्त होती है।

**Work Station** *कार्यस्थानक*
कम्प्यूटर संजालों में अनेक छोटे तन्त्रों अथवा अभ्यान्तों को एक प्रमुख तन्त्र से संबंधित कर दिया जाता है तथा प्रत्येक छोटे तन्त्र अथवा अभ्यान्त पर कार्य किया जाता है। इस प्रकार के उपतन्त्रें को कार्यस्थल कहा जाता है।

**Write Protection** *लेखन संरक्षा*
अपनेयी चकतियों पर महत्वपूर्ण सूचनाओं के संरक्षण हेतु उनमें इस प्रकार की व्यवस्था की जाती है कि उन पर और लेखन संभव न हो। इस व्यवस्था को लेखन संरक्षा कहा जाता है। दोनों प्रकार की चकतियों में लेखन संरक्षा के पृथक् तरीके हैं।

परिशिष्ट-२

# संक्षेप कोश

कम्प्यूटरों से सम्बन्धित संक्षेप एवं उनके विस्तार

**ABIOS** ADVANCED BASIC INPUT OUT PUT SYSTEM
**अभ्याग्रित आधारभूत अन्तग।तन बहिर्गतन प्रणाली**
आई बी एम पीएस–२ कम्प्यूटरों में सन्निहित प्रवर्तन कमशय

**ACK** ACKNOWLEDGEMENT
**प्रतिज्ञाप**
सूचना संचार व्यवस्था में प्राप्तकर्ता कम्प्यूटर द्वारा सूचनाओं के अच्छी तरह प्राप्त करने पर दिया गया संकेत। इसके लिये आस्की कूट ०६ का उपयोग किया जाता है।

**ADC** ANALOG TO DIGITAL CONVERTER
**अनुवर्ती से अंकीय संपरिवर्तक**
अनुवर्ती स्वरूप के संकेतों को समतुल्य अंकीय संकेतो में परिवर्तन करने की युक्ति

**AI** ARTIFICIAL INTELLIGENCE
**कृत्रिम बुद्धि**
कम्प्यूटर विज्ञान का भाग जो कम्प्यूटरों के मानवों की तरह कार्य करने के बारे में अध्ययन करता है।

ANSI AMERICAN NATIONAL STANDARDS INSTITUTE
**अमेरिकन नेशनल स्टैण्डर्ड्स इन्स्टीट्यूट**
अमेरिका की मानकीकरण हेतु बनी संस्था

API APPLICATION PROGRAME INTERFACE
**उपादयन कमशय सम्मुख**
परिचालन प्रणाली में उपलब्ध सुविधाएँ जो आविद्यन कमशयो द्वारा उपयुक्त की जा सकती हैं एवं उनके उपयोग सम्बन्धी सुचनाएँ।

ASCII AMERICAN STD. CODE FOR INFO. INTERCHANGE
**सूचना प्रत्यावर्तन का अमेरिकी मानक कूट**
इसमे विभिन्न चरितों एवं कम्प्यूटर परिचालन सम्बन्धी कियाओ के द्विअंकी मशीनी कूट प्रदान किये गये हैं।

AT ADVANCED TECHNOLOGY

**अभ्याग्रित प्रौद्योगिकी**

वैयक्तिक कम्प्यूटरों का वर्तमान में उपयुक्त प्रकार

BASIC BEGINNER'S ALL-PROPOSE SYSMBOLIC INSTN. CODE

**नवशिक्षुओं हेतु बहूउद्देश्यीय सांकेतिक कूट**

एक कमशयन भाषा

BAT BATCH

**प्रचय**

इसे उन समादेशक संचिकाओं के उपनाम के लिए उपयोग किया जाता है जिनमें अनेक फाइलों व समादेशों का समावेश हो।

BBS BULLETIN BOARD SYSTEM

**महत्सूचना पटल प्रणाली**

विशेष संगठनो की सूचना विनिमय की केन्द्रीय कम्प्यूटर प्रणाली। सदस्य जिससे सूचना प्राप्त कर सकते हैं अथवा जिस पर अपनी सूचना अंकित कर सकते हैं।

BCD BINARY-CODED DECIMAL

**द्विअंकीय कूटित दशमलवीय संख्या**

इस प्रणाली में संख्या के प्रत्येक दशमलव अंक को चार द्विअंकी कूटों से विस्थापित कर दिया जाता है।

BIOS BASIC INPUT/ OUTPUT SYSTEM

**आधारिक अन्तर्गतन/बहिर्गतन प्रणाली**

कम्प्यूटर प्रवर्तन का कमशय जो मातृपटल पर स्थित एक मात्र–पठन स्मृति में अंकित रहता है।

BIT BINARY DIGIT

**द्विंक**

अंकीय प्रौद्योगिकी में उपयुक्त अंक। इसके केवल दो ही मान होते हैं – शून्य तथा एक। कम्प्यूटर इन्हीं के माध्यम से कार्य करते हैं। ये अंक कमशः विद्युत संकेत की अनुपस्थिति तथा उपस्थिति इंगित करते हैं।

BPI BITS PER INCH

**द्विंक प्रति इंच**

फीत अथवा चकती की लीक की प्रति एक इंच की लम्बाई पर अंकित द्विंकों की संख्या। यह फीत/चकती का सूचना घनत्व कहलाती है।

BPS BITS PER SECOND

**द्विंक प्रति सैकण्ड**

सूचनातन्त्र में प्रति एक सैकण्ड में प्रवाहित द्विकों की संख्या जो युक्ति की गति सक्षमता दर्शाती है।

C C

सी

एक बहूद्देश्यी उच्च स्तरीय क्रमशयन भाषा

C++ C PLUS PLUS

सी++

कम्प्यूटरी भाषा सी का उच्चीकृत स्वरूप

**CAD COMPUTER AIDED DESIGN**

**कम्प्यूटर सहायित अभिकल्पन**

कम्प्यूटरों की सहायता से अभिकल्पन संक्रिया

**CASE COMPUTER AIDED SOFTWARE ENGINEERING**

**कम्प्यूटर सहायित परावस्तु अभियन्त्रण**

कम्प्यूटरीकृत सूचना तन्त्र विश्लेषण एवं अभिकल्पन के स्वचालन की विद्या

**CCD CHARGE COUPLED DEVICE**

**आवेश-युग्मित युक्ति**

एक प्रकार की स्मृति जो वैद्युत आवेश के संग्रहण एवं संचरण पर आधारित है।

**CCITT COMITTE CONSULTATIF INT'L. DE TELEPHONIC DE TELEGRAPHIC**

**दूरभाष एवं दूरसंचार अन्तरराष्ट्रीय परामर्शी समिति**

जेनेवा स्थित संगठन जो अन्तरराष्ट्रीय स्तर पर सूचना संचरण तन्त्रों का मानकीकरण करता है।

**CD COMPACT DISKETTE**

**संपुट चकती**

दीप्तीय सिद्धान्त पर सूचना संगृहण की चकती, इसका सूचना घनत्व उच्च होने के कारण इसे संपुट चकती कहा जाता है। एक ४.७२'' चकती ६५० मै.बा. सूचनाओं को संगृहित कर सकती है।

**CD-I COMPACT DISK-INTERACTIVE**

**संपुट चकती-उपयोग संहिता**

संपुट चकती के प्रारूपण का मानक जो उसके सभी प्रकार के उपयोगों को निर्धारित करता है।

**CD-ROM COMPACT DISK - READ ONLY MEMORY**

**संपुट चकती-मात्र पठन स्मृति**

संपुट चकती को जब मात्र–पठन हेतु उपयुक्त किया जाता है तब उसे सी.डी.–रोम कहा जाता है।

**CGA COLOR/GRAPHICS ADAPTER**

**वर्ण/चित्र अनुकूलक**

कम्प्यूटर के प्रेक्षक को संयमित करने वाला एक प्रकार का अनुकूलक पत्रक

**CGM** COMPUTER GRAPHICS METAFILE

**कम्प्यूटर संचित्र अनुसंचिका**

कम्प्यूटरी चित्रों को संजोकर रख सकने वाली संचिका। इसका एक विशेष प्रारूप निर्धारित है।

**CHCP** CHANGE CODE PAGE

**कूट पृष्ठ परिवर्तन**

डॉस तथा ओ.एस./२ का आन्तरिक समादेश जो कम्प्यूटर के चालू कूट पृष्ठ के स्थान पर दूसरे कूट पृष्ठ को स्थापित करता है। अन्तरराष्ट्रीय स्तर पर प्रत्येक प्रमुख देश की भाषा के अनुसार वहाँ के लिये एक कूट पृष्ठ निर्धारित है। बहुभाषी कार्यों में यह समादेश उपयोगी सिद्ध होता है।

**CISC** COMPLEX INSTRUCTION SET COMPUTING

**जटिल अनुदेश समुच्च्य अभिकलन**

२०० से ३०० के मध्य एसेम्बली भाषा कूटों को समझने एवं उनके अनुपालन की सामर्थ्य रखने वाली संस्कारण संकिया जो विशेष संस्कारकों द्वारा ही सम्पन्न की जा सकती है।

**CLS** CLEAR SCREEN

**अभ्याक्ष रिक्त**

डॉस तथा ओ.एस./२ का आन्तरिक समादेश जो अभ्याक्ष को रिक्त करता है।

**CMOS** COMPEMENTRY METAL-OXIDE SEMICONDUCTOR

**संपूरक धातु-ऑक्साइड अर्धचालक**

सामान्यतः सीमोस शब्द एक प्रकार के एकीकृत परिपथों के लिये उपयुक्त किया जाता है जिनका कम्प्यूटर के संस्कारक तथा स्मृति संरचना में उपयोग होता है। कम्प्यूटर के संचालन में, विशेषकर प्रवर्तन में, सीमोस उस मात्र–पठन कमशयित स्मृति को कहा जाता है जिसमें कम्प्यूटर के प्रवर्तन अनुदेश समाहित होते हैं। इसे बायोस भी कहा जाता है।

**CMY** CYAN- MAGENTA - YELLOW

**नीलिम-बैंगनी-पीला**

कम्प्यूटरों में वर्ण व्यवस्था, संचालन एवं संदर्श के तीन मूल वर्ण

**CMYK** CYAN- MAGENTA - YELLOW- BLACK

**नीलिम-बैंगनी-पीला-काला**

कम्प्यूटरों में वर्ण–व्यवस्था संचालन के एक संदर्श के चार मूल वर्ण

**COBOL** COMMON BUSINESS-ORIENTED LANGUAGE

**सामान्य व्यवसायोपयोगी भाषा**

एक कम्प्यूटरी उच्च स्तरीय भाषा

**CON** CONSOLE

**संभावदर्श**

कम्प्यूटरों के कुन्जीपटल तथा प्रेक्षक का संयुक्त नाम, जिनसे मूलतः कम्प्यूटर परिचालक का संपर्क रहता है अर्थात जिनके संभाव से कार्य करता है।.

**CPS** **CHARACTER PER SECOND**
**चरित प्रति सैकण्ड**

सूचना संचरण में गतिमापन की इकाई।

**CPU** **CENTRAL PROCESSING UNIT**
**केन्द्रीय संस्कारण इकाई**

कम्प्यूटर की मुख्य संस्कारण व्यवस्था। सुपर, मेनफ्रेम तथा मिनी कम्प्यूटरों में यह व्यवस्था अनेक पटलों पर स्थित होती है किन्तु वैयक्तिक कम्प्यूटरों में यह एक ही चिप में समाकलित होती है जिसे सूक्ष्मसंस्कारक कहते हैं। इसी कारण इन कम्प्यूटरों को सूक्ष्मकम्प्यूटर भी कहा जाता है।

**CRC** **CYCLIC REDUNDANCY CHECK**
**चक्रीय अप्रभाविता परीक्षण**

कम्प्यूटरों के मध्यस्थ सूचना संवाद के सुचालन की परीक्षण व्यवस्था

**CRT** **CATHODE RAY TUBE**
**ऋणाग्र किरण नलिका**

कम्प्यूटरों, टेलिविजनों एवं वैद्युतियक यन्त्रों में अभ्याक्ष के लिये उपयुक्त युक्ति

**CTS** **CLEAR TO SEND**
**प्रेषण अनुमत**

सूचना संचारण में प्रापक युक्ति के सूचना प्राप्ति हेतु तैयार हो जाने के पश्चात् आधर प्रेषण हेतु दिया जाने वाला संकेत।

**DAC** **DIGITAL TO ANALOG CONVERTER**
**अंकीय से अनुवर्ती संपरिवर्तक**

एक युक्ति जो अंकीय संकेतों का समतुल्य अनुवर्ती संकेतों में परिवर्तन करती है।

**DASD** **DIRECT ACCESS STORAGE DEVICE**
**ऋजु अभिगम्य संगृहण युक्ति**

चकतियों को पठन–लेखन हेतु किसी भी बिन्दु पर सीधे सम्पर्क किया जा सकता है जबकि फीत में ऐसा किया जाना सम्भव नहीं होता। इसलिये चकतियों को ऋजु अभिगम्य संगृहण युक्ति कहा जाता है।

**DBMS** **DATABASE MANAGEMENT SYSTEMS**
**आधरसंकुल प्रबन्धन प्रणाली**

सूचनाओं के संकुल को उसके स्वरूप के प्रबन्धन में सक्षम आविद्यन परावस्तु यह प्रबन्धन सूचनाओं को अंशों में संस्कारित नहीं करके उनके पूर्ण स्वरूप में ही संस्कारित किया जाता है।

**DCE** **DATA COMMUMICATION EQUIPMENT**
**डेटा संचार उपस्कर**

कम्प्यूटर को संचार व्यवस्था से युग्मित करने वाला उपस्कर, सामान्यतः मोडम

**DDE** **DYNAMIC DATA EXCHANGE**

**गतिक आधर विनिमय**

दो या अधिक सक्रिय क्रमशयों के मध्य सूचनाओं का आदान–प्रदान। विण्डोज, मैकिन्तोष सिस्टम–७, तथा ओ.एस./२ क्रमशयों मे इस प्रकार के विनिमय के प्रावधान हैं।

**DES** **DATA ENCRYPTION STANDARD**

**डेटा छद्मकूटन मानक**

महत्वपूर्ण आधरों को गुप्त रखने के लिये उनको इस प्रकार का स्वरूप प्रदान किया जाता है कि विशेष क्रमशय के बिना उन्हें समझा न जा सके। इसे यू.एस. नेशनल ब्यूरो ऑफ स्टैण्डर्ड्स ने तैयार किया है तथा अमेरिकी राष्ट्रीय सुरक्षा अभिकरण द्वारा उपयुक्त किया जाता है।

**DIF** **DATA INTERCHANGE FORMAT**

**आधर अन्तरवर्तन प्रारूप**

आधर को स्तंभों तथा पंक्तियों के स्वरूप में एक क्रमशय से दूसरे क्रमशय में अन्तरण का प्रारूप।

**DIP** **DUAL-IN-LINE PACKAGE**

**दुहरी पंक्ति आवेष्ट**

एकीकृत परिपथ चिप्पियों की बाह्य आकृति जिसमें सम्बन्धक दो पंक्तियों में आवेष्टित होते हैं।

**DMA** **DIRECT MEMORY ACCESS**

**ऋजु स्मृति अभिगम**

सामान्यतः सभी सूचनाओं के अन्तरण में कम्प्यूटर के सूक्ष्मसंस्कारक की भूमिका होती है। किन्तु कुछ ऐसे अवयव विकसित किये गये हैं जो संस्कारक की संलिप्ति के बिना कार्य करते हैं जिससे संस्कारक के महत्वपूर्ण समय को बचाया जाता है। इस व्यवस्था में स्मृति से सूचनाएँ सीधे ही प्राप्त की जाती हैं। इस संक्रिया में ऋजु स्मृति अभिगम संयमक/डी.एम.ए. कण्ट्रोलर नामक अवयव का उपयोग किया जाता है।

**DOS** **DISK OPERATING SYSTEM**

**चकती परिचालन प्रणाली**

कम्प्यूटर बायोस द्वारा प्रवर्तन के पश्चात् परिचालित करने का प्राणतुल्य क्रमशय जो दो रूपों में प्रचलित है – आई.बी.एम. निर्मित कम्प्यूटरों के लिये पीसी डॉस, तथा आई.बी.एम. संगतेय कम्प्यूटरों के लिये एमएस डॉस।

**DP** **DATA PROCESSING**

**डेटा संस्कारण**

डेटा को संपरिवर्तित, संगणित एवं दोहित कर वॉछित स्वरूप में प्रस्तुत करने की संक्रिया को डेटा संस्कारण कहा जाता है। सामान्यतः इस वाक्यांश का उपयोग मेनफ्रेम तथा मिनी कम्प्यूटरों के संदर्भ में किया जाता है।

**DPI** DOTS PER INCH

**बिन्दु प्रति इन्च**

मुद्रण/अभ्याक्ष कियाओं में प्रति इन्च में बिन्दुओं की संख्या जो विघटन की माप है।

**DRAM** DYNAMIC RANDOM ACCESS MEMORY

**गतिक पठन-लेखन स्मृति**

कम्प्यूटर की मुख्य स्मृति का एक प्रकार जिसमें सूचना द्विंकों को धारित्रों /कैपेसिटरों पर आवेश के रूप में संगृहित किया जाता है। यह अपनी प्रतिपक्षी स्थैतिक स्मृति की तुलना में सस्ती किन्तु धीमी होती है।

**DSR** DATA SET READY

**आधर समुच्य तैयार**

आधर संचार में एक संकेत जो उपस्कर का तैयार होना इंगित करता है।

**DTE** DATA TERMINAL EQUIPMENT

**आधर अन्तस्थ उपस्कर**

डेटा संचार में डेटा प्रदायक अथवा प्रापक उपस्कर

**DTP** DESK TOP PUBLISHING

**कम्प्यूटरीकृत प्रकाशन**

कम्प्यूटरों के उपयोग से प्रकाशन व्यवस्था के प्रमुख भाग सूचनाओं की मनमोहक प्रस्तुति शीघ्र, सुविधापूर्वक तथा केवल एक मेज पर स्थित युक्तियों से की जाने लगी है। इस व्यवस्था को कम्प्यूटरीकृत प्रकाशन व्यवस्था कहते हैं।

**DTR** DATA TERMINAL READY

**डेटा अन्तस्थ तैयार**

आधर संचार में आधर उपस्कर के तैयार होने को इंगित करने हेतु संकेत

**DVI** DIGITAL VIDEO INTERACTIVE

**अंकीय दृष्ट्य संहिता**

इण्टेल कार्पोरेशन का संपुट चकती पर दृश्यों को संगृहित करने का विशिष्ट कमशय जो एक चिप्पी पर उपलब्ध होता है तथा चित्र आधर को संपीडित करके संगृहित करता है।

**EBCDIC** EXTENDED BINARY-CODED-DECIMAL INTERCHANGE CODE

**अभिवर्धित द्विअंकी-कूटित-दशमलव अन्तरवर्तन कूट**

आई.बी.एम. के मेनफ्रेम कम्प्यूटरों में उपयुक्त अष्टांकी कूट जिसमें २५६ चरितों के कूट हैं। यह आस्की से भिन्न है।

**EEMS** ENHANCED EXPANDED MEMORY SPECIFICATION

**संवर्धित अभिप्रसारित स्मृति विशिष्टि**

लोटस–इण्टेल–माइकोसॉफ्ट की मूल अभिप्रसारित स्मृति विशिष्टि का संवर्धित स्वरूप

EEPROM ELECTRICALLY-ERASABLE PROGRAMMABLE ROM

**वैद्युती-मार्जन्य कमशाय मात्र-पठनीय स्मृति**

एक स्मृति चिप्पी जिसमें बिना विद्युत प्रदाय के सूचनाएँ सुरक्षित रहती हैं, तथा विशेष विद्युतीय संकिया से सूचनाएँ परिवर्तित की जा सकती हैं।

EGA ENHANCED GRAPHICS ADAPTER

**संवर्धित संचित्र अनुकूलक**

एक मध्यम स्तर का अभ्याक्ष मानक जो अब लुप्तप्रायः हो चुका है।

EISA ENHANCED INDUSTRY STANDERD ARCHITECTURE

अमेरिकन कम्प्यूटर उद्योग के अनेक सदस्यों द्वारा निर्मित कम्प्यूटर संयुज्जी मानक जो संयुज्जी को ३२ द्विंकों के लिये तथा अनेक संस्कारकों द्वारा प्रयोज्य बनाता है। यह आई.एस.ए. का संवर्धित स्वरूप है।

ELF EXTREMELY LOW-FREQUENCY EMISSION

**अति न्यून-आवृत्ति उत्सर्जन**

कम्प्यूटर प्रेक्षक तथा अनेक घरेलू उपस्करों द्वारा उत्सर्जित किरणें जिनका आसार ५–२००० प्रति सैकण्ड होता है।

EMM EXTENDED MEMORY MANAGER

**अभिवर्धित स्मृति प्रबन्धक**

कम्प्यूटर के ६४० कि.बा. की संहित स्मृति तक सीमित रहने से उबारने हेतु प्रावधान करने वाला कमशय। डॉस तथा विण्डोज की EMM386.EXE संचिका 80386 तथा उच्चतर कम्प्यूटरों में यह कार्य करती है।

EMS EXPANDED MEMORY SPECIFICATION

**अभिप्रसारित स्मृति विशिष्टि**

अभिप्रसारित स्मृति प्रबन्धन विशिष्टि LIMEMS का संक्षिप्त नाम

ENIAC ELECTRONIC NUMERIC INDICATOR AND CALCULATOR

**इनाएक**

संगणनाओं के लिए बनी प्रथम मशीन को इस नाम से जाना जाता है जिसे विश्व के प्रथम कम्प्यूटर का दर्जा प्राप्त है।

EOF END OF FILE

**संचिका अन्त**

संचिका के अन्त को दर्शाने का संकेत जो आस्की में कूट २६ द्वारा दर्शाया जाता है।

EOT END OF TRANSMISSION

**संप्रेषण अन्त**

संचार व्यवस्था में प्रेषण का अन्त दर्शाने का संकेत

EPROM ERASABLE PROGRAMMABLE READ - ONLY - MEMORY

**मार्जन्य कमशाय मात्र-पठन स्मृति**

एक स्मृति जिसमें सूचनाएँ बिना विद्युत प्रदाय के सुरक्षित रहती है तथा जिसे पराबैंगनी किरणों से कमशयित किया जा सकता है।

**EPS** ENCAPSULATED POSTSCRIPT

**संवेष्टित पोस्ट स्क्रिप्ट**

पोस्टस्क्रिप्ट भाषा की संचिका का प्रारूप। इस प्रारूप की संचिकाओं को संगतेय मुद्रकों पर ही मुद्रित किया जा सकता है।

**ESDI** ENHANCED SMALL DEVICE INTERFACE

अपनेयी तथा स्थिर चकती एवं स्रोत फीत संचालियों के सम्मुखन का मानक जो १०–२० मै.बा. प्रति सैकण्ड की गति से डेटा अंतरण करता है। इसे प्रायः बड़ी स्थिर चकतियों के लिये उपयुक्त किया जाता है।

**ETX** END OF TEXT

**पाठ्य अन्त**

पाठ्य संचिकाओं के संचार में अन्त दर्शाने का संकेत जिसके लिये आस्की–३ मान उपयुक्त होता है।

**EXE** EXECUTION

यह क्रमशयों की मुख्य क्रिया की संचिका के उपनाम के लिए उपयोग किया जाता है। इस उपनाम की सभी संचिकाएँ समादेशिक संचिकाएँ होती हैं।

**FAT** FILE ALLOCATION TABLE

**संचिका नियतन तालिका**

डॉस तथा ओ एस/२ परिचालन प्रणालियों द्वारा निर्मित चकतियों पर संचिकाओं की स्थिति दर्शाने वाली तालिका

**FDD** FLOPPY DISK DRIVE

**अपनेयी चकती संचाली**

अपनेयी चकतियों के उपयोगार्थ कम्प्यूटर तन्त्र में लगा संचाली यंत्र जिसमें चकतियों को एक एक करके लगाया जा सकता है। वर्तमान में यह दो विशिष्टियों में प्रचलित है – 3.5", 1.44 MB; 5.25", 1.2 MB

**FDDI** FIBER DISTRIBUTED DATA INTERFACE

**रेशा वितरित डेटा अन्तरापृष्ठन**

शीशे के दीप्तीय रेशों द्वारा डेटा संचार का लगभग १०० मै.बा. प्रति सैकण्ड की गति वाला सम्मुखन मानक

**FIFO** FIRST-IN, FIRST-OUT

**आगमन-क्रमित बहिर्गमन**

पंक्तिबद्ध अस्तियों के चलन की एक विधि जिसमें अस्तियों का चलन उनके आगमन के क्रमानुसार होता है।

**FILO** FIRST-IN, LAST-OUT

**आगमन-व्युत्क्रमित बहिर्गमन**

पंक्तिबद्ध अस्तियों के चलन की एक विधि जिसमें अस्तियों का चलन उनके आगमन क्रम के प्रतिलोमी होता है।

G GIGA

**गीगा**

१ गीगा $=10^9$

GB GIGA BYTE

**गीगा बाइट**

१००० मेगा बाइट अर्थात १,०७३,७४१,८२४ बाइट सूचनाओं को एक गीगा बाइट कहते हैं।

GDI GRAPHICS DEVICE INTERFACE

**अनुचित्र युक्ति सम्मुखन**

विण्डोज का संचित्रों को बहिर्गतन युक्तियों जैसे –प्रेक्षक, मुद्रक, आदि को संप्रेषण का सम्मुखन कमशय

GKS GRAPHICS KERNEL SYSTEM

**संचित्र सत्त्व प्रणाली**

कम्प्यूटर संचित्रों के लिये अन्तरराष्ट्रीय मान्यता प्राप्त मानक प्रणाली जो कमशायियों को संचित्रों के वर्णन, संगृहण, परिवर्तन एवं अन्तरण के बारे में मार्गदर्शक है।

GPIB GENERAL PURPOSE INTERFACE BUS

**सार्व उद्देश्यीय सम्मुखन संयुज्जी**

२४ समानान्तर धारापथों की संयुज्जी जो IEE488 मानक के अनुसार है तथा अनुयंन्त्रों को परस्पर अथवा कम्प्यूटर से सम्बन्धित करने के लिये उपयोगी है। हिउलैट–पैकार्ड द्वारा विकसित किये जाने के कारण इसे एच.पी.आई.बी. भी कहा जाता है।

GUI GRAPHICS USER INTERFACE

**अनुचित्र उपयोक्ता अन्तरापृष्ठन**

कम्प्यूटर उपयोक्ता को समादेश देने में सहायक पद्यति जो चित्रों के माध्यम से अनेक विकल्पों में से एक को चुनने का प्रावधान करती है। यह विण्डोज में अपनायी जाती है। इसमें उपयोक्ता को समादेश का टंकण करने की आवश्यकता न होने के कारण कार्य में तीव्रता आती है तथा चित्रों से कार्य सुरूचिपूर्ण बनता है।

HDD HARD DISK DRIVE

**स्थायी चकती संचाली**

कम्प्यूटर तन्त्र द्वारा सूचनाओं के स्थायी संगृहण हेतु उपयुक्त युक्ति जिसमें सूचना संगृहण हेतु चुम्बकीय माध्यम स्थायी चकतियों के रूप में सुनिश्चित क्षमता रखता है।

HDLC HIGH-LEVEL DATA LINK CONTROL

**उच्चस्तरीय डेटा लग्न संयमन**

कम्प्यूटरों के मध्य सूचना अन्तरण की अन्तरराष्ट्रीय मान्यता प्राप्त विशिष्टि

**HFS** HIERARCHICAL FILE SYSTEM

**पदानुक्रमित संचिका प्रणाली**

संचिकाओं को निदेशिकाओं व उपनिदेशिकाओं के माध्यम से व्यवस्थित करने की प्रणाली

**HMA** HIGH MEMORY AREA

**उच्च स्मृति क्षेत्र**

कम्प्यूटर की मुख्य स्मृति का १ मै.बा. से अधिक का प्रथम ६४ कि.बा. स्मृति क्षेत्र

**HPFS** HIGH PERFORMANCE FILE SYSTEM

**उच्च निष्पत्ति संचिका प्रणाली**

ओ.एस./२, तथा विण्डोज/एनटी परिचालन प्रणालियों में संचिकाओं के २५६ चरितों तक के लम्बे नामों को ६४ कि.बा. तक के संचिका गुण प्रदान करने, तीव्र चकती अभिगमन, संचिका के निरन्तर संगृहण, तथा ६४ गी.बा. तक की स्थिर चकती के उपयोग की व्यवस्थाओं को उच्च निष्पत्ति संचिका प्रणाली कहा जाता है। डौस में ये व्यवस्थाएँ नहीं हैं।

**HPGL** HEWLETT-PAKARD GRAPHICS LANGUAGE

**हिउलैट-पैकार्ड अनुचित्रण भाषा**

हिउलैट–पैकार्ड कम्पनी द्वारा विकसित अनुचित्रण भाषा तथा संचिका प्रारूप जो प्रारम्भ में प्लॉटरों द्वारा उपयुक्त की गई थी।

**HPPCL** HEWLETT-PAKARD PRINTER CONTROL LANGUAGE

**हिउलैट-पैकार्ड मुद्रक संयमक भाषा**

लेजर मुद्रकों के संयमन की हिउलैट–पैकार्ड कम्पनी द्वारा विकसित भाषा। इसका विकसित स्वरूप हिउलैट–पैकार्ड अनुचित्रण भाषा मानक के अनुसार है।

**HSV** HUE SATURATION VALUE

**वर्ण संतृप्ति मान**

किसी भी रंग को तीन रंगों जैसे लाल–हरा–नीला अथवा नीलिम–बैंगनी–पीला, से निर्धारित किया जा सकता है। इन मूल रंगों को वर्ण/ह्यू कहा जाता है जो प्रकाश तरंगों की आवृत्ति पर निर्भर करते हैं। रंगो को वर्णो के रूप में वर्णन को वर्ण, संतृप्ति मान अथवा वर्ण संतृप्ति दमक कहा जाता है।

**IAC** INTER-APPLICATION COMMUNICATION

**अन्तर-आविद्यन संवाद**

विण्डोज की गतिक डेटा विनिमय डी.डी.ई. व्यवस्था की तरह का यह मैकिन्तोष कम्प्यूटर का प्रावधान है जिसमें आविद्यन कमशय परस्पर डेटा का विनिमय अथवा संयमन कर सकते हैं।

**IBM PC** INTERNATIONAL BUISNESS MACHINES PERSONAL COMPUTER

**इण्टरनेशनल बिजनेस मशीन्स का वैयक्तिक कम्प्यूटर**

कम्प्यूटर जगत का क्रान्तिक चरण जिसने कम्प्यूटरों को प्रत्येक व्यक्ति द्वारा प्रयोज्य बना दिया। यही वैयक्तिक कम्प्यूटर ही बाद में वैयक्तिक कम्प्यूटर–अभिवृद्ध

प्रौद्योगिकी/पीसी–एक्सटी में, तथा आगे आधुनिक चरण वैयक्तिक कम्प्यूटर–उच्च प्रौद्योगिकी/पीसी–एटी में विकसित हुआ। ये कम्प्यूटर आई एस ए संयुज्जी पर आधारित हैं।

**IBM PS/2** INTERNATIONAL BUISNESS MACHINES - PS/2

**इण्टरनेशनल बिजनेस मशीन्स का पी.एस.-२**

आई.बी.एम. की एक अन्य कम्प्यूटर श्रंखला जो माइकोचैनल आरचना एम.सी.ए. पर आधारित है।

**IBM RS/6000** IBM RS/6000

**आई.बी.एम. आर-एस/६०००**

आई.बी.एम. का एक विशाल कम्प्यूटर तन्त्र जिसमें ३२ द्विंकों के ७ अथवा ६ सूक्ष्म संस्कारक उपयुक्त होते हैं। बाद में इसे एपिल तथा मोटोरोला कम्पनियों के सहयोग से एक ही चिप्पी वाले पावर पीसी में विकसित किया गया।

**IDE** INTEGRATED DEVELOPMENT ENVIRONMENT

**समाकलित विकास पर्यावरण**

कमशय विकास हेतु समायोजित सुविधाओं का समुच्य जिनको उपयोक्ता एक साथ काम में ले सके।

**IDE** INTEGRATED DRIVE ELECTRONICS

**समाकलित संचाली वैद्युत्यिकी**

स्थिर चकती संचालियों के सम्मुखन की बहुप्रचलित मानक व्यवस्था।

**IEEE** INSTITUTE OF ELECTRICAL AND ELECTRONICS ENGINEERS

**वैद्युती एवं वैद्युत्यिकी अभियन्ता संस्थान**

यह एक विश्वप्रसिद्ध संस्था है जिसने अभियान्त्रिकी विकास एवं मानकीकरण में अनेकानेक सक्षम कार्य किये हैं।

**IPX** INTERNET PACKET EXCHANGE

**इण्टरनेट संदेश विनिमय**

नोवैल कम्पनी की स्थानीय संजाल व्यवस्था

**IRQ** INTERRUPT REQUEST

**निरूद्धि निवेदन**

किसी युक्ति का सूक्ष्मसंस्कारक को अपना कार्य बन्द कर उसकी आवश्यकता की आपूर्ति हेतु संकेत जो निरूद्धि संयमक के माध्यम से भेजा जाता है।

**ISA** INDUSTRY STANDARD ARCHITECTURE

**उद्योगीय मानक आरचना**

कम्प्यूटरों की मानक संयुज्जी संरचना जो कम्प्यूटर उद्योग द्वारा विकसित की गई तथा वैयक्तिक कम्प्यूटरों में अपनाई गई। बाद में इसे संवर्धित किया गया।

**ISDN** INTEGRATED SERVICES DIGITAL NETWORK

**समाकलित सेवा अंकीय संजाल**

एक अन्तरराष्ट्रीय संजाल योजना जो पूरे विश्व की सभी प्रकार की संचार आवश्यकताओं को एक मानक अंकीय संजाल से आपूरित करने के लिये है। इसमें तीन वाहिकाएँ/चैनल होते हैं – दो सूचनाओं हेतु तथा एक सगमन संकेतों हेतु।

**ISO** **INTERNATIONAL STANDARDS ORGANIZATION**

**अन्तरराष्ट्रीय मानक संगठन**

विश्वस्तर पर मानकीकरण हेतु संगठन

**ISO/OSI** **ISO/OPEN SYSTEMS INTERCONNECTION**

**आई एस ओ/मुक्त तन्त्र अन्तरसम्बन्धन व्यवस्था**

कम्प्यूटरों के मध्य सूचना अन्तरण हेतु आई.एस.ओ. द्वारा विकसित व्यवस्था जिसमे प्रत्येक कम्प्यूटर तन्त्र को ७ मुक्त कार्यकारी भागों में विभाजित किया जाता है तथा अन्तरतन्त्र संवाद इन कार्यकारी भागों के मध्य होते हैं।

**I/O** **INPUT/OUTPUT**

**अन्तर्गतन व बहिर्गतन**

किसी तन्त्र का बाह्य इकाईयों के साथ सूचना आदान–प्रदान।

**Kb** **KILOBITS**

**किलोद्विंक**

१००० द्विंक

**KB** **KILOBYTES**

**किलोबाइट**

१००० बाइट

**LAN** **LOCAL AREA NETWORK**

**स्थानीय क्षेत्र संजाल**

एक ही भवन अथवा क्षेत्र में स्थित कम्प्यूटरों का संजाल। इस व्यवस्था में सूचना द्विंकों का अन्तरण समानान्तर रूप में होता है।

**LCD** **LIQUID CRYSTAL DISPLAY**

**द्रव कणक अभ्याक्ष**

एक संपुट अभ्याक्ष व्यवस्था जिसमें लम्बाकार कणकों के एक विशेष द्रव को विद्युताग्रों के मध्य रखा जाता है। जब विद्युताग्रों को विभवान्तर प्रदान किया जाता है तब द्रव के कणक एक विशेष विन्यास अपना लेते हैं जो अभ्याक्ष का कार्य करते हैं।

**MAN** **METROPOLITAN AREA NETWORK**

**नगरीय क्षेत्र संजाल**

५० मील आकार के क्षेत्र में फैला कम्प्यूटरी संजाल

**Mb** **MEGABITS**

**मैगा द्विंक**

१,०००,००० द्विंक

MB MEGABYTES
**मैगाबाइट**

१,०००,००० बाइट

MCA MICRO CHANNEL ARCHITECTURE
**माइक्रोचैनल आरचना**

आई.बी.एम. द्वारा विकसित कम्प्यूटर संयुज्जी आरचना जिसे पीएस–२ श्रृंखला के कम्प्यूटरों में तथा आर एस –६००० श्रृंखला के कम्प्यूटरों में उपयुक्त किया जाता है।

MIDI MUSICAL INSTRUMENTS DIGITAL INTERFACE
**संगीत अनुयन्त्र अंकीय सम्मुखन**

संगीत अनुयन्त्रों के कम्प्यूटर सम्बंधन आदि की व्यवस्था

MIPS MILLION INSTRUCTIONS PER SECOND
**१,०००,००० अनुदेश प्रति सैकण्ड**

केन्द्रीय संस्कारण एककों की गति मापन इकाई

MMU MEMORY MANAGEMENT UNIT
**स्मृति प्रबन्धन एकक**

सूक्ष्मसंस्कारक का एक अंग जो कम्प्यूटर की स्मृति के पतों की व्यवस्था करता है।

MNP MICROCOM NETWORKING PROTOCOL
**माइक्रोकॉम संजालन संहिता**

माइक्रोकॉम कम्पनी की सूचना संचार में डेटा के सम्पीडन, त्रुटि आदि अभिज्ञापन एवं निवारण हेतु संहिता

MPC MULTIMEDIA PERSONAL COMPUTER
**बहुमाध्यमी वैयक्तिक कम्प्यूटर**

पाठ्य, चित्र, ध्वनि आदि अनेक माध्यमों के उपयुक्त वैयक्तिक कम्प्यूटरों की न्यूनतम विशिष्टियाँ जो दो स्तरों पर निर्धारित हैं :–

स्तर १ : 80386SX कम्प्यूटर, १६ मैगाचक/सै. गति, २ मै.बा. स्मृति, स्थिर चकती पर ३० मै.बा. रिक्त स्थल, १५० कि.बा./सै. का सी.डी. रोम संचाली, तथा ८ द्विक ध्वनि पत्रक।

स्तर २ : 80486SX कम्प्यूटर, २५ मैगाचक/सै. गति, ८ मै.बा. स्मृति, स्थिर चकती पर १६० मै.बा. रिक्त स्थल, ३०० कि.बा./सै. गति का सीडी रोम संचाली, तथा १६ द्विक ध्वनि पत्रक।

MS-DOS MICROSOFT-DISK OPERATING SYSTEM
**माइक्रोसॉफ्ट-चकती परिचालन प्रणाली**

आई.बी.एम. संगतेय कम्प्यूटरों हेतु परिचालन प्रणाली

MTBF MEAN TIME BETWEEN FAILURES
**असक्षमताओं की मध्यावधि माध्य**

उपस्कर के दो बार असंक्षम होने के मध्य का समय–माध्य।

MTTR MEAN TIME TO REPAIR

**मरम्मत का काल-माध्य**

किसी उपस्कर की मरम्मत की माध्य अवधि माप।

NAK NEGATIVE ACKNOWLEDGED

**नकारात्मक अभिज्ञाप**

सूचना संचार में सूचना प्रापक यदि सूचनाओं को सही प्राप्त नहीं करता है तब वह यह संकेत देता है जो सूचना के पुनः प्रेषण के लिये है। इसे आस्की २१ से दर्शाया जाता है।

NFS NETWORK FILE SYSTEM

**संजाल संचिका प्रणाली**

संजाल से सम्बन्धित कम्प्यूटरों के मध्य संचिका उपयोग व्यवस्था जो लगभग सभी प्रकार के कम्प्यूटरों के लिये उपयुक्त है।

NIC NETWORK INTERFACE CARD

**संजाल सम्मुखन पत्रक**

संजाल से सम्बन्धन हेतु कम्प्यूटर के मातृपटल खंच में लगाया जाने वाला पत्रक जो अन्य कम्प्यूटरों के इसी प्रकार के पत्रकों से सम्बन्धित किया जाता है।

NLQ NEAR LETTER QUALITY

**पत्र कोटि सन्निकट**

डॉट मैट्क्सि मुद्रकों के बहिर्गतन की एक कोटि जो पत्रीय कोटि के सन्निकट है।

NTFS NEW TECHNOLOGY FILE SYSTEM

**नव प्रौद्योगिकी संचिका प्रणाली**

विण्डोज/एनटी की संचिका प्रणाली

OCR OPTICAL CHARACTER RECOGNITION

**दीप्तीय चरित पहचान**

पाठ्य को देखकर उसके सगृहण की कम्प्यूटरी विधि जो दीप्तीय छानबीन उपस्कर स्कैनर के माध्यम से सम्पन्न की जाती है।

OLE OBJECT LINKING AND EMBEDDING

**लक्ष्य लग्नन एवं अन्तर्स्थापन**

आविद्यन कमशयों के मध्य पाठ्य, चित्र, ध्वनि आदि लक्ष्यों के अन्तरण की संहिता। इसमें लक्ष्य एक प्रतिमा द्वारा दर्शाया जाता है। इस पर दुहरा क्लिक करने से लक्ष्य का निर्माता कमशय प्रारम्भ हो जाता है जिससे लक्ष्य को पुनः सम्पादित किया जा सकता है। लक्ष्य को अपने मूल स्थान पर ही रखते हुए अन्य कमशय में उसके उपयोगार्थ चिन्ह अंकित करने की संक्रिया को लक्ष्य लग्न कहा जाता है। जब लक्ष्य की एक प्रति अन्य कमशय में भी अंकित कर दी जाती है तब इस संक्रिया को अन्तःस्थापन कहते हैं।

OS/2 OS/2

**ओ एस/२**

एक अति सक्षम 80386 एवं उच्चतर कम्प्यूटर परिचालन प्रणाली जो डॉस, विण्डोज तथा स्वयं पर आधारित आविद्यन कमशयों को कियान्वित कर सकता है तथा ४ गीगाबाइट स्मृति का उपयोग कर सकता है।

**PC** **PERSONNEL COMPUTER**
**वैयक्तिक कम्प्यूटर**

आई.बी.एम. वैयक्तिक कम्प्यूटर के संगतेय कम्प्यूटर तन्त्र पी.सी. का आधुनिक एवं उच्चीकृत स्वरूप पी.सी. एटी है जो वर्तमान में लोकप्रिय है।

**PDA** **PERSONAL DIGITAL ASSISTANT**
**वैयक्तिक अंकीय सहायक**

जेब में समाया जा सकने वाला लघुकम्प्यूटर जो फैक्स, ई–मेल तथा शब्द संस्कारण के कार्य कर सकने में सक्षम होता है। अनेक निर्माता ऐसे कम्प्यूटर बनाते हैं, जिनमें से एपिल का न्यूटन अति प्रसिद्ध है।

**PDL** **PAGE DESCRIPTION LANGUAGE**
**पृष्ठ वर्णन भाषा**

कोई भी उच्चस्तरीय भाषा जो मुद्रक को भेजे जाने वाले बहिर्गतन को पूर्णरूप से परिभाषित कर सके। ऐसा बहिर्गतन उन सभी मुद्रकों द्वारा उपयुक्त हो सकता है जो उस भाषा का समर्थन करते हों। पोस्टस्किप्ट एक ऐसी ही भाषा है।

**PDN** **PUBLIC DATA NETWORK**
**सार्वजनिक आधर संजाल**

आधर संस्कारकों का सहायी सार्वजनिक संजाल

**P5** **P5**
**पी-५**

पेण्टियम सूक्ष्मसंस्कारक का संकेतक नाम

**PIF** **PROGRAM INFORMATION FILE**
**कमशय बोधक संचिका**

विण्डोज की संचिका जो विण्डोज आधारित कमशयों के अतिरिक्त कमशयों के परिचालन सम्बन्धी सूचना रखती है।

**PIM** **PERSONAL INFORMATION MANAGER**
**वैयक्तिक सूचना प्रबन्धक**

एक बहूद्देश्यी कमशय जो व्यक्तिगत सूचनाओं के संगृहण एवं संस्कारण हेतु विशेष रूप से निर्मित हो।

**PMS** **PANTONE MATCHING SYSTEM**
**वर्ण समरूपण प्रणाली**

प्रकाशन व्यवस्था में मुद्रक को रंगों के चुनाव में सहायक एक कमशय

**PMMU** **PAGED MEMORY MANAGEMENT UNIT**
**पृष्ठीय स्मृति प्रबन्धन एकक**

कम्प्यूटरों में स्मृति प्रबन्धन की एक विशेष व्यवस्था जिसे आभासीय/वर्चुअल स्मृति अथवा पृष्ठीय स्मृति कहा जाता है। पृष्ठीय स्मृति प्रबन्धन एकक एक चिप्पी है जो इस प्रकार की स्मृति व्यवस्था करती है। 80386 तथा उच्चतर संस्कारकों में यह व्यवस्था अन्तर्निहित होती है।

**POST** **POWER-ON SELF-TEST**
**शक्ति-प्राप्तेव स्वपरीक्षण**

कम्प्यूटरों को जैसे ही विद्युत शक्ति प्रदान की जाती है सर्वप्रथम वे स्वपरीक्षण करते हैं।इस संकिया को पोस्ट के नाम से जाना जाता है। यह मातृपटल पर स्थित एक चिप्पी रोम बायोस द्वारा संचालित होती है।

**PRN** **PRINTER**
**मुद्रक**

डॉस तथा ओएस/२ द्वारा मुद्रक के लिये चयनित नाम

**PROM** **PROGRAMMABLE READ-ONLY MEMORY**
**कमशय्य मात्र-पठनीय स्मृति**

एक विशेष प्रकार की मात्र–पठनीय स्मृति जिसे कमशयित किया जा सकता है।

**Q&A** **Q&A**
**क्यू एण्ड ए**

एक सरल डेटा संस्कारण कमशय

**QWERTY** **QWERTY**
**क्वैरटी**

सामान्य उपयोग में लिये जाने वाले कुन्जीपटल का नाम जो इसे इसकी प्रथम छः कुन्जियों के आधार पर दिया गया है।

**RAID** **REDUNDANT ARRAY OF INEXPENSIVE DISKS**
**सस्ती चकतियों का अतिरिक्त व्यूह**

अति महत्वपूर्ण आविघ्न संजाल व्यवस्था में अनेकानेक चकतियों को सम्बन्धित रखा जाता है ताकि कार्यरत चकती में दोष आ जाने पर अन्य चकती सकिय हो सके एवं कार्य सुचारू रूप से चलता रहे। इस व्यवस्था को रेड कहा जाता है।

**RAM** **RANDOM ACCESS MEMORY**
**यादृच्छिक अभिगम स्मृति**

कम्प्यूटर की मुख्य स्मृति को एक प्रारम्भिक भ्रान्ति के कारण अभी भी यादृच्छिक अभिगम स्मृति कहा जाता है। यद्यपि इसके अतिरिक्त अन्य स्मृतियाँ भी यादृच्छिक होती है। इसका सही नाम पठन–लेखन स्मृति होना चाहिये। विद्युत् शक्ति की उपस्थिति में ही ये सूचनाएँ अंकित रहती हैं। कम्प्यूटर की केंद्रीय संस्कारण इकाई संस्कारण के लिए सूचनाओं को रैम पर अंकित करती है।

**REM** **REMARK**
**टिप्पणी**

डॉस के अन्तर्गत बैच संचिकाओं हेतु एक समादेश जिसका अर्थ है कि 'इस पंक्ति में मात्र टिप्पणी है, कोई कियान्वयन समादेश नही है।' अतः इस पंक्ति की

कियान्वयन अवहेलना कर दी जाती है।

**REN** **RENAME**

**पुनर्नामकरण**

डॉस का एक आन्तरिक समादेश जो संचिकाओं के नाम परिवर्तित करने का कार्य करता है।

**REXX** **RESTRUCTURED EXTENDED EXECUTOR**

**पुनर्सरचित अभिवृद्ध कार्यपाल**

एक कमशयन भाषा जो परिचालन प्रणाली ओ एस/२ के साथ उपलब्ध होती है।

**RGB** **RED-GREEN-BLUE**

**लाल-हरा-नीला**

वर्ण व्यवस्था के तीन मूल रंग जिनके विभिन्न अनुपातों से ही अन्य सभी रंग निर्मित होते हैं।

**RIFF** **RESOURCE INTERCHANGE FILE FORMAT**

**संसाधन अन्तर्वर्तन संचिका प्रारूप**

बहुमाध्यमी आविद्यनों की पाठ्य, चित्र, ध्वनि आदि के सभी आधरों को संगृहित करने का एक प्रारूप। इस प्रारूप में प्रथम चार चरित आधर के प्रकार की पहचान के लिये, उसके बाद के ३२ द्विंक आगे के आधर की लम्बाई के लिये होते हैं। इसके बाद समरूपी आधर होता है।

**RISC** **REDUCED INSTRUCTION SET COMPUTER**

**अवनत अनुदेश समुच्य कम्प्यूटर**

ऐसे सूक्ष्मसंस्कारकों पर आधारित कम्प्यूटर जो ऐसेम्बली भाषा के सीमित अनुदेशों को ही उपयुक्त कर सकते हैं। ये लगभग १२८ अनुदेशों का उपयोग करते हैं किन्तु तीव्रता से कार्य करते हैं। इसके विपरीत जटिल अनुदेश समुच्य कम्प्यूटर होते हैं जो २००–३०० अनुदेशों का उपयोग कर सकते है किन्तु धीमे होते हैं।

**ROM** **READ-ONLY MEMORY**

**मात्र-पठनीय स्मृति**

ऐसी स्मृति जिसकी सूचनाओं में सामान्यतः परिवर्तन नहीं किया जा सकता तथा केवल उनका पठन किया जा सकता है। ये विशेष चिप्पियाँ होती हैं जिनकी संरचना में ही सूचना अन्तर्निहित होती है।

**RSI** **REPETITIVE STRAIN INJURY**

**पुनरावृत्तित विद्रूप आहति**

शरीर के अंगों के बारबार विद्रूपण से उनमें उत्पन्न होने वाली व्याधियाँ। कम्प्यूटर पर कार्य करने वालों की कलाई, कन्धों, पीठ एवं गर्दन में पीड़ा हो सकती है जो पुनरावृतित विद्रूप आहति की श्रेणी में आती है।

**RTF** **RICH TEXT FORMAT**

**सम्पन्न पाठ्य प्रारूप**

सचिका का माइक्रोसॉफ्ट द्वारा विकसित एक प्रारूप जिसमें पाठ्य सम्बन्धी समस्त प्रावधान होते हैं जिससे सचिका के अन्य क्रमशय में अन्तरण होने पर भी उसकी कोई सूचना पीछे नहीं छूटती।

RTS REQUEST TO SEND

**प्रेषण निवेदन**

संचार व्यवस्था में प्रेषक कम्प्यूटर को आधर प्रेषण की अनुमति पाने हेतु प्रापक कम्प्यूटर को भेजे जाने वाला संकेत।

SAA SYSTEMS APPLICATION ARCHITECTURE

**तन्त्र उपादयन आरचना**

आई.बी.एम. द्वारा परिभाषित मानक आरचना समुच्य जिसको आधार मानकर आई.बी.एम. ने अपने विकास कार्य किये।

SIMM SINGLE-INLINE MEMORY MODULE

**एकल पंक्ति स्मृति सुखण्ड**

यह एक छोटा सा परिपथ पटल होता है, जिस पर स्मृति चिपें स्थापित होती हैं। सम्बन्धनों के लिए इसके एक किनारे पर सम्पर्क पटि्टका होती है। यह पटल कम्प्यूटर मातृपटल के एक विशेष सॉकिट में लगता है।

SIP SINGLE-INLINE PACKAGE

**एकल पंक्ति आविष्ट**

सिम की तरह ही यह भी एक छोटा सापरिपथ पटल होता है, जिसपर स्मृति चिपें स्थापित होती हैं। सिप में संबंधन के लिए पिनों की एक पंक्ति होती है।

SMPS SWITCH MODE POWER SUPPLY

**संवर्त विधा शक्ति प्रदाय**

कम्प्यूटरों की आधुनिक विद्युत प्रदाय इकाई को इस नाम से भी जाना जाता है। इसमें विभवान्तर संयमन विद्युत प्रदाय के संवर्तन से होता है, जिससे उर्मियाँ उत्पन्न होकर एक धारित्र को आवेशित करती हैं। इस धारित्र का माध्य विभवान्तर ही शक्ति प्रदाय का बहिर्गतन विभवान्तर होता है।

SRAM STATIC RANDOM ACCESS MEMORY

**स्थैतिक पठन-लेखन स्मृति**

यह ऐसी स्मृति चिप होती है जिसमें एक बार सूचना अंकित होने के बाद तब तक बनी रहती है जब तक इसमें सूचनाओं का पुनः अंकन न हो अथवा कम्प्यूटर को बन्द न किया जाए। इसके विपरीत गतिक पठन–लेखन स्मृति में सूचनाओं को धारित्रों पर आवेश के रूप में अंकित किया जाता है जिसे बार–बार पुनर्जीवित करना होता है। स्थैतिक स्मृति चिप्पियाँ तीव्र गति से कार्य करती हैं। इन चिप्पियों का उपयोग 386 तथा उच्चतर कम्प्यूटरों में मध्यमा स्मृति के लिए किया जाता है।

SYS SYSTEM

**तन्त्र**

संचिकाओं के उपनाम के रूप में उपयुक्त होने से यह सक्षेप संचिका के तन्त्रीय

होने को इंगित करता है। इसके अतिरिक्त यह डॉस का एक समादेश भी है, जिससे प्रवर्तन समर्थ चकती तैयार की जाती है।

**TB** **TERA BYTE**

**१०$^{१२}$ बाइट**

क्षमता मापन की इकाई

**TCP/IP** **TRANSMISSION CONTROL PROTOCOL/ INTERNET PROTOCOL**

**संप्रेषणं संयमन संहिता/इन्टरनेट संहिता**

अन्तर–कम्प्यूटर संचार का संहिता समुच्य जो अधिकॉश प्रकार के कम्प्यूटरों एवं इन्टरनेट द्वारा अपनाया गया है।

**TIFF** **TAGGED IMAGE FILE FORMAT**

**टैगयुक्त छबि संचिका प्रारूप**

चित्रों की संचिकाओं के लिये एक प्रारूप जो अनेक प्रकाशन आविद्यन कमशयों द्वारा प्रयोज्य है। इन संचिकाओं का उपनाम टी आई एफ होता है।

**TIGA** **TEXAS INSTRUMENTS GRAPHICS ADAPTER**

**टैक्सास इन्स्ट्यूमेण्ट्स चित्रण अनुकूलक**

टैक्सास इन्स्ट्यूमेण्ट्स के अनुचित्र संस्कारक TMS 34020 पर आधारित अभ्याक्ष संकेत अनुकूलक की आरचना। इस प्रकार के अनुकूलक एवं प्रेक्षक का विघटन 1024x786 है तथा इसमें २५६ रंगो की व्यवस्था है।

**TPI** **TRACKS PER INCH**

**लीक प्रति इन्च**

अपनेयी तथा स्थिर चकती की प्रति इन्च त्रिज्या में वृताकार पथों की संख्या जिन पर चुम्बकन के माध्यम से द्विंक अंकित किये जाते हैं।

**TSR** **TERMINATE AND STAY RESIDENT PROGRAM**

**अभ्यान्त आवासी कमशय**

वे कमशय जो एक बार कियान्वयन पर कम्प्यूटर की स्मृति में उपस्थित रहते हैं जिससे इन्हें किसी भी क्षण सकिय किया जा सकता है। इन्हें सकिय करने हेतु एक पूर्वनिर्धारित कुन्जी–समुच्य का उपयोग किया जाता है जिसे गर्मकुन्जी/हॉटकी कहा जाता है। डॉस के कुछ कमशय जैसे समय, पंचॉग आदि के अतिरिक्त दुष्कूट हनन/एण्टीवाइरस कमशय भी इसी प्रकार के होते हैं। ये कमशय प्रहरी की तरह कार्य करते हैं।

**UAE** **UNRECOVERABLE APPLICATION ERROR**

**अनुद्धार्य आविद्यन त्रुटि**

विण्डोज कार्यान्वयन में हुई घातक त्रुटि जिनसे आविद्यन कमशय अपनी रक्षा में असमर्थ रहते हैं।

**UART** **UNIVERSAL ASYNCHRONOUS RECEIVER/TRANSMITTER**

**सर्वोपयोगी असंकालिक प्रापक/प्रेषक**

कमित असंकालिक सूचना संचार के लिये प्रापक एवं प्रेषक युक्ति जिसका

कमित तोरण निर्माण में उपयोग किया जाता है।

UMB UPPER MEMORY BLOCK

**उपरि स्मृति गुट**

डॉस परिचालन प्रणाली मे ६४० कि.बा. की संहित स्मृति से १ मै.बा. तक की स्मृति मूलतः डॉस तथा अभ्याक्ष हेतु सुरक्षित होती है। उसका अनुपयुक्त भाग उच्च स्मृति खण्ड कहलाता है। CONFIG.SYS तथा AUTOEXE.BAT संचिकाओं के समादेशों से इन खण्डों का उपयोग स्मृतिवासी कमशयों एवं युक्ति परिचालक संचिकाओं हेतु किया जा सकता है।डॉस का MEMMAKER कमशय इस कार्य मे उपयोगी सिद्ध होता है।

USRT UNIVERSAL SYNCHRONOUS RECEIVER/TRANSMITTER

**सर्वोपयोगी संकालिक प्रापक/प्रेषक**

कमित संकालिक सूचना संचार हेतु प्रापक एवं प्रेषक युक्ति जिसका कमित तोरण निर्माण में उपयोग किया जाता है।

UPS UNINTERRUPTED POWER SUPPLY

**अनिरूद्धित विद्युत प्रदाय**

कम्प्यूटरों की विद्युत प्रदाय अनायास बन्द होने से सूचना क्षय का भय रहता है। इस लिये ऐसी व्यवस्था की जाती है जो मुख्य प्रदाय बन्द हो जाने पर बैटरी से कम्प्यूटर को प्रदाय चालू रहे। इस प्रकार के उपस्कर को अनिरूद्धित विद्युत प्रदाय कहते हैं।

VDM VIRTUAL DOS MACHINE

**आभासी डॉस मशीन**

80386 तथा उच्चतर संस्कारक 8086 विधा मे कार्य कर सकते हैं। इसका लाभ उठाते हुये विण्डोज/एनटी तथा ओएस/२ परिचालन प्रणालियाँ अनेक आभासी 8086 मशीनों का निर्माण करती है तथा उन पर डॉस तथा विण्डोज आधारित कमशयों का संचालन करती हैं। इस प्रकार की आभासी अनुकृतियों को आभासी डॉस मशीनें कहा जाता है।

VDT/U VIDEO DISPLAY TERMINAL/UNIT

**दृष्ट्य अभ्याक्ष अन्तस्थ/इकाई**

प्रेक्षक का एक नाम

VGA VIDEO GRAPHICS ARRAY

**दृष्ट्य चित्र व्यूह**

कम्प्यूटर के अभ्याक्ष संकेतों के अकूलन का एक अभिकल्प जो सी.जी.ए. की तरह कार्य करने के अतिरिक्त अनेक अन्य विघटनों में भी कार्य करता है। इसके लिये अनुवर्ती प्रेक्षक की आवश्यकता होती है। वर्तमान में यह सर्वाधिक प्रचलित एवं लोकप्रिय है।

VSAT VERY SMALL APERTURE TERMINAL

**अति लघु रन्ध्र अन्तस्थ**

एक लघु उपग्रह अन्तस्थ जो अंकीय संचार हेतु उपयुक्त किया जाता है। इसका

उत्सप्रापक १ से ३ मीटर व्यास का होता है। विशाल उपग्रह संचार व्यवस्था में यह अति लघु होने के कारण इसे रन्ध्र कहा जाता है।

**WAN** WIDE AREA NETWORK

**वृहत् क्षेत्र संजाल**

विशाल क्षेत्र में फैले कम्प्यूटरों का संजाल। इन्टरनेट इसका विशालकाय उदाहरण है।

**WYSIWYG** WHAT YOU SEE IS WHAT YOU GET

**जैसा देखा वैसा पाया**

शब्द संस्कारक कमशय दो प्रकार के होते हैं। कुछ मुद्रण समादेशों को अभ्याक्ष पर लागू नहीं करते अतः अभ्याक्ष पर पाठ्य का मुद्रण स्वरूप दिखाई नहीं देता। दूसरे प्रकार के कमशय अभ्याक्ष पर वैसा ही अंकित करते हैं जैसा कि मुद्रित होना होता है। ऐसे कमशयों को 'जैसा देखा वैसा पाया – जैदेवैपा' वर्ग का कहा जाता है। पेजमेकर, वर्ड आदि इस वर्ग के कमशय हैं।

**XMS** EXTENDED MEMORY SPECIFICATION

**अभिवृद्ध स्मृति विशिष्टि**

डौस संचिका हाइमेम.सिस के माध्यम से व्यवस्थित अभिवृद्ध स्मृति प्रणाली

परिशिष्ट ३

# आस्की तथा ईबीसीडीआईसी चार्ट

| Control Character | | ASCII (7-digit) | | EBCDIC (8-digit) | |
|---|---|---|---|---|---|
| **Sym.** | **Name** | **Value** | **Code** | **Code** | **Hex Form** |
| NUL | Null | 0 | 000 0000 | 0000 0000 | 0 0 |
| SOH | Start of Heading | 1 | 000 0001 | 0000 0001 | 0 1 |
| STX | Start of Text | 2 | 000 0010 | 0000 0010 | 0 2 |
| ETX | End of Text | 3 | 000 0011 | 0000 0011 | 0 3 |
| EOT | End of Transmission | 4 | 000 0100 | 0011 0111 | 3 7 |
| ENQ | Enquiry | 5 | 000 0101 | 0010 1101 | 2 D |
| ACK | Acknowledgement | 6 | 000 0110 | 0010 1110 | 2 E |
| BEL | Bell | 7 | 000 0111 | 0010 1111 | 2 F |
| BS | Back Space | 8 | 000 1000 | 0001 0110 | 1 6 |
| HT | Horizontal Tab | 9 | 000 1001 | 0000 0101 | 0 5 |
| LF | Line Feed | 10 | 000 1010 | 0010 0101 | 2 5 |
| VT | Vertical Tab | 11 | 000 1011 | 0000 1011 | 0 B |
| FF | Form Feed | 12 | 000 1100 | 0000 1100 | 0 C |
| CR | Carriage Return | 13 | 000 1101 | 0000 1101 | 0 D |
| SO | Shift Out | 14 | 000 1110 | 0000 1110 | 0 E |
| SI | Shift In | 15 | 000 1111 | 0000 1111 | 0 F |
| DLE | Data Link Escape | 16 | 001 0000 | 0001 0000 | 1 0 |
| DC1 | Direct Control 1 | 17 | 001 0001 | 0001 0001 | 1 1 |
| DC2 | Direct Control 2 | 18 | 001 0010 | 0001 0010 | 1 2 |
| DC3 | Direct Control 3 | 19 | 001 0011 | 0001 0011 | 1 3 |
| DC4 | Direct Control 4 | 20 | 001 0100 | 0011 0101 | 3 5 |
| NAK | Negative Acknowledge | 21 | 001 0101 | 0011 1101 | 3 D |
| SYN | Synchronous Idle | 22 | 001 0110 | 0011 0010 | 3 2 |
| ETB | End of Trsmssn. Block | 23 | 001 0111 | 0010 0110 | 2 6 |
| CAN | Cancel | 24 | 001 1000 | 0001 1000 | 1 8 |
| EM | End of Medium | 25 | 001 1001 | 0001 1001 | 1 9 |
| SUB | Substitute | 26 | 001 1010 | 0011 1111 | 3 F |
| ESC | Escape | 27 | 001 1011 | | |
| FS | Form Separator | 28 | 001 1100 | 0001 1100 | 1 C |
| GS | Group Separator | 29 | 001 1101 | 0001 1101 | 1 D |
| RS | Record Separator | 30 | 001 1110 | 0001 1110 | 1 E |
| US | Unit Separator | 31 | 001 1111 | 0001 1111 | 1 F |
| SP | Space | 32 | 010 0000 | 0100 0000 | 4 0 |
| DEL | Delete | 127 | 111 1111 | 0000 0111 | 0 7 |
| RES | Reset | | | 0001 0100 | 1 4 |
| NL | | | | 0001 0101 | 1 5 |
| BYP | Bypass | | | 0010 0100 | 2 4 |

| Special Character | ASCII (7-digit) Value | Code | EBCDIC (8-digit) Binary form | Hexform |
|---|---|---|---|---|
| ! | 33 | 010 0001 | 0101 1010 | 5 A |
| “ | 34 | 010 0010 | 0111 1111 | 7 F |
| # | 35 | 010 0011 | | |
| $ | 36 | 010 0100 | 0101 1011 | 5 B |
| % | 37 | 010 0101 | 0110 1100 | 6 C |
| & | 38 | 010 0110 | 0101 0000 | 5 0 |
| ‘ | 39 | 010 0111 | 0111 1101 | 7 D |
| ( | 40 | 010 1000 | 0100 1101 | 4 D |
| ) | 41 | 010 1001 | 0101 1101 | 5 D |
| * | 42 | 010 1010 | 0101 1100 | 5 C |
| + | 43 | 010 1011 | 0100 1110 | 4 E |
| , | 44 | 010 1100 | 0110 1011 | 6 B |
| – | 45 | 010 1101 | 0100 1100 | 4 C |
| . | 46 | 010 1110 | 0100 1011 | 4 B |
| / | 47 | 010 1111 | 0110 0001 | 6 1 |
| : | 58 | 011 1010 | 0111 1010 | 7 A |
| ; | 59 | 011 1011 | 0101 1110 | 5 E |
| < | 60 | 011 1100 | | |
| = | 61 | 011 1101 | 0111 1110 | 7 E |
| > | 62 | 011 1110 | | |
| ? | 63 | 011 1111 | 0110 1111 | 6 F |
| @ | 64 | 100 0000 | 0111 1100 | 7 C |
| [ | 91 | 101 1011 | 1101 1101 | D D |
| \ | 92 | 101 1100 | 0110 1110 | 6 E |
| ] | 93 | 101 1101 | | |
| ^ | 94 | 101 1110 | | |
| - | 95 | 101 1111 | 0110 0000 | 6 0 |
| ` | 96 | 110 0000 | | |
| { | 123 | 111 1011 | 1000 1011 | 8 B |
| \| | 124 | 111 1100 | 0100 1111 | 4 F |
| } | 125 | 111 1101 | 1001 1011 | 9 B |
| ~ | 126 | 111 1110 | | |
| del | 127 | 111 1111 | 0000 0111 | 0 7 |

| Numeric Character | ASCII (7-digit) Value | Code | EBCDIC (8-digit) Code | Hexform |
|---|---|---|---|---|
| 0 | 48 | 011 0000 | 1111 0000 | F 0 |
| 1 | 49 | 011 0001 | 1111 0001 | F 1 |
| 2 | 50 | 011 0010 | 1111 0010 | F 2 |
| 3 | 51 | 011 0011 | 1111 0011 | F 3 |
| 4 | 52 | 011 0100 | 1111 0100 | F 4 |
| 5 | 53 | 011 0101 | 1111 0101 | F 5 |
| 6 | 54 | 011 0110 | 1111 0110 | F 6 |
| 7 | 55 | 011 0111 | 1111 0111 | F 7 |
| 8 | 56 | 011 1000 | 1111 1000 | F 8 |
| 9 | 57 | 011 1001 | 1111 1001 | F 9 |

| Alphabetic Character | ASCII (7-digit) Value | Code | EBCDIC (8-digit) Code | Hex form |
|---|---|---|---|---|
| A | 65 | 100 0001 | 1100 0001 | C 1 |
| B | 66 | 100 0010 | 1100 0010 | C 2 |
| C | 67 | 100 0011 | 1100 0011 | C 3 |
| D | 68 | 100 0100 | 1100 0100 | C 4 |
| E | 69 | 100 0101 | 1100 0101 | C 5 |
| F | 70 | 100 0110 | 1100 0110 | C 6 |
| G | 71 | 100 0111 | 1100 0111 | C 7 |
| H | 72 | 100 1000 | 1100 1000 | C 8 |
| I | 73 | 100 1001 | 1100 1001 | C 9 |
| J | 74 | 100 1010 | 1101 0001 | D 1 |
| K | 75 | 100 1011 | 1101 0010 | D 2 |
| L | 76 | 100 1100 | 1101 0011 | D 3 |
| M | 77 | 100 1101 | 1101 0100 | D 4 |
| N | 78 | 100 1110 | 1101 0101 | D 5 |
| O | 79 | 100 1111 | 1101 0110 | D 6 |
| P | 80 | 101 0 000 | 1101 0111 | D 7 |
| Q | 81 | 101 0001 | 1101 1000 | D 8 |
| R | 82 | 101 0010 | 1101 1001 | D 9 |
| S | 83 | 101 0011 | 1110 0010 | E 2 |
| T | 84 | 101 0100 | 1110 0011 | E 3 |
| U | 85 | 101 0101 | 1110 0100 | E 4 |
| V | 86 | 101 0110 | 1110 0101 | E 5 |
| W | 87 | 101 0111 | 1110 0110 | E 6 |
| X | 88 | 101 1000 | 1110 0111 | E 7 |
| Y | 89 | 101 1001 | 1110 1000 | E 8 |
| Z | 90 | 101 1010 | 1110 1001 | E 9 |
| a | 97 | 110 0001 | 1000 0001 | 8 1 |
| b | 98 | 110 0010 | 1000 0010 | 8 2 |
| c | 99 | 110 0011 | 1000 0011 | 8 3 |
| d | 100 | 110 0100 | 1000 0100 | 8 4 |
| e | 101 | 110 0101 | 1000 0101 | 8 5 |
| f | 102 | 110 0110 | 1000 0110 | 8 6 |
| g | 103 | 110 0111 | 1000 0111 | 8 7 |
| h | 104 | 110 1000 | 1000 1000 | 8 8 |

| | | | | |
|---|---|---|---|---|
| i | 105 | 110 1001 | 1000 1001 | 8 9 |
| j | 106 | 110 1010 | 1001 0001 | 9 1 |
| k | 107 | 110 1011 | 1001 0010 | 9 2 |
| l | 108 | 110 1100 | 1001 0011 | 9 3 |
| m | 109 | 110 1101 | 1001 0100 | 9 4 |
| n | 110 | 110 1110 | 1001 0101 | 9 5 |
| o | 111 | 110 1111 | 1001 0110 | 9 6 |
| p | 112 | 111 0000 | 1001 0111 | 9 7 |
| q | 113 | 111 0001 | 1001 1000 | 9 8 |
| r | 114 | 111 0010 | 1001 1001 | 9 9 |
| s | 115 | 111 0011 | 1010 0010 | A 2 |
| t | 116 | 111 0100 | 1010 0011 | A 3 |
| u | 117 | 111 0101 | 1010 0100 | A 4 |
| v | 118 | 111 0110 | 1010 0101 | A 5 |
| w | 119 | 111 0111 | 1010 0110 | A 6 |
| x | 120 | 111 1000 | 1010 0111 | A 7 |
| y | 121 | 111 1001 | 1010 1000 | A 8 |
| z | 122 | 111 1010 | 1010 1001 | A 9 |

# विषय अनुक्रमणिका

## अ



## आ



## इ, ई



## उ



## ए

## क



## ख



## ग

## प



## फ



## ब

**भ**



**म**



**य**



**र**

## ल



## व



## श, ष, स

**N**



**O**



**P**



**R**